臺灣歷史與文化 研究輯刊

二二編

第 6 冊

周植夫《竹潭詩稿》研究

俞棟祥 著

花木蘭文化事業有限公司

國家圖書館出版品預行編目資料

周植夫《竹潭詩稿》研究／俞棟祥 著 -- 初版 -- 新北市：花
木蘭文化事業有限公司，2022〔民 111〕
序 2+ 目 4+214 面；19×26 公分
（臺灣歷史與文化研究輯刊二二編；第 6 冊）
ISBN 978-986-518-986-0（精裝）
1.CST：周植夫 2.CST：傳記 3.CST：臺灣詩 4.CST：詩評
733.08   111009906

ISBN-978-986-518-986-0

9 789865 189860

臺灣歷史與文化研究輯刊
二二編　第 六 冊　　　　ISBN：978-986-518-986-0

周植夫《竹潭詩稿》研究

作　　　者	俞棟祥
總 編 輯	杜潔祥
副總編輯	楊嘉樂
編輯主任	許郁翎
編　　　輯	張雅淋、潘玟靜、劉子瑄　美術編輯　陳逸婷
出　　　版	花木蘭文化事業有限公司
發 行 人	高小娟
聯絡地址	235 新北市中和區中安街七二號十三樓
	電話：02-2923-1455／傳真：02-2923-1452
網　　　址	http://www.huamulan.tw 信箱 service@huamulans.com
印　　　刷	普羅文化出版廣告事業
初　　　版	2022 年 9 月
定　　　價	二二編 9 冊（精裝）新台幣 26,000 元

周植夫《竹潭詩稿》研究

俞棟祥　著

作者簡介

俞棟祥，出生於基隆市，字翔雲，號向諾居士。大學畢業於今之國立海洋大學。曾任台北市國中暨高中家長聯合會雙副理事長，扶輪社社長、助理總監等扶輪資歷，台北地檢署更生保護分會主委，台北市義交大隊南港中隊長，台北市義交大隊副大隊長，現為台北地檢署更生保護分會名譽主委，台北市義交大隊名譽大隊長……。從基隆詩學會周植夫老師學習以閩南語讀音讀唐、宋、元、明詩。旁聽師範大學陳新雄教授學習聲韻、訓詁、東坡詩。

耳順之年得入學術殿堂，研讀文學，僥倖學分修完，同時以《周植夫竹潭詩稿研究》論文，獲得文學碩士學位，同年考上臺師大台灣語文研究所博士班。目前仍經營自家公司，兼樂齡學院詩學講師，參加中華詩學會、瀛社等團體，喜作詩人。近期古典詩作有近千首。不定期發表在臉書、期刊、自我筆記。經業師廖一瑾教授介紹進入中華詩學，在前任理事長吳大和、秘書長李瑞泰、現任理事長許清雲及陳慶煌教授等大力推廣下，發展新詩體，每句五、四、七言，共十六字。用平水韻、中華新韻押韻皆可。筆者喜用寫法，取自《詩經》之三段式書寫方式，不管平仄，可轉韻。固定每期投稿。

提　要

周植夫（1918～1995）出生於基隆，祖籍福建同安，本名孫園，字植夫，後以字行，為臺灣戰後重要傳統詩人，基隆詩學研究會等收集古近體詩五百六十一首及文為《竹潭詩稿》，基隆市政府出資，1997 年 4 月印傳後世。

本論文考察周植夫的生平、時代背景及交游，以《竹潭詩稿》研究為底本，全文共分為六個章節：第一章為「緒論」、第一節敘述研究動機與研究目的，第二節說明研究範疇與研究方法，第三節說明研究的成果與展望。第二章第一節探討周植夫的時代背景，第二節為生平敘述，第三節藉由《竹潭吟稿》詩作來探討周植夫的交游情形。第三章《竹潭詩稿》的題材研究，第一節抒情感懷詩，第二節寫景記遊詩，在此節也順提出幾個「手名誤植」的發現。第三節詠物詩。第四章周植夫《竹潭詩稿》的創作特色，第一節《竹潭詩稿》詩歌的藝術特色，第二節《竹潭詩稿》詩歌的表現手法，在此節末段有論述周植夫，最崇尚的「神韻說」。第五章為周植夫的影響，第一節為授課班級概述，第二節傳薪有後，第三節流芳後世。此章節探訪其門生及友人，歷時將近兩年，用類似田野調查的方式，一一訪視。第六章為結論。冀求本論文對將來欲從事相關臺灣古典詩、文研究者，能有進一步貢獻。

序

廖一瑾

基隆先賢周植夫（1918～1995）為 20 世紀後半葉北台重量級詩人。六歲失怙，侍母至孝。賴其慈母為人洗衣，換得求學機會；八歲入暖暖公學校、十四歲拜工了清門下學詩、十六歲學習北管。刻苦自勵，詩藝超群，曾在贏社擊缽吟賽掄元三十三回，為全臺詩壇所矚目敬重，北台各詩社爭相禮聘為教席。1955 年在《中華詩苑》擔任編輯，《中華詩苑》是當時中外華人詩家重要的交流園地，可謂華人文化情感聯繫的中心。周氏因而眼界大開、詩藝更進。慕名而來門生日增。又因曾習北管，故其吟調自成一格，動人心魄，與詩作相得益彰，至今餘音不輟。

筆者久慕先輩盛名，每以緣慳為憾……。

2019 年林正三社長與俞棟祥君聯袂前來本校中文研究所就讀，兩君均曾就教於周先賢門下，俞君擬以周植夫《竹潭詩稿》為碩士論文題目，筆者聞之欣喜不已。蓋俞君不但與周先賢同鄉又曾親炙其門，且先賢身影未遠，門下眾多傑出桃李猶在，藉此把握時機，資料之收集當更正確難得。

俞君為成功企業家，慷慨好義。後又曾學聲韻與蘇東坡詩於師大陳新雄教授。故其古典詩創作造詣不凡，曾多次獲獎。研究所就學期間成績優異，兩度獲得全班第一名。寫作論文，更是夙夜匪懈，用力極深，不但仔細研讀分析周氏詩篇，尤其對周詩「神韻說」窮追不捨，獨有心得。且一一探訪周氏有關詩壇故舊、學生以及周氏親題楹聯對聯之古跡……，為台灣光復後的北臺詩壇研究提出重要的貢獻。論文提出不久已紛紛引起北台古典詩壇的重視。

筆者欣見其成，特為之序。

廖一瑾寫於華岡
2022 年 4 月 23 日

謝　誌

　　民國 106 年，無意間的一次身體健康檢查，繼而切除十多公分肝腫瘤（良性），出院後，醫生交代多休息。本人從二十歲就從商，從此馬不停蹄，半工半讀完成大學學業，到娶妻生子，與內人婚後也一路打拚事業，培養小孩讀書，讓他們出國留學。在休養期間一次機緣中，我建議林正三理事長要攻讀碩士學位，想不到他的一句話：「我們兩個一起讀」，我也因此踏進了中文研究所，在提前入學的那一學期，與內人趁春假出差兼旅遊，想不到回國後，身體不適，被診斷得到「退伍軍人症」，在醫院注射抗生素兩週，體重驟減十公斤，回校上課期間，經常體力不支，偶而打瞌睡。所以下年度，學分就修少一點，預計兩年半才修完學分，在最後的一學年，由於學分修較少，也積極地天羅地網的搜索資料，入學時已著手的周植夫《竹潭詩稿》研究。皇天不負苦心人，在修完學分後，也同時論文口試通過。

　　在研究所期間，修讀王俊彥、朱雅琪、金榮華、施順生、陳妙如、陳惠美、陳勁臻、陳錫勇、傅錫壬、劉兆祐、廖師一瑾等教授的課程，受益良多。其中也穿插旁聽高禎霙、許端容、黃水雲等教授的授課。各個教授教學認真，學富五車。在耳順之年，能夠在多位大師帶領下，重拾已荒廢二十多年的國學研究。因為在民國 80 年代，因緣際會，曾從周植夫老師用閩南語讀音學詩，周植夫猝逝後，林正三以清‧李光地《音韻闡微》為底本，代課台語聲韻學六個月，旋與林正三連袂赴師大旁聽陳新雄教授的聲韻學、訓詁學、東坡詩學。此後因為家庭、事業繁忙，另有要責，沒時間專心研究中文。轉而研究另外的領域。

　　周植夫《竹潭詩稿》研究的論文的完成，要感謝廖師一瑾的耐心指導，

傅錫壬、馬銘浩兩位口試委員。同時感謝丁錦泉、王前、李宏健、余忠孟、林正三、張明萊、曾安田、黃鶴仁、葉金全、鄭水同、蔣夢龍、謝季芸、陳金次（臺大數學系教授）、黃承志（黃甌波之子）、陳志宏醫師（本人同學）、鄭定昀（鄭百福之子）、海東書會會長蘇心彤、周植夫長男明仁兄、五男周明信里長等先生，以及陳慶煌教授等等無私的提供資料，才能如期完稿。還有呂有勝同學的熱心鼓勵，最感謝內人俞張素芬的支持，及三位在國外工作的兒女，隨時的加油打氣。方能順利完成學業。

　　吾人一生，除了家庭、事業。警界、交通界、法務界、教育界、醫界、扶輪社等諸多公益團體，都有足跡蹤影。感謝良師益友，相與扶持，得以留下驚喜的回憶。祝福人生中的所有師長、親人、朋友、同學們，健康愉快，家庭美滿幸福，萬事如意。筆者追思周植夫夫子作一首五律：

〈緬懷周師〉

周師去曷駸，詩稿竹潭吟。仗義言然諾，旌忠敵萬金。

文章傳世遠，桃李化人深。神韻聲情在，低佪愧汗淋。

俞棟祥　謹撰

目次

第一章　緒　論

　　臺灣近現代重要古典詩人周植夫（1918～1995），出生於基隆暖暖，十四歲拜王子清為師，勤習漢詩。十六歲習北管。三十七歲在北臺灣著名詩社，瀛社詩會中掄元，從此聲名大噪。三十八歲（1955）在甫成立的《中華詩苑》擔任編輯，《中華詩苑》是戰後梁寒操、李漁叔、張作梅所主辦的海內要詩外重刊，成員包括（前清進士）考試院長賈景德，監察院長于右任等人。周植夫從此眼界大開，廣結詩友，詩藝日進，其後曾在瀛社詩會中，掄元三十三次（其中四次掄雙元），傳為美談。台北、基隆各大詩社紛紛禮聘為詩學教師。綠樹成蔭，其受教之無數桃李，均成為今日臺灣古典詩壇之佼佼者。

　　由於周植夫曾習北管，提倡子弟戲，其詩歌吟調自成一格，優雅迷離，動人心肺，能將詩作感情發揮淋漓。臺大陳金次、楊維哲、李鴻禧等教授所主導的布袋戲西田社，傾慕其名，禮聘為閩南語正音老師，在臺大數學館授課。

　　周植夫於 1995 年猝逝後，基隆詩學會倉促編定其遺作《竹潭吟彙》，計一百六十首律絕古近體詩。在告別式時由家人印送給前來拈香之友人、弟子等。1997 年基隆詩學會搜集其遺作五百六十一首詩及序文十五篇，祭妻文一篇為《竹潭詩稿》，由基隆市政府出資出版。龍文出版社在 2006 年將其作品收錄於《臺灣先賢詩文集彙刊》，書名仍為《竹潭詩稿》，設計精美，內容不變。是戰後台灣詩壇的重要著作之一。

　　筆者曾於 1994～1995 年間，在基隆詩學會的正心書會詩學班，受教於周夫子，頗受啟蒙。今趁周夫子身影未遠，其門生多半猶在，加緊腳步，以《竹潭詩稿》為研究題目。仔細研讀，苦苦追索，一一拜訪周夫子的詩友、門生、

尋訪周夫子在北臺眾多名勝古跡，所題的對聯……。期盼能使這位戰後廣受推崇的詩人身影更加鮮明。盼此拋磚引玉，有助於日後之研究者。

《論語・陽貨》：「子曰：『小子何莫學夫詩，詩，可以興，可以觀，可以群，可以怨。邇之事父，遠之事君。多識於鳥獸草木之名。』。」可以說詩在日常生活中，扮演了很多重要角色，詩滋潤人生枯燥乏味生活，也豐富了人類的色彩。臺灣文人，大抵以詩能事。所以想要了解臺灣文學，古典漢詩不得不加以了解，才可跟現代文學融合為一。臺灣文化是屬於臺灣人民的，必須去探本求源，然後再加以發揚光大，臺灣人才輩出，希望有識者，一起努力，讓我們的文化更加深加廣，繼續流傳。

第一節　研究動機與研究目的

一、研究動機

周植夫（1918～1995）本名孫園以字行，享年 77 歲，經歷了日據時期、國民政府遷臺、臺灣經濟起飛等階段。其詩作《竹潭詩稿》正展現了戰後古典詩壇的面貌。

從江寶釵於《臺灣古典詩面面觀》一書提及臺灣文學的研究現況，分為三個發展階段：

> 第一階段為 1945～1970 年。因中華文化復興運動的推行，學院專力於中國古典文學的研究，確立了古典文學研究蓬勃的趨勢，而臺灣古典文學遂得以在學院中托庇於中國古典文學中進行，成為臺灣文學最早起步的研究領域。

> 第二階段為 1970～1980 年。舊文學研究保存文獻的趨勢仍然持續著，如《臺灣詩乘》、《臺灣詩錄》等作品陸續出版，為臺灣古典文學蓄積了寶貴的能量。

> 第三階段為 1980 年後迄今。臺灣文學研究蔚為風氣，新文學日益蓬勃。古典文學相較之下，則不免顯得寂寞，並未受到應有的重視，而學院內的研究也逐顯得寥寥無幾。〔註1〕

〔註 1〕江寶釵：《臺灣古典詩面面觀》（台北：巨流圖書有限公司，1999 年），頁 1～3。

　　周植夫在青少年成長過程是處於日據時期，能夠研習漢詩文，親身歷經日據、臺灣光復、到現代文學發展的三個階段。詩作的題材豐富、內容寬廣，無論是寫景寫物，節慶場景都能妙筆生輝，敘述的精彩萬分且對友人的真情流露，且在弔祭好友及詠古之作，也是獨樹一格。悲傷和喜樂都能發揮得淋漓盡致。筆者除了對古典詩歌的熱愛之外，有幸於 1994～1995 年間，向周植夫學習古典詩學，周夫子為戰後臺灣重要的詩人，趁其身影未遠，乃加緊腳步，以《竹潭詩稿》為研究題目，希望周夫子的光彩更為鮮明。

二、研究目的

（一）保留優良傳統文化

　　臺灣自明末遺老沈光文遇颱風，漂流至臺灣，晚年與宦台宿儒無錫季麒光等十四人，於康熙二十四年（1685），共結「東吟社」。此為臺灣擊鉢聯吟之濫觴。其後歷經三百餘年，臺灣詩社之盛，冠於兩岸，歷經明鄭、清領、日據、民國等時期，《臺灣詩史》引：「據連橫〈臺灣詩社記〉所載，至民國十三年全省詩社有六十六所。《臺灣通志稿》學藝文學篇則載民國二十五年，全省詩社有一百七十八所，其數目不可謂不多，然實際情形，實不止此數。」〔註2〕所以保存臺灣古典漢詩文學是　刻不容緩的課題之　，廖振富《臺灣古典文學的時代刻痕：從晚清到二二八》一書中也有如此感嘆：

> 在臺灣古典文學的整體研究人力與成果，還是有限的。相較於數十
> 年來海峽兩岸所累積的龐大中國古典文學研究成績，臺灣古典文學
> 研究仍屬草萊初闢的起步階段，其學術領域的深廣度都仍有待大家
> 開拓的空間。〔註3〕

　　整理及閱讀詩人之作品，可以看到臺灣保存優良的古典漢詩文是如此的豐富，就好像走入近代史的時光隧道。文學是離不開土地、文化、歷史。施懿琳曾云：

> 一種文學現象的產生，必然有著文學本身發展的歷史繼承，並且受
> 到社會條件和時代背景的制約，以及創作者價值取向的影響。〔註4〕

〔註2〕廖一瑾（雪蘭）：《臺灣詩史》（台北：文史哲出版社 1999 年 3 月），頁 23～24。

〔註3〕廖振富：《臺灣古典文學的時代刻痕：從晚清到二二八》，（台北：國立編譯館，2007 年 7 月）。

〔註4〕施懿琳：〈日據時期臺灣古典詩的抗議精神與比興諷諭傳統〉，《古典文學》第十二集，（台北：學生書局，1992 年 10 月）。

所以說文學就是反映當時社會的現象，也是後世研究當時社會的明鏡。周植夫在當時詩文界非常的活躍，蔣孟樑在《竹潭詩稿》序中言：「曾任職於中華藝苑，與李漁叔、張作梅諸君子。交誼甚篤，唱和庸酬，切磋學問，詩風為之蛻變……授課於基隆詩學會、臺大西田社、新莊市公所曾安田、歌仔戲研究社、李普同、廖禎祥、黃篤生、一德書會、基隆王仁君、鄭百福等。」〔註5〕所有的文學都是累積的，要孕育下一代更好的文學，就要善加保存舊文學。有幸在日據時代，皇民化政策之下，民國以後，臺灣尚能保存古典詩文，也是當時斷代史得寫照，我輩當詳加研究，加以發揚光大。

（二）瞭解戰後臺灣古典詩的去路

臺灣在日據時代，其教育變遷約分三期：

第一期	光緒二十年至民國八年（1895～1919）	臺灣教育之試驗期，日本政府方致力於殖民政權之建立，教育方針尚未確立，萬事均採隨機應變辦法。
第二期	民國八年至三十二年（1919～1943）	臺灣教育令公佈之後，日政府全力實施殖民地同化政策。
第三期	民國三十二年至三十四年（1943～1945）	臺灣教育令修改之後，時為第二次世界大戰末期，日本在中國戰區及太平洋戰區節節失敗，局勢不穩，乃積極懷柔台胞，廢除教育差異，以期台胞效忠天皇，然其日人特權仍存於各級教育中。

據《臺灣通志稿》，日據初期，臺灣私塾計有一七零七所。臺灣教育令公布後，民國二十八年，全省僅存十七所。民國三十二年，臺灣總督府頒佈廢止私塾令，私塾遂成絕響。〔註6〕

經過日本政府統治手段的壓制，臺灣傳統文化幾乎毀之一旦，幸賴有心人士的保護與傳承，方能流傳後世，詩人活躍於當時臺灣詩社，詩作甚多，本人研究目的就是從他的詩文中去探討其創作及當時時代背景。雖然受到外來種種因素的影響，臺灣人還能留下值得後代傳承的文學。因為俗語說，文學滄桑史反映生活的點滴。

土地長養一切生物，提供生活，生活精粹地反映在文學上，文學必

〔註5〕周植夫：《竹潭詩稿》基隆市詩學會編輯。（基隆：財團法人基隆市文化基金會，1997年4月），頁11。

〔註6〕參考：廖一瑾（雪蘭）《臺灣詩史》（台北：文史哲出版社，1999年3月），頁24～25。

須根於本土生活。〔註7〕

臺灣還能保有古典漢詩文，皆是傳統文人努力之下，得以保存，所以身為臺灣人，此精彩的本土文學不容錯過。

第二節　研究範疇與研究方法

一、研究範疇

周植夫一生作品甚多，可惜自己未作整理，散佚各處，加上文本紙張保存不易，在猝逝時，他的門生去其家中整理詩作，幫他輯錄了《竹潭吟橐》，在告別式時，用為紀念，倉促之間，簡單整理出約 36 頁的周植夫紀念集。後經其門生，基隆詩學會，極盡所能，多方探討編輯為《竹潭詩稿》，此本詩集，被《臺灣先賢詩文集彙刊》編入第五輯。印刷較精美，內容皆一樣。筆者拜訪他家人，多次與跟他幾位資深的門生討論，遍尋他曾經教過的各處班級的門生，反覆推敲，試做探討。研究的內容主要以《竹潭詩稿》研究範疇涵括：一為詩人身處的時代背景、生平經歷與詩友酬唱之交友的文學研究；二為詩人作品內容分析，表現手法與藝術成就的作品內在分析研究。再來為詩人的生平背景及與文人交遊狀況。及他對後世的影響，試加探討。

二、研究方法

目前尚未有以周植夫其人、其詩為題的研究論文，因此可以說是從零開始，到一整體的架構。本論文主要以研讀《竹潭詩稿》，詳加推敲後，運用了下列的研究方法來做探討：

（一）歸納、分析《竹潭詩稿》中出現的親人、朋友及社團等資料，作為建構周植夫的交遊狀況

筆者從《竹潭詩稿》的詩題中，已有對家人，及其所交往的對象、社團，可以歸納出：

1. 取得他對家人的深情，尤其是其母親。
2. 其所經常往來的朋友，也立即浮現。
3. 其所參加的詩社、文學社團，也很清楚的呈現。

〔註 7〕引自施懿琳：《從沈光文到賴和──臺灣古典文學的發展與特色》（高雄：春暉出版社，2005 年 11 月），頁 17。

從此，也建構了周植夫的網絡資料，讓讀者在研讀周植夫詩作時的人、事、物相關背景，可以提供另一種參考的資料。

（二）資料的蒐集

上網及前往圖書館，從圖書館的碩博士論文及期刊論文或相關的臺灣古典文學資料著作。詳加研讀臺灣古典文學的發展脈絡和詩社狀況，做一番瞭解分析。近幾年來，經過幾位鑽研臺灣傳統古典詩學的學者推動下，以臺灣傳統古典詩文做研究的論文，也在與日增加中。還有周植夫的故鄉基隆市志等資料，也都是非常寶貴的參考來源。從而也閱讀到，吳福助云：

> 臺灣雖是孤懸海中的島國，但由於迭遭千古未有的變局，文物播遷，賢才畢集，再加上洪荒蘊蓄山川奧秘的發洩，以致自明鄭以來，迄今350餘年，文風鼎盛，作家如雲，連綿發展，從未間斷。〔註8〕

所以臺灣傳統文學的研究，尤其是戰後時期的傳統文學領域，更有開發的空間。期待研究者，大家一起努力。

（三）訪談周植夫後代與詩友，並親身加入「瀛社」詩學會，藉機了解詩人之資料

周植夫由於戰後，臺灣人民生活艱苦，常年在外生活奔波，加上經營事業非其志趣，中晚年後更醉心於詩學，到處講學，以傳播詩學為志業。其家庭後人無一學詩，故對其事蹟不甚瞭解。倒是其門徒王前、林正三、葉金全、蔣孟樑等提供寶貴資料。尤其林正三理事長，在周植夫仙逝後，曾代課其諸多班級，又是「瀛社」詩學會理事長，還有蔣孟樑為當時基隆詩學會理事長，且借用他家，位於南榮路的二樓。許多原始資料蒙他們提供甚多，才得以順利成稿。

（四）研讀與分析、探訪

1. 以題材來劃分他的作品，將其作品分為抒情感懷、寫景記遊、詠物詩來對詩人的詩稿，作深入探究，以了解他的內心感情世界。

2. 將其作品的藝術特色探討分析，研讀詩人之作，體裁方面古近體詩兼備，有時律、絕詩較為短小，無法盡情表達情意之時，會以連章詩的手法表現。清代古典詩常用，長詩題及詩前序或詩中夾註的特色也常被善加運用。

〔註8〕〈臺灣文學「跨學科」研究隨想錄〉，謝鶯興編：《東海文庫師長篇・吳福助教授著作專輯》（台中市：東海大學，2020年1月），頁720。

並且詩歌的表現手法，除了傳統的舊有詩歌形式外，也能順應時代潮流，善用新語詞、新觀念，在傳統詩的創作注入新生命。

3. 按其詩作內容，去訪談其友人、門生，尋找書中提起的各種方面，加以討論，尤其是他授課的班級學員等的資料。及門生等傳遞薪火的影響力。

第三節　研究的成果與展望

在當今學術界，有關於臺灣古典詩、文的研究論文，大致上以文學社團為主，進行探討。或是以區域、斷代性的角度作研究，臺灣古典文學的發展〔註9〕。而對於單一詩人的專題研究，有楊明珠：《許南英及其詩詞研究》、李貞瑤：《陳逢源漢詩研究》、劉先寶：《蘇鴻飛及其漢詩研究》、張滿花：《張達修及其詩研究—以《醉草園詩集》為例》……。從臺灣的古典詩史上，目前的《臺灣先賢詩文集彙刊》上來看，論文的數量上來說，簡直是微乎其微，不成比例。若將個人詩集的論文縮小至基隆地區為主的古典詩的著作。對基隆文風鼎盛，古典詩詩人、詩社薈萃的港都，可待開發的空間，也是非常寬廣。迨待後人詳加研究。

本論文以周植夫《竹潭詩稿》作為研究對象，探析《竹潭詩稿》的作品，再跟其詩社、詩友及其授課的班級門生的互動中，得知他在當時詩社、詩界常常掄元，也經常被禮聘為詞宗。在詩壇中，是具有相當的地位。所以就著手展開，對其詩稿的歸納、分析。期將其作品，詮釋後以傳後世。由於周植夫是跨越了日據時代及國民政府的兩個時代統治。因為他的人生歷練、生命旅程豐富多彩多姿，所以也增加詩作的廣度。也經常積極的參與詩社的擊鉢聯吟，且熱衷於傳播詩學活動。其子孫將其在家中詩稿，全數給其門徒，輯為《竹潭詩稿》。

總而言之，筆者以《竹潭詩稿》為藍本，進行了一系列的收集資料，建立了周植夫的古典詩文析論。希望拋磚引玉，引起更多人的重視與迴響如果

〔註 9〕文學社團研究的如：王文顏：《臺灣詩社之研究》、鍾美芳：《日據時代櫟社研究》；區域性的研究著作如：黃美娥：《清代竹塹地區傳統文學發展史》、張淑玲：《臺灣南投地區傳統詩研究》、吳淑娟：《臺灣基隆地區古典詩歌研究》；斷代及主題思想的研究如：施懿琳：《日據時代鹿港民族正氣詩研究》，劉麗卿：《清代八景與八景詩研究》、周慶華：《臺灣光復以來文學理論探究》、廖一瑾（雪蘭）：《臺灣詩史》……。

每一個縣市、鄉鎮皆能建立自己家園的作家及文學藝術資料，從點、線、面作連結。那臺灣的整個文學界資料，將會是非常豐富可觀。希望有志之士，共同來建構臺灣地區古典文學研究。

第二章 周植夫的時代背景與生平及交游

第一節 時代背景

　　生活與文學，表面上好像是兩個不同的個體，但是文學中的詩、詞、歌、賦，皆是生活中的縮影，所以文學與生活是息息相關。江寶釵云：「時代環境與文學思潮的脈動緊緊相扣，無可脫離。」〔註1〕所以文學所呈現的，往往是當代生命或生活的精華反映。換句話說，一個時代的背景，會造就當時的文學，周植夫（1918～1995）生於日據時期，從童年到青壯年的過程，都是在日本殖民統治下成長。臺灣被日本統治五十年期間，原有的漢文化，在日本對臺的統治政策下，被刻意破壞幾乎消失。《臺灣詩史》記載著日本對臺之統治方針與策略，大致可分三期：

　　初期：一方面以武力鎮壓臺民，一方面部置統治機構，以安撫臺民。（1895～1918、1919）。

　　中期：採用「同化政策」，希望消滅臺民之中國民族意識，以為其侵略中國與東南亞之人力物力供應站。（1918～1937 盧溝橋事變。）

　　後期：日本 1937 年起，由於長期戰爭，國力消耗極大，感到「同化政策」太緩慢，乃大力推動「皇民化運動」，欲使臺民完全日本化，為日本作忠狗。（1937～1945 日本投降）〔註2〕

〔註 1〕江寶釵：《嘉義地區古典文學發展史》（嘉義：嘉義市立文化中心，1998 年 6 月），頁 211。

〔註 2〕廖一瑾（雪蘭）：《臺灣詩史》（臺北：文史哲出版社 1999 年 3 月），頁 292。

　　清朝與日本簽訂馬關條約（1895 年）割讓臺灣給日本，臺胞抗日活動未曾間斷，臺民武力抗日，日本更加鎮壓，造成臺灣民眾死難者，人數多達有六十五萬人之上。在日本軍事武力控制下，臺灣同胞的軍糧彈盡援絕，無力反抗，加上文人士子晉身科舉之路，也因而斷絕無緣。所學不知何用，感於國家破碎，弔古喻今，藉詩抒發，只好轉用筆桿，創辦雜誌、新聞報章、組織有志之士，用筆墨文章來抗日。日方更廣設公學校，廢除漢文教育。受過漢文教育的知識份子，在哀傷之餘，轉為在各地成立私塾（俗稱暗學）教育。可見馬關條約之後，臺灣割讓給日本，當時臺民慷慨激昂的民族意識之情形；陳國威言：

> 滄桑之巨變，家國之劇痛，士人感受更深。從前所讀四書五經，準備科舉考試的讀書人，如今已感到功名無望，生活潦倒，只有藉詩酒來發洩心中的不滿，及對祖國的懷念，為了維繫漢文化，中國國學不墜；於是各地紛紛成立私塾，教導國學，並且吟誦詩文，表示士人對祖國忠貞，不屈服異族的統治。各地讀書人為了互通聲氣，以期保持國粹，於是各地詩社相繼成立，五十年間，詩社數目之多，達到空前。〔註3〕

　　在各地有識之士，鼓舞領導之下，私塾、詩社相繼成立，藉此傳遞漢文學至下一代，延續中華民族文化與血脈，周植夫正是生逢其時，在幼年的私塾漢學基礎下，往後得以往來詩社，與社友互相切磋，使其詩作也因而更加有成。

　　甲午戰役（1894 年）之後，詩社如雨後春筍般的迅速茁長，並形成風氣，足以說明臺灣的漢文化已根深蒂固，不是日本政府打壓之下，就會立刻瓦解。反而因為如此，加速本土意識的高漲，詩人平時有的在私塾設帳授徒，或有在各行各業工作之餘，藉由詩社互相酬唱，以書寫抒發情懷，以致各地詩社時有聯吟活動，以詩文會友，蔚為風氣。並且有擊鉢詩的吟詠切磋活動。《毛詩注疏》中云：

> 詩者，志之所之也，在心為志，發言為詩，情動於中，而形於言。言之。不足故嗟歎之，嗟歎之不足故詠歌之，詠歌之不足，不知手之舞之足之蹈之也情發於聲，聲成文，謂之音。治世之音，安以樂，其政和。亂世之音，怨以怒，其政乖。亡國之音，哀以思，其民困。

〔註 3〕陳國威：〈臺灣漢詩初探〉（《壢商學報》第二卷，1994 年 5 月），頁 4～5。

故正得失，動天地，感鬼神，莫近於詩。先王以是經夫婦，成孝敬，
厚人倫，美教化，移風俗……〔註4〕

中國傳統詩歌最早即有「詩言志」的傳統觀念，所謂「詩言志，歌永言，
聲依永，律和聲」〔註5〕，由此可知詩是生活的寫照，臺灣人民在日本統治期
間，因為感傷悲痛，而造成詩人藉詩抒發情緒，也讓漢民族意識的高漲，雖
然日本統治台島五十年，但光復後的臺灣，漢文化得以迅速恢復，私塾、詩
社延伸的力量，功勞卓著。

一、日據時代，殖民教育轉變

日本統治臺灣，武力以外，最重要就是學校教育的政策，逐步轉變，剛
開始時用懷柔手段，中、日文並行教學，用安撫同化的方式來治理臺灣。然
後再按步逐減臺灣人民的漢文教育，以達「日化」之目的，初步學校教育半
用原來的書房漢文方式，另一半用新教育方式也就是日文化教學，其最終的
用意就是要「日化台民」。從 1898 年 7 月臺灣總督府頒佈「臺灣公學校令」
中就規定，以地方經費設立六年制的公學校，全面建立臺灣的教育機構，正
是採取「以書房代用公學校」的逐步辦法如下：

> 1922 年 2 月「新臺灣教育令」頒布，則將漢文列為選修科目，接著
> 臺灣總督府又制定「私立學校規則」，將書房教育納入此規則的管
> 理，作法較過去統一且強制性，因此獲准設立的書房已經變成名符
> 其實的代用公學校。又為了配合「內地延長主義」，取消原先日台在
> 學制上的差別。1930 年代，臺灣總督府為強化「國語普及運動」，
> 各地方更將禁絕漢文教育為首要之務。舊式書房教育遭到從嚴管
> 理，地方教育當局與警察配合，對「未經許可及不良書房」嚴加取
> 締，施以罰款、中止教學、解散或關閉等處分。原本在公學校設立
> 的漢文科，也逐年降低授課時數。〔註6〕

然後在「1937 年，原本在公學校裡還持續保留的漢文課，在皇民化運動

〔註4〕唐・孔穎達疏：《毛詩注疏》，《十三經注疏》（台北：藝文印書館，1997 年），
卷1，頁 13～15。

〔註5〕唐・孔穎達疏：《尚書・堯典》，《十三經注疏》（台北：藝文印書館，1997 年），
卷3，頁 46。

〔註6〕吳文星（1988）：〈日據時代臺灣書房教育之再檢討〉，《思與言》，第 26 卷第
一期，頁 102～107。

的推展下造到廢除，而漢文、書房教育亦遭禁止。1943 年頒布『廢止私塾令』則使漢文遭到全面廢止。」〔註7〕原本的書房變成日本政府實行「日化台民」的工具，並且也是壓倒漢文傳承的最後一根稻草。從此漢文嚴格禁止教學。

（一）日據殖民初期

臺灣除了原住民以外，大部分皆是大陸移民來台者，雖然有著悠久的中華文化背景，清治時期有儒學、義學、書院之外，也有私人辦學的書房，但是從來沒有用國家的政策來普及教育。日本政府在佔領臺灣一個月後（1895 年 7 月），就在台北士林芝山巖設立學堂（今台北士林國小前身），用西式的方式教學，教授日文。也暫時採用中文、日文平行教學政策，原有的教學方式沒有改變，只是增加日本語言的教育。屬於「綏撫時期」，教育政策是恩威並施，懷柔統治。只是給予一段殖民思想教育的緩衝期。

（二）日據殖民中期

開始廣設小學、公學校，鼓勵臺灣學童就讀，然後再設立中學的公學校，同時頒布「臺灣教育令」，開使強迫教育單位，要一視同仁，一律學習日文。日民、台民不能有所區別。此舉等於是用強迫教育學習方式，統一語言、文字，把臺灣人民變成日本人，並且灌輸效忠日本天皇政府思想。並在 1928 年成立台北帝國大學（臺灣大學前身），為臺灣的第一所大學，其實就是用教育政策逐步同化臺灣。1941 年又修訂「臺灣教育令」小學、公學校全面改為國民小學。1943 年總督府正式實施六年國民義務教育，屆齡學童強制必須接受義務教育。首要目的就是要全面實施日文教育臺灣民眾。等於限制私塾、壓制漢文教育。

（三）日據殖民末期

日本野心勃勃，發動侵華戰爭和太平洋戰役，消耗國力甚鉅，所以就全面實施「皇民化政策」，強迫臺灣人民改用日式姓名，要求生活起居放棄漢民族的傳統方式，食衣住行完全日式化，希望台民成為「日本人」。並且廢除漢文報刊專欄、雜誌等，強制廢止私塾（書房），企圖斬斷台民漢族文化的根基，教育台民全面協助並且完全效忠日本天皇。

此種教育、文化的政策，促使有些老一輩的長者，不會說中文，只會說

〔註 7〕臺灣省文獻委員會：《重修臺灣省通志》〈文教志‧教育行政篇〉，（南投：臺灣省文獻會，1994 年）頁 435。

日文和母語。企圖完全消滅在臺灣植根的中華傳統文化。可見日據時期的教育政策對臺灣影響之深。

二、清末、日據、民初的漢詩脈絡

（一）清末

　　台島居民除了原住民，來台的漢人大多是大陸移民，在滿清政府統治下，有派官員來台治理，從初期的嚴格控管到後期的開放。使得唐山來台人數倍增。尤其是漢人來台有群居的部落效應，導致臺灣傳承漢文化，是完整的保存下來。也因為如此漢詩的表現就漸漸多元化，從勞動詩、遊宦詩等表現內心的情感之作逐步開展。傳統中國文人首要之務，就是考取功名，光顯家門，利祿一路順遂，所以私塾所教導的典籍，四書、五經等都是必讀的考試科目。可是到了清末，國力薄弱，朝廷腐敗，清、日甲午戰爭之後，臺灣割讓予日本，此時文人士子憤慨、無奈。導致清末文人之詩作，大多呈現悲情、哀淒、傷痛之意。

（二）日據

　　日本統治臺灣之期間，原本的漢文化和日本文化產生衝突，是無可避免，文人最容易觸景生情，此時臺灣文人的詩作，當然最貼近時代狀況。日本統治臺灣五十年，這段期間日本當局，想盡所有的辦法讓臺灣皇民化，對於傳統中國的舊文化，幾乎毀之殆盡，唯一僅存碩果的就是漢詩創作。當時的知識份子在地方上，聲望甚高，日本當局為了籠絡仕紳，不得不用漸進安撫方式，企圖透過迂迴曲折的教育、文化政策，藉引進新知識，改革舊思想，以達到徹底的「台民日化」。廢除書房、私塾教育就是毀滅漢族文化的利刃。此後皇民化政策更是在臺灣實行達到最高峰。嚴格限制語言，唯對詩沒有嚴格管控，對詩社的設立，採取寬鬆政策，可能是在日本政府當局，利用詩社作為籠絡文人、仕紳的手段，也因此漢詩創作在此因緣際會之下得以保留，也讓漢民族文化因漢詩可以有空間僥存。

（三）國民政府統治初期

　　從歷史的角度來看，歷朝歷代每當政權的轉移，都會有因政治的動盪，產生一些不安的現象，漢人的「古典詩」，最能夠含蓄隱約表現悲歡交加的情懷。二次大戰後的初期，國民政府接收臺灣，隨著國共之戰，政府轉進來台，

連帶也約有兩百萬大陸人民湧入臺灣。中間也有很多國學素養深厚的文人，也跟臺灣的詩社文人相互吟詠，進行交流互動，也為臺灣文壇增添不少色彩，再加上很多來台知識份子中，有在黨、政、軍擔任官職，如于右任、賈景德、張昭芹等，導致臺灣的詩壇逐漸偏轉為由來台的大陸文人掌舵。施懿琳言：

> 國民政府遷台之時，有大量具有深厚舊學涵養的文人前來，古典漢詩對他們而言，是非常熟悉的文學工具。因此，來台之後，這群中國的舊文人很容易於文學、政治及社會資源上的多重優勢，取代了原有的臺灣詩壇主導勢力，而成為臺灣古典詩的新領導核心。而，在日治晚期似已瀕臨枯竭的古典詩，遂在此時有了復甦的傾向。〔註8〕

來台的大陸詩人與台島本土詩人，透過詩刊和各地的詩社活動，在戰後初期，可以看見來台的大陸詩人大老，應各地詩社邀請為客賓或入社，蒞臨指導，相互整合、切磋詩藝。詩壇漸漸走入平衡。也因為如此，臺灣古典詩壇更茁壯成長，同時質、量也大量提昇。也因為如此臺灣詩社文風，又轉入另一顛峰發展階段。

三、臺灣光復後漢詩的維繫現況

光復後臺灣詩人和大陸詩人的交流之下，雖然是皆為中華文化所熏陶的產物，但是各自背景的不同，睹物思情的抒發自然也有差異，不僅只是抗日文學，也增加了多元思維。文人的視野更為寬廣，經過了日據時期的統治，更知中華文化的可貴。尤其是 1966 年大陸共產黨實行文化大革命，臺灣發起「中華文化復興運動」，1968 年全面實施九年國民教育，極力推展愛國教育、去日本化、禁止方言……。雖然全民教育普及化，但是由於國語教學採用白話文運動，日漸多元化的文學表現方式，致使創作漢古典詩的人，直至今日，是眾多文學的一種體裁。

詩人在此變動的年代成長，很多詩作上都可反映時代背景的變化，中華民族的文化根苗，並沒有因為日本統治而斷，周植夫從日據時代的公學校畢業及幾年的私塾教育。拜光復後之賜。跟陸、臺文人齊聚一堂切磋詩藝。晚年更以傳播古典詩學為樂，往來北基兩地。冀使漢詩文化能以保存，發揚光大。

〔註 8〕施懿琳：〈五〇年代臺灣古典詩隊伍的重組與詩刊內容的變異──以《詩文之友》為主〉，收錄於《戰後初期臺灣文學與思潮》論文集，（台北：文津出版社，2005 年 1 月），頁 31。

第二節　周植夫的生平敘述

　　周植夫（1918～1995）出生於基隆，祖籍福建同安，本名孫園，字植夫，後以字行，為臺灣戰後重要傳統詩人，臺灣光復初，設「合發德記營造廠」，從事土木營造，承包港務局工事，約十年結束，遂往臺北謀生，任職《中華藝苑》編輯二年，先後入「大同吟社」〔註9〕、「瀛社」〔註10〕、「庸社」。〔註11〕交友時賢，閒時耽吟，手不釋卷，詩名益振。任「中華學術院詩學研究所」委員，並以其師社長王子清（1885--1943）「同勵吟社」〔註12〕續名其門，又義務任「新生詩苑」校對二年餘。民國六十八年十一月，邱天來等先進成立「基隆市詩學研究會」〔註13〕，遂返基傳授鄉里，主講東坡詩、劍南詩、王漁洋詩等等。繼有臺灣大學教授陳金次好古詩者、書家曾安田、廖禎祥、鄭百福、一德書會、李普同「心太平室」門人等，共請為師，由是往來北基兩地間，以傳播詩學為樂。其得意門生有王前、林正三、蔣孟樑、鄭水同……。均為臺灣當代詩壇一時俊秀。繼往開來、居功厥偉。

　　周植夫尤推崇清之王漁洋詩學，常言不及他的詩學，得者以為榮焉。宜賓羅戎庵（1923～2007）在《竹潭詩稿》序文譽之云：「三臺物望，一代詞宗。與花蓮駱香林（1895～1977）〔註14〕、臺北吳夢周〔註15〕（1898～1971），先

〔註9〕「大同吟社1931～2002。曾為基隆詩壇中流砥柱。」參見吳淑娟：《臺灣基隆地區古典詩歌研究》（台北：中國文化大學研究所。2004年），頁87。

〔註10〕林正三：《續修臺灣瀛社志》（台北：社團法人臺灣瀛社詩學會，2017年2月），頁18。

〔註11〕「1955年莊幼岳與張作梅，黃湘屏等創刊《中華詩苑》雜誌，1956年莊幼岳等九人成立『庸社』」。參見莊幼岳：《庸社風義錄·序》（台北：庸社排版印1958年）。

〔註12〕「同勵社成立時間1933年，結束時間不詳，公推王子清為社長。取共同勉勵之意。」參見吳淑娟：《臺灣基隆地區古典詩歌研究》，頁89。

〔註13〕參見吳淑娟：《臺灣基隆地區古典詩歌研究》，頁319。

〔註14〕「駱香林，名榮基，字香林，以字行。原籍新竹……壯年後遷居花蓮，聚徒講學，以民族大義為教，弟子以千計……。」參見駱香林撰，王彥主編：《駱香林全集》（花蓮：花蓮文獻委員會，1980年），前言。收入臺灣先賢詩文集彙刊第一輯。

〔註15〕見林正三：《續修臺灣瀛社志》，頁397。「吳清富字夢周，號零星。臺北人。劭穎悟，讀書數行齊下。為趙一山及門，一山老病時，課務多委之。日人領臺，讀書愈勤，暇則吟詩遣興，1915年與張純甫、黃春朝、陳心南、歐劍窗、林述三、李騰嶽、蔡痴雲、李鷺村等結「星社」。1949年，國府東遷，于右任、賈景德、林文訪、陳南都、黃景南等，為保存國脈，於稻江創《臺灣詩壇》。詩得蘇、韓之長，著有《枕胈室詩草》。」吳夢周著，吳瑞雲等編：《枕

後為鼎足三賢，世無異議。」〔註16〕各書家出作品集，每欲得其序為標竿。1995 年籌劃國慶表演，勞累過度以心疾發作於北市，命終孔誕之辰，葬於母墓之後，聞者以為篤孝精誠所致故也。告別式當日，萬人空巷，達官顯要，無數弟子，及親友前來捻香致意，仙逝數年後，為追思之會，基隆詩學研究會等收集古近體詩五百六十一首為《竹潭吟稿》，基隆市政府出資，1997 年 4 月印傳後世。

第三節　周植夫與當時人物交遊

藉由詩作互相往來增進彼此的情誼，文人雅士以文會友，自古有之。《禮記・學記》云：「獨學無友，則孤陋寡聞」。所以文人之間相互學習或教學相長的詩作切磋，是非常的重要。以《竹潭詩稿》中的詩作，來探討周植夫交遊狀況，也可藉此瞭解當時傳統詩學界，與時代背景。

一、學界友人
（一）花延年室主人李漁叔

李漁叔（1905～1972），原名明志，字漁叔以字行。號墨堂，出生於廈門。祖籍湖南湘潭人，號墨堂，湖南湘潭人，留學日本明治大學畢，曾任臺灣師範大學教授、文化大學教授。精通詩、書，善畫梅。著作有《花延年室詩》、《墨辯新注》、《風簾客話》、《魚千里齋隨筆》、《三臺詩傳》等。周植夫有詩：

〈春日同漁叔、作梅、曉齋諸先生飲螢橋作〉

矮屋欹斜泖一灣，青帘掩映夕陽間，

雲西燕子投新壘，江上鱸魚話故山，

草綠炎荒宜縱飲，茶香水檻好消閒，

無端隔岸雲翻墨，夜雨疏燈客未還。（《竹潭詩稿》卷二，頁 51。）

李漁叔亦有與周植夫同遊詩作：

〈春日與陳曉齋莊幼岳周植夫川端橋共茗飲作〉〔註17〕

胘室詩草》（臺北：臺北大稻埕，1998 校勘本），前言。收入臺灣先賢詩文集彙刊第九輯。

〔註16〕周植夫：《竹潭詩稿》（基隆：財團法人基隆市文化基金會，1997 年 4 月），頁 9。

〔註17〕李漁叔：《花延年室詩》（台北：文史哲出版社，1972 年 3 月），頁 109。

川館題詩記昔曾，春來欄檻得重憑，

川光炸欲騰魚鱉，風力才堪決鶵鷹。

誰分閒遊成邂逅，卻饒深語禁模棱，

涼雲正作西山雨，且更遲回待上燈。

（川端橋）現址：新北市永和區中正橋，（螢橋）現址：臺北市中正區廈門街、廈門街 25 巷口。可見當時周植夫與李漁叔教授交往甚多、密切。

（二）輔仁大學教授、中文所所長王靜芝

王靜芝（1916 年～2002 年），祖籍合江省佳木斯市人，原名大安，以字行，號菊農，筆名王方曙，晚號龍壑，民國五年生於瀋陽，長於北平。畢業於北平輔仁大學，並從啟功教授學書畫，抗戰內徙重慶，又從沈尹默先生學習書法。勝利返北平，歸瀋陽，任公職，當選國民大會代表。三十八年來台灣，任職教育界，曾任臺灣東海大學副教授，輔仁大學教授兼中國文學系系主任、暨中國文學研究所所長等職。餘暇從事寫作和書畫。榮退後，任輔仁大學中國文學研究所教授……曾獲文藝協會獎章、寫作協會獎章、新聞局金鐘獎、編劇學會魁星獎、中國書法學會薪傳獎〔註18〕。

據丁錦泉云：他們經常相邀莅臨木柵品茗，且有和詩之作：

王靜芝作：

〈甲戌新正宇植夫兄同賞杏花〉（1994 年）

樟嶺初收雨，幽尋訪杏花，疏枝出薄霧，淺盞泛流霞。

覓句八叉手，澆腸七椀茶，朋情無限好，直欲老天涯。〔註19〕

周植夫即席和詩乙首：

〈新春訪杏花林靜芝先生有詩見示謹次瑤韻書呈粲正〉

登臨逢歲首，雨後共看花，山色千重翠，春光一片霞，

名園題好句，小閣試新茶，梅派今餘幾，高歌樂靡涯。（《竹潭詩稿》

卷四，頁 120。）

兩人年紀相當、意氣相投，頗有雅興，自然流露文人相交之誼。品茗、和詩，賞景豈不快活人生。

〔註18〕王靜芝：《王靜芝學術論文集》（台北縣：輔仁大學出版社，2003 年），頁 V。
〔註19〕2021 年 3 月 30 日，拜訪丁錦泉討（羅斯福路五段），論相關事宜。丁錦泉提供。丁錦泉為王靜芝學生。

（三）臺大數學教授陳金次

　　陳金次教授（1945～），臺大數學系碩畢，1972 年任職臺大，三年後留美史丹佛大學數學博士後，回臺大數學系授課至退休。就是推動臺大西田社漢文班的舵手之一，好詩學，從遊周植夫多年，非常推崇周植夫的詩學，周植夫在他出國講學時作首詩：

〈送陳金次博士赴美講學（1990）〉

直駕雲鵬向美洲，望中風物近中秋，

少時負笈思前度，異域論文作遠遊，

功在西田能保粹，名高東海更潛修，

金波萬里空相憶，應寄雙魚慰別愁。（《竹潭詩稿》卷二，頁 92。）

　　此詩，看出兩人是亦師亦友的關係。周植夫推崇他推動西田社的成立。如今暫時離別，去美國講學，對他的思念，寫在詩作上「金波萬里空相憶，應寄雙魚慰別愁。」望能隨時保持聯絡。以慰思愁。

二、政、商友人

（一）宜蘭縣長陳進東

　　陳進東（1907～1988）號南湖。年輕時留學日本，長崎醫科大學，擅精婦產科，歸國後先後從師清舉人李望洋之子、秀才張鏡光研習詩文經史子集。承其丈人羅東鎮上的大同醫院。仁心仁術，濟世活人。後又投資紙業經營，1948 年開始從政，鎮代表、議員、副議長、議長……。周植夫作詩贈與：

〈新柳贈陳進東先生〉

嬌眼乍舒迎曉日，柔條漸長拂東風，

白堤絲影蘇堤色，回首蘭陽惠政同。（《竹潭詩稿》卷一，頁 17。）

在《羅東鎮志》記載：

1964 年、1968 年，當選兩任宜蘭縣長，任內進行多項地方建設。如向當時蔣中正總統，建言實施九年國民教育，並首先在宜蘭縣先行試辦成功。爭取闢建蘇澳國際港，北迴鐵路興建與宜蘭鋪設雙軌……。

在政治表現外，藝文方面亦有表現，早在 1929 年成立的「東明吟社」，即以陳進東為召集人。之後宜蘭的詩社仰山吟社、登瀛詩社、潮音詩社與東明詩社等四社合併成立「蘭陽聯合詩社」，由陳氏擔任

第一任會長，每年四季輪流在宜蘭、頭城、羅東、蘇澳等處，召開
全縣詩人聯吟會，推動詩文活動……。〔註20〕

　　簡言之，陳縣長是位喜詩、愛詩、好詩者，在繁忙的政治事務中，仍然
非常獎勵文藝詩學活動。周植夫與陳縣長的私交相篤，對其推崇，詩中表露
無遺。

（二）家學淵源莊幼岳

莊銘瑄（1916～2007），字幼岳，以字行。

　　鹿港人。幼岳家學薰陶，詩書俱佳。1922入鹿港公學校，1931年，
高等科畢業。同年五月入霧峰「一新義塾」接受漢文教育，「一新義
塾」由林獻堂子林攀龍任塾長，莊太岳為教師。期間表現優異，1936
年畢業，奠下漢學基礎，後曾泛海福州，因蘆溝橋事變返臺，戰爭
期間生計艱難，屢易工作，但皆不出霧峰範圍，先後任霧峰信用組
合、霧峰農場主任等職。1940年，與許一鷗共創「洛江吟社」於鹿
港。1941年加入「櫟社」。戰後曾任霧峰初中為國文教員。1950年
後遷居臺北，任行政院人事室秘書。並曾任「瀛社」副社長、顧問，
「中華詩學會」副社長及「中華學術院詩學研究所」委員，「中國書
法學會」理事。亦曾擔任《中華詩學》月刊社、《中華詩學》雜誌社
總編輯，弘揚詩學不遺餘力，有《冬心集》《紅梅山館詩文集》行世。
並與楊雪鵬抄輯林獻堂散軼詩篇，輯為《獻堂軼詩》。〔註21〕

　　以下三首寄給莊幼岳，詩中，對其文筆讚賞有加，相談甚歡，雖短暫分
離，然思念異常。

　　〈寄莊幼岳三首〉

　　客中邂逅信前因，人比梅花迴出塵，
　　難得娥眉愛風雅，柳泉文筆本清新。

　　誰云濁世少知音，偶爾談詩得我心，
　　任是雲山千萬疊，相思難阻友情深。

　　稻江分手意如何，紅葉青山別緒多，

〔註20〕主修游榮華、監修游永富：《羅東鎮志》（宜蘭：羅東鎮公所，2002年6月），
　　　　頁788～790。
〔註21〕參見林正三：《續修臺灣瀛社志》，頁455～456。

宜寫小詩寄衷曲，雨窗遙夜夢諸羅。（《竹潭詩稿》卷一，頁36。）

以下是題畫詩作給莊幼岳祝壽的兩首七言絕句，祝壽之外還羨慕其夫妻神仙眷侶，希望能如松柏一樣挺拔聳立，也如老鶴長命百歲。

〈題松鶴圖壽莊幼岳〉

蒼虬孤挺風霜古，丹頂雙棲歲月更，

畫裡分明仙眷屬，逍遙人世配長庚。

畫中雪幹老彌榮，長伴仙禽閱世情，

羨爾雙棲春永駐，諸羅月映壽星明。（《竹潭詩稿》卷一，頁41。）

以下數首，詩人之作，其經常出入幼岳的家，並互相酬唱，可見感情之深厚。

〈紅梅山館小集幼岳有詩見示次韻奉和〉

紅梅開處占春多，記取名園載酒過，

鶯語逗人吟思遠，花香留客醉顏酡，

忘形吾輩終違俗，屈指平生幾放歌，

最憶溪橋明月夜，鶯艫共泛碧潭波。（《竹潭詩稿》卷二，頁54。）

〈過幼岳芝山巖新居紅梅山館〉

紅梅翠竹傍山堂，路遠平疇晚稻香，

田舍兩三成比里，鱸魚盈尺近江鄉，

夢餘短榻茶煙碧，雨後新畦菜甲黃，

一曲芝巖真世外，林園人擬輞川莊。（《竹潭詩稿》卷二，頁54。）

〈乙巳暮春次幼岳韻〉

漸覺浮名累此生，年來已懶混詩盟，

閑鋤小圃思幽隱，老擁群書傲六卿。

末俗紛紜徒太息，故交零落屢傷情，

殘春光景應珍惜，酒醒燈前茗共烹。（《竹潭詩稿》卷二，頁55。）

〈紅梅山館花朝小集賦似幼岳詞長〉

風骨嶙峋翠柏同，莊生高蹈古城東，

滿樓書帙香能遠，愛國詞章老益工，

月夜聯吟追汐社，花辰共醉對郵筒，

海隅詩老今餘幾，回首韶華去太匆。（《竹潭詩稿》卷二，頁92。）

〈過松山幼岳寓樓次湘屏韻〉

老隱城東戀友生，早從櫟社訂騷盟，

萊園賦柳追枚叔，雪窖吞氈慕子卿，

半榻圖書資養性，一樓花鳥足怡情，

羨君著述明窗底，顧渚茶香手自烹。(《竹潭詩稿》卷二，頁71。)

莊幼岳的《紅梅山館詩草》(編入《臺灣先賢詩文集彙刊》第七輯)。與周植夫有關的詩作，舉例如下：

〈作梅過存紅梅山館題詩見贈次韻並似湘屏陶庵戎庵植夫〉

不羨長安第，山軒傍竹圍，徑迂人跡少，地僻世情違。

瓜蔓縈新架，苔痕綠上扉，卷來書作枕，清夢洛秋帷。

〈人日後五日文新漢英作梅湘屏陶庵戎庵普同植夫淵源枉過紅梅
山館喜賦〉

春泥細雨芝山路，難得群賢遠見尋，

村酒笑斟人日後，盆梅紅發草堂深。

堆盤野簌燈前味，垂老風情醉裡吟，

共愛清談因坐久，隔窗翠壑萬靈沉。

〈次湘屏韻並似作梅陶庵戎庵植夫〉

數聲黃鳥囀東風，坐覺岩光照眼榮，

細草漸沿山徑綠，寒梅開傍粉牆紅。

客來沽酒荒村外，興發鏖詩斗室中，

差喜都門二三子，時能過我慰吟衷。〔註22〕

莊幼岳家學淵源，父親莊太岳9歲能詩文，人稱神童。祖父莊士哲為廩生，叔祖父莊士勳為舉人，莊太岳晚年生活貧困，加上日人嚴苛督察，遂在愁苦中病逝。莊幼岳編校218首詩作，排印《太岳詩草》。1987年，幼岳再集乃父早年詩作600首及詩鐘60首，編成《太岳詩草補遺》。1992年，高志彬再重印兩書，並影印其親筆手稿，編入《臺灣先賢詩文集彙刊》第二輯。至於莊太岳之文稿，則經莊幼岳輯鈔，藏家未刊(即「太岳文存」)。幼岳詩書俱佳，年輕自臺去大陸，盧溝橋事變返臺，戰後推廣中華詩學，不遺餘力，1950年移居台北，在臺灣詩壇功功不可沒。

〔註22〕莊幼岳：《紅梅山館詩草》(新北市：龍文出版社，2011年5月)，163～164。

（三）基隆市長蘇德良

蘇德良（1916～2006），日據時期基隆中學（五年制）畢業，臺灣政治人物。中國國民黨籍。早年住四腳亭，從事煤礦買賣，後遷居基隆市。

曾任基隆市信義區區長，基隆市第二屆市議會議長，耿德煤礦公司董事長，民選第五屆補選市長，民選第六屆市長。〔註23〕

蘇德良先生，新居落成時，周植夫作詩贈之：

〈蘇德良先生新廈落成賦賀〉

青山遠郭畫樑新，巢燕仍知舊主人，

風概每懷蘇屬國，棠陰常在古基津，

光如霽月身無愧，清比寒冰德有鄰，

金碧一樓容大隱，更栽花木四時春。

蘇德良先生之大廈，位於基隆市東明路 55 巷，早年是一雕樑畫棟，類似廟宇、宮殿的三層樓建築。其長子繼承這棟屋宅，但人在國外，2014 年已轉手拆除重蓋。

（四）戎庵主人

羅尚（1923～2007），號戎庵，四川宜賓人。

從軍來臺，任職考試院十餘年，總總府參議退休，並曾任「台北大專青年詩社」輔導員、《大華晚報》古典詩專欄「瀛海同聲」主編，《中外雜誌》中外詩壇主編，曾為「瀛社」顧問，師大停雲詩社」副社長，「中華詩學研究所」研究委員。著有《戎庵選集》、《滄海明珠集》、《龍定室詩》等書行世，後集結為《戎庵詩存》。〔註24〕

周植夫推崇他的詩學，做詩贈予：

〈贈羅尚〉

廿年酬唱稻江濱，樸實無華但有真，

不獨高吟推第一，小詩功力到唐人。（《竹潭詩稿》卷一，頁 41。）

羅尚景仰周植夫在《竹潭詩稿》作序：

不意鄭玄驚夢，命厄龍蛇，向秀捴文，聲哀鄰笛。九原信無起日，而東流江漢，則無盡期。吾知植翁所指導之基隆市詩學會，與台北

〔註23〕廖穗華主編：《耆宿懷雞籠》（基隆：基隆市文化中心，1992 年 6 月），頁 56。

〔註24〕林正三：《續修臺灣瀛社志》（台北：社團法人臺灣瀛社詩學會，2017 年 2 月），頁 465～466。

基隆二市諸多及門弟子，能承傳光大其術業文章於來葉，又何憾焉。

音實難知，識照患淺，予雅不欲為人詩集作序，今後亦不為人詩集
作序。此則生前有託，義不可辭。車禍養傷之中，蒲艾飄香，端陽
節近，拈鑾坡之舊筆，序處士之遺詩。雲淨海門，少微星見，人間
天上，各有千秋。〔註25〕

　　兩人肝膽相照，相知相惜之情，溢於言表。序中「音實難知，識照患淺，
予雅不欲為人詩集作序，今後亦不為人詩集作序。」道出互相珍惜之友誼。

（五）未雨廬主人陶一經

　　陶一經（1926～2004），字晴峰，號小樓，別署未雨廬土，民國十五年生，
祖籍浙江紹興人。為藝壇耆宿陶芸樓之長公子，幼承家學，善詩文、書畫。而
馳名藝林，尤竭立推展藝文，創立多項藝文社團。〔註26〕

　　自民國三十六年來台後就在基隆落地生根，畢業於上海商學院，上海美
專研究。為國畫人師江兆申的大弟子。其生前為中國美術協會會員，國際暨
兩岸藝術文化交流協會常務理事，先後邀請藝文界同好成立基隆美術協會、
雙春詩社、擔任基隆書道會的顧問，基隆青溪新文藝學會。公職退休後仍繼
續推展藝文。周植夫為其娶媳賀詩：

　　　　〈賀陶一經娶媳〉

　　　　宣意定情思月下，威儀閑雅本詩家，

　　　　翠眉如黛春三月，瓶裡初開並蒂花。（《竹潭詩稿》卷一，頁28。）

　　陶一經精通詩、書、畫。曾任公職，退休後在基隆推動各項文藝活動，
周植夫亦是名詩人，志趣相投，感情相篤。詩中祝福，溢於紙端，可知情誼。

（六）大法官孫森焱

　　孫森焱（1933～）出生於台南市，臺灣法學家，1961年，孫森焱正式擔
任司法官，1990年擔任最高法院庭長之職。1994年，經李登輝總統提名，國
民大會同意，出任第六屆大法官，2003年任期屆滿退職。公職退休後，在學
術方面，自1975年，在東吳大學兼授「民法債編總論」，有不少民法方面之
著作，如《民法債編總論上下冊》。並參與民法、民事訴訟法之修正。也是喜

〔註25〕周植夫：《竹潭詩稿》，頁9。
〔註26〕許財利總纂，陶一經編纂：《基隆市志卷六·文教志藝文篇》（基隆：基隆市
　　　　政府，2003年4月），頁51。

好詩學之士，參加西田社漢文班，從遊周植夫，兩人亦師亦友。孫森焱被提名為大法官時，做詩慶賀：

〈最高法院庭長孫森焱先生榮膺大法官，詩以志喜〉

學邃申韓本至仁，歷居三審斷如神，

直膺大任真無愧，應為邦家慶得人。（《竹潭詩稿》卷一，頁32。）

孫森焱其親戚王育霖，在二二八事變時身故，是日據時期臺灣的第一位檢察官，能夠在此艱困的環境下，一路任職至大法官，周植夫，亦同喜之。

（七）政商名流蔡辰洲

蔡辰洲（1946～1987），台北市第十信用合作社理事主席蔡萬春之子，曾擔任立委（1984～1985），歷任國泰塑膠營業員、國鼎塑膠總經理、來來百貨董事長等職。1985年爆發「十信案」超貸、侵佔、背信與偽造文書案等經濟犯罪事件，被判刑合計六百餘年。在當時政、商界曾引起一陣躁動。1987年癌症卒。周植夫為其作「連章詩」表達哀意：

〈蔡辰洲先生在板橋病院診治，余曾往問疾，詎意纔閱月餘，竟成永訣，今將奉靈骨於北投曼陀寺，忍淚賦輓詩以弔之〉（丁卯端陽後三日）

蔡邕家世舊知名，風度翩翩抱至誠，

廣廈千間違宿願，冤禽填海恨難平。

板橋暮雨正瀟瀟，病榻何人慰寂廖，

欲別向余頻握手，一痕笑屬卓風標。

心如菩薩本慈悲，深恤人間苦命兒，

會創愛心心獨苦，輸財長自畏人知。

生逢末世總堪憐，詭譎風雲易變遷，

至竟善人偏早逝，椎心我欲問蒼天。

曼陀寺在白雲邊，碧樹參差咽暮蟬，

香火一龕歸我佛，時聞鐘磬發諸天。（《竹潭詩稿》卷一，頁32～33。）

在此詩題中，詳述周植夫曾至醫院，探視蔡辰洲。應是平常極為熟識好友，蔡辰洲邃死，周植夫痛哭不已，用連章詩的手法寫輓詩，詩中對其抱屈，且兩人在病房相見的慰藉，並推崇其愛心，經常疏財仗義，未料早折，傷心不已。詩中表露，交情匪淺之意。

三、詩社友人

（一）礦業鉅子李建興

李建興（1891～1981），字紹唐，臺灣礦業鉅子。能詩文，曾擔任瀛社副社長、社長。據《續修臺灣瀛社志》記載其生平：

> 1934 年，成立「瑞三礦業公司」。據言因拒習日文，且事業蒸蒸日上，遭日政府妒忌，1940 年 5 月 27 日，將其公司員工百諸人，全以通諜罪下獄，史稱「五二七事件」，戰後方出獄。1949 年二二八事變，受命擔任瑞芳鎮鎮長，也數次向上陳情，對民眾大聲疾呼，破除省內外之隔閡，使激動之民情得以緩和……1950 年 3 月獲聘為省府顧問。平素熱心公益，並曾捐獻陽明山土地三甲以闢公園。「瀛社」自臺灣光復三十餘年來咸賴先生獨力支持，得以綿延弗替。擔任「瀛社」社長十餘年，著有《致敬紀要》、《歐美吟草》、《七度扶桑紀詩遊》、《紹唐詩存》、《日本見聞錄》、《國是芻言》、《紹唐文集》、《治礦心得》、《治礦五十年》、《臺煤管制實況》，編有《丘念台先生紀念文集》等〔註27〕

從以下的詩文，周植夫對李建興社長，如師長的尊敬，對其景仰不已，稱讚他歷經大風大浪，且事業有成，慷慨解囊，對詩社貢獻良多。

〈壽李紹唐社長二首〉

百丈尤堪戰大風，老榕壽與柏松同，

滄桑閱盡磐根固，坐領濃陰頌紹公。

虯榕戰雨幾春風，老幹巍巍檜柏同，

羨爾託根深得地，千年交蔭伴詩翁。（《竹潭詩稿》卷一，頁 17。）

下一首對老社長去世的不捨情懷，溢於詩作，因為有他在領導詩社，所以詩社才能蓬勃發展，嘆其逝去，詩社往後不知會如何？李老愛國之情，也對詩社貢獻良多，且又肯出錢出力幫助鄉里。

〈哭李建興老社長〉

座中猶沐舊時春，壇坫興衰賴秉鈞，

大劫犧牲甘自許，高歌慷慨更何人，

〔註27〕林正三：《續修臺灣瀛社志》（台北：社團法人臺灣瀛社詩學會出版，2017 年 2 月），頁 367。

誰憐君子歸猿鶴，莫怪先師嘆鳳麟，

一去道山呼不返，只愁吾道欲沉淪。(《竹潭詩稿》卷二，頁 68。)

下幾首輓詩，詳述對李社長的生平非常的瞭解，社長好客，騷壇盟主，幼年幫人放牛，讀書過目不忘，聰穎異常。事業有成，為鄉里服務，排紛解難，化解危機，對地方貢獻甚多……。後有註：龍潭：瑞芳鎮舊名龍潭堵。也為後人可探究瑞芳地名之緣由。

〈李社長紹唐仁丈輓詩〉

一訃驚鯤海，騷壇失主盟，昌詩原素志，好客是平生，

鉅萬何曾惜，纖毫未敢輕，斯人今已遠，雲漢想高情。

故里上天嶺，雲嵐氣鬱蒼，跨牛登壟畝，念祖起祠堂，

孝友彝倫重，詩書寢食忘，巋然金像在，終古有遺芳。

少負終軍志，人間識鳳毛，龍潭棠蔭遠，猴峒礦層高，

風概中朝貴，勳猷一代豪，丹心惟報效，猶憶獲宸褒。

渡海傳徐市，扶桑弔古墳，杖藜尋往蹟，剔蘚讀碑文，

皇祚遙堪考，仙蹤杳不聞，釀金曾力倡，立廟表前勳。

久享承平世，寧忘丁亥春，剖心參上將，灑淚拯生民，

終弭刀兵劫，獨懷天地仁，鬚眉猶彷彿，正氣凜如神。(《竹潭詩稿》卷四，頁 119。)

註：龍潭：瑞芳鎮舊名龍潭堵
　　上將：謂前國防部部長白崇禧將軍

從以上之詩作，可看出詩人對李建興社長的尊重與敬佩。李社長不只能詩，且事業有成，愛國愛鄉愛民之情節可見。且慷慨解囊，對傳統詩學貢獻良多，為當時重要人物，漢詩能夠在臺灣得以保存且開花結果，這些有心人士，實在功不可沒。其《紹唐詩集》〔註 28〕被編入臺灣先賢詩文集彙刊第一輯。

(二)詩文、史學、族譜專家陳其寅

陳其寅（1902～1996）號曉齋，出生於基隆市。在《基隆市志》記載：

祖籍福建泉州惠安東湖鄉，幼年回故鄉，就名儒受教，奠定國學基礎，弱冠失怙，續業經商鴻業丕振，保持儒素風，弘揚文教，主纂

〔註28〕李建興：《紹唐詩集》（臺北：李氏後裔，1982 年）。

大同吟社，熱心公益，名重鄉邦，曾膺全國模範老人，長青楷模，
著《懷德樓詩草》與文稿問世，纂修《基隆市志・文物篇》、《基隆
市志・人物篇》兩篇，並修琅玕陳氏族譜，皆出版流傳，卒年九十
有五歲。

先生騷壇巨擘，其詩用字必質實不纖巧，造語必渾重不輕浮，寫景
不靈造，敘事無溢辭，用典必精切，不泛引，不閒湊，立意讀出心
意而不隨世轉。而先生詩中多見有地方風土民情，既可闡揚前徽，
復可為考獻文徵之一助也〔註29〕。

以下茲列舉《竹潭詩稿》中的作品來瞭解其交情。

〈琅玕陳氏宗祠落成誌盛兼呈主祭曉公社長粲正〉

華樓百尺置崇祠，已肇琅玕萬世基，

水接螺陽源自遠，風追文範德長滋，

薦羞爭睹威儀重，修譜行看史筆垂，

最是先生饒至性，為敦宗類每忘私。（《竹潭詩稿》卷二，頁60。）

陳其寅1983年10月有著作《琅玕陳氏族譜》財團法人琅玕陳氏宗祠發
行。其宗祠在基隆市義一路150號6樓。

〈曉齋社長於冬至喜得曾孫，今逢彌月之慶賦此奉賀〉

至日文光見紫垣，德樓此夜獲曾孫，

又增一代傳詩禮，每自分流溯本源，

彌月蘭香書滿室，先春梅放酒盈樽，

掃除天下君家志，奚止宏開駟馬門。（《竹潭詩稿》卷二，頁63。）

〈壽曉齋先生八十晉二〉

壽相堪徵瘦鶴形，養生何必乞丹經，

琅玕譜細窮心血，懷德詩清見性靈，

霜雪難移君子節，海天長燦老人星，

年逾八十勤如昔，鎮日埋頭筆不停。（《竹潭詩稿》卷二，頁79。）

以上兩詩可見陳其寅先生，獲得曾孫彌月之喜暨八十二歲壽辰，仍然努
力不懈於文史工作，且養生有術，身體健朗。

〔註29〕許財利總纂，陶一經編纂：《基隆市志卷六・文教志藝文篇》（基隆：基隆市
　　　　政府，2003年4月），頁39。

〈曉齋社長哲嗣德潛世講榮膺全國忠孝子女代表書此奉賀〉

家承忠孝讀詩書，堪挽頹風入太初，

情切養親堅一念，心存報國惜三餘，

榮名君盡天倫樂，菽水吾慚子職虛，

誰似太丘能濟美，五雲時見德人居。(《竹潭詩稿》卷二，頁 79～80。)

陳其寅次子陳德潛，臺大經濟系畢業，1993 年審計部簡任稽察長屆齡退休〔註30〕，於 2000 年續任其父大同吟社第 3 任社長。可說一門英豪。

〈陳曉公社長花朝攜詩付梓突罹車禍住院月餘行將康復賦此致候〉

科技競飛騰，道德視落伍，二者日乘除，良非眾生祐，

雷轂疾飛梭，橫行甚猛虎，言從瞬息間，傷亡浩難數，

世途何險巇，人命輕如縷，已構文明災，遺患誰能杜，

吾公曠達人，平生罕憂怒，高棲懷德樓，吟嘯俯江滸，

客來瀹清泉，雄談忘卓午，八十目如電，十載修族譜，

經術夙所耽，剖析詳訓詁，落筆瀉飛流，聲名動海宇，

述懷賦新詩，力欲追杜甫，煌煌三疊韻，可待雞林賈，

袖稿屬雕鎪，斜街近可觀，鋒車來若狂，一霎傷左股，

跬步埋殺機，如魚觸網罟，自嗟衰白年，嘗茲無妄苦，

夫人心欲碎，兒孫淚如雨，悉屬忘年交，聞訊神無主，

急舁就良醫，骨裂幸可補，鍼藥洵如神，奇方袪二豎，

能回黍谷春，霍然日就癒，三子輪侍奉，孝行尚堪取，

昊天憐善人，德門福所聚，平復誠可期，餘年擬彭祖，

偃痾越三旬，自況成俘虜，詩癖積難除，一笑吟徐庾，

床前摯我手，繾綣詢重五，已約攀雲峰，同觀海日吐。(《竹潭詩稿》卷五，頁 123～124。)

以上首詩，陳其寅車禍受傷，在醫院休養月餘，周植夫表達慰問、關心之意，並稱讚其詩作追杜甫之風，受傷之時，夫人和其兒女的十分關懷，周植夫也六神無主，希望其早日康復，約定復原後再同遊山川人海，感情之深

〔註30〕「民國四十一年七月臺大法學院第六屆畢業後，即接受國軍第一期預備軍官受訓（一整年），於受訓其間，考取『國家特種考試甲級經濟人員』及格，成績『優等』為當年全臺大畢業生第一人……」參見陳青松著，許梅貞主編：《基隆第一‧人物篇》（基隆：財團法人基隆市文化基金會，2004 年 6 月），頁 43。

厚詩作中，深有同感。

　　陳其寅主持大同詩社，從 1951 年任「基隆市文獻委員會」常務委員十餘載，並編纂《基隆市志‧人物篇》與《基隆市志‧文物篇》，1984 年編修《基隆簡史》，人謂「基隆通」。在其晚年由基隆文化中心出版一系列其著作《懷德樓詩草續集》、《懷德樓文稿》上下集，完成宿願，文以載道。傳世人間。「曉老生前有位好友，曾賦詩〈贈陳曉齋先生〉稱譽：『囁嚅見樸忠，寶島一醇翁，猗頓稱人傑，弦高乃國雄；平生重然諾，處世守謙恭，吟詠為餘事，修齊有古風。』及其過世時，在親友、詩友對曉老的弔文中，有輓聯其上寫著：『戀遷立業福壽全歸惟厚道，文獻修編春秋之筆顯基津。』」〔註31〕可見一生致力於文史工作，傳薪文化之偉大。

（三）藹廬吟草主人張添壽

　　張添壽（1903～1979），字鶴年，號香翰，亦署季眉。在《續修臺灣瀛社志》有記載：

> 少時由於碩儒李石鯨之門，耽學好古，詩書俱佳，詩宗少陵，書善真隸。嘗創「大同吟社」。嗣入「瀛社」，任總幹事及副社長多年，曾任「基隆市詩人聯合會」會長，著有《藹廬吟草》。〔註32〕

　　以下之詩，為張鶴年詞長，祝賀娶媳之作，可看出詩人對詩友的才學，稱讚不已，也同喜詩友育兒長大娶媳之樂。

> 〈鶴年詞長哲嗣芳洲世講與惠民小姐締婚誌喜〉
> 當代張先獨擅詩，承歡家有石麟兒，
> 清晨報喜來靈鵲，良夜成婚降玉姬，
> 月滿綺窗情並美，梅開書閣學同期，
> 何須更借斯干頌，明歲階蘭長一枝。（《竹潭詩稿》卷二，頁 53。）

　　以下首詩，在歲末驚聞好友去世，心中哀痛之情，躍然紙上，可見情誼之深，同樣是基隆人，鶴年詞長年紀略長，又是詩學同好，不捨之情，傷心異常。

> 〈輓鶴年詞長〉
> 歲杪傳凶耗，長空奮迅雷，悲君多塞阨，作客不歸來，

〔註31〕陳青松：《基隆采風藝文錄》（基隆：基隆市文化中心，2000 年 7 月），頁 154。
〔註32〕林正三：《續修臺灣瀛社志》，頁 428。

　　白社新詩在，青山宿草哀，蒼茫林口路，夕照水西隈。(《竹潭詩稿》

　　卷四，頁 114。)

　　以下之詩更是睹物思情，懷念老友鶴年詞長。

　　〈短籬桃花乍放有懷鶴年卻寄〉

　　千里相思鬢易皤，人間歧路別離多，

　　桃花又漏春消息，未見船山意若何。(《竹潭詩稿》卷一，頁 15。)

　　從以上的詩作可看出詩人，與他的交情匪淺，隨著友人的生平，心情為之起伏，也從張鶴年的資歷可看出，他們都是為臺灣漢詩努力的前輩先賢。

（四）亦儒亦商杜萬吉

　　杜萬吉（1905～2002），號迺祥，台北縣人（今新北市），居七堵友蚋。（杜萬吉與周植夫為同門，受學於王子清）在《續修臺灣瀛社志》云：

　　少從王子清為遊，嗣供職礦界。日治時期以詩句遭忌下獄，戰後始獲釋。先後投資瑞三、海山、日新、建成、中華電纜、第一產物保險等，並創立「吉承工業公司」，任董事長。握算持籌，也不廢吟哦。1940 年作 527 思想案繫獄，光復後始出。1978 年擔任瀛社第五任社長，並曾任和社社長，「中華民國傳統詩學會」名譽理事長。生平迻揚風雅，不遺餘力。〔註 33〕

　　以下之詩作，乃為杜萬吉之母所作的輓詩，詳述杜母沈夫人的事蹟，養育子女有成，侍奉公婆，勤儉持家，杜社長更是事業有成，又熱心詩學，被推為騷壇領袖。雖駕鶴西歸，但是遺芳人間。

　　〈杜母沈夫人輓詩五首〉

　　嫁得詩人亦足誇，金相玉質樸無華，

　　故鄉萬里溪山秀，一朵幽蘭出沈家。

　　當年奉盥事姑章，內行咸稱媲孟光，

　　記謁夫人年尚小，轉頭兒女已成行。

　　創業恢弘溯瑞三，數間西舍對晴嵐，

　　曾邀騷客開吟宴，親自調烹博美談。

　　杜老耽吟自少時，玉閨常伴賦新詩，

　　而今瀛社推盟主，贏得聲名滿海涯。

最難無疾返瑤臺，忍見靈帷杜老哀，

財子壽齊天眷顧，人間此福自修來。（《竹潭詩稿》卷二，頁39。）

　　以下兩首，一首是祝賀七十大壽之作，另一首是八十大壽的賀詩。他們兩人的情誼，非比尋常，為了見一面，在當時交通不便之際，還能冒雨相見。也敘述當年，杜萬吉歷劫歸來之事，雖然生意蒸蒸日上，但是仍然不忘情詩文。

〈迺祥詞兄七秩榮壽暨與嫂夫人金婚雙慶〉

瑪陵山水擅清奇，鍾毓騷人繼牧之，

和社風流推祭酒，暖溪夜雨憶催詩，

隱偕萊婦金婚易，健若神龍石壽宜，

最喜涼秋星月朗，嘉辰同醉菊花卮。（《竹潭詩稿》卷二，頁59。）

註：第四句謂四十二年前竹塹鄭蘊石小冬郎謁吾師子清夫子於暖暖私塾是夜擊缽賦詩，君聞訊自十六坑冒雨與會。

〈迺祥社長暨德配沈夫人八秩雙壽並鑽婚之慶〉

劫蠦歸來感不勝，騷人風骨自崚嶒，

十洲縱覽情何逸，五岳幽攀老尚能，

家本草堂詩似海，樓開桃席酒如澠，

八旬雙慶人間少，月滿秋江瑞色澄。（《竹潭詩稿》卷二，頁81。）

　　杜萬吉在異族的統治下，曾經因為詩文得罪當權者，而下獄。出獄後能夠戮力匪懈，在百忙之中，身兼數個詩社領導人物。慷慨解囊，出錢出力，維繫中華傳統詩學。真是可敬可佩。

（五）一霞主人張作梅

　　張作梅（1908～1973），字一霞，一字千哀。金門人。曾任《中華詩苑》、《中華藝苑》發行人兼編輯，著有《一霞瑣稿》，編定《詩學叢論》、《詩鐘集粹》等。〔註34〕

　　在前面有提到，1955年莊幼岳與張作梅，黃湘屏等創刊《中華詩苑》雜誌，是戰後由梁寒操、李漁叔、張作梅所主辦的海內要詩外重刊，成員包括（前清進士）考試院長賈景德，監察院長于右任等人。1956年莊幼岳等九人成立「庸社」。周植大亦是庸社成員。以下兩首次韻作梅之詩。

〈次韻作梅卜居二首〉

〔註34〕林正三：《續修臺灣瀛社志》，頁439。

冪歷晴郊綠一廬，詩齋晝靜似山居，

丹楓白菊秋開甕，明月清江夜釣魚，

卜室雖忻身可隱，逃名或恐願終虛，

主人別有千秋業，錦幔鑪熏自著書。

新甌茶煙一縷馨，悠然詩思入蒼冥，

自編潘岳閒居賦，又續劉郎陋室銘，

曲檻風含孤竹翠，隔江雲斷半山青，

移家城北饒清趣，更種梅花傍畫櫺。（《竹潭詩稿》卷二，頁49。）

　　下首詩，是輓張作梅的詩作，可知張作梅的清瘦傲骨，勤學向上，且略長周植夫幾歲，作梅愛喝酒，常常作詩至深夜……。懷念之意在詩中呈現。

〈輓張作梅〉

占斷紅霞一室春，平生傲骨獨嶙峋，

論年早我為前輩，勤學唯君不後人，

鉛槧三更詩有趣，江湖半世酒無倫，

即今織女牛郎杳，空向銀河灑淚頻。（《竹潭詩稿》卷二，頁90。）

　　在張作梅的《一霞瑣稿》（編入《臺灣先賢詩文集彙刊》第六輯），中有幾首詩是與周植夫夜飲詩作、或和詩、或讚美周植夫的詩作：

〈植夫寄示歸燕詞旨淒婉試踵聲就正〉

剪碎湘雲雪滿衣，重溟萬里未曾違，

岸飄柳絮知春老，院冷梨花帶夢歸。

整羽頓驚青鬢改，移巢都道畫梁非，

巷深且喜音塵少，儘自依依語落暉。

詞旨淒婉風格尤在和省中見燕以上〔註35〕

〈螢橋酒肆同漁叔曉齋植夫晚飲坐雨作〉

竹屋追涼遠境行，芳堤彌望綠初平，

從遊且辦當壚費，賭句寧同畫壁情。

短櫺花明欺草色，小鐺茶熟亂灘聲，

鳴廊坐聽蕭蕭與，春水橋邊一夜生。

小鐺茶熟亂灘聲橋邊名句作者皆斂手矣〔註36〕

〔註35〕張作梅：《一霞瑣稿》（台北：中華藝苑，1964年），頁33。

〔註36〕張作梅：《一霞瑣稿》，頁39。

〈貢寮驛次植夫韻〉

深竹藏孤驛，風行見葉翻，斷霞懸日腳，疏雨冷雲根。

土潤耕耘足，山幽猿鳥喧，平橋通野境，人與隔溪村。〔註37〕

〈植夫工詩亦精聲樂世人少知書此彰之〉

萬類紛相敵，心澄百念寬，泥書燈穗落，錄夢筆花攢。

緒密抽思苦，絃凝洛指寒，平生揚汝士，抗手固應難。

植大甚有才思每出句與做梅相角皆自忘其苦如攢字韻之累然自有意味可誚其走入甕中也

〈附植夫和作〉

灑落金門客，含毫藻思寬，清詩金待刻，故紙老猶攢。

風雨孤燈暈，丹鉛五夜寒，卓然扶大雅，好古似君難。〔註38〕

從以上的詩作，可以看出兩人惺惺相惜之感，常出外夜飲，酬唱詩作。

張作梅福建金門人，《中華詩苑》、《中華藝苑》發行人兼編輯，才華洋溢，推行中華詩學不遺餘力。詩人和他同事甚久，能夠在艱困的年代，奮發向學，在文采方面嶄露頭角。也帶動詩風，讓臺灣傳統漢詩得以延續。功不可沒。

（六）寒香室主人黃湘屏

黃成春（1910～1983），字湘屏，以字行。在《續修臺灣瀛社志》的社友小傳有記載：

> 臺北萬華人。曾任「謙德貿易行」董事長，《中華詩苑》經理，中華詩學研究所委員。著有《寒香室吟草》。1980、1982 年《中國詩文之友》上刊載有其謹賀新年之名片資料。〔註39〕

從以下四首，可知詩人與黃湘屏，經常酬唱和詩，世上難得有真心交往，又志趣相投，也同時懷念共同的朋友張作梅先生。

〈黃湘屏寒香室小集次茂松韻〉

山谷聲名世久知，故人留飲正花時，

拈毫但愛清新句，一任詩成兩鬢絲。

當年誰賞爨餘琴，春仲高樓酒共斟，

〔註37〕張作梅：《一霞瑣稿》，頁 50。

〔註38〕張作梅：《一霞瑣稿》，頁 58～59。

〔註39〕林正三：《續修臺灣瀛社志》，頁 445。

我愛林宗風義重，新詩賦就見情深。

醉餘品茗共明燈，難得談心有遠朋，

壇坫唱酬慚附驥，陳王七步我何能。

鳴珠嗄玉有清音，醉墨淋漓見雪襟，

惆悵一霞偏早世，五年無復共聯吟。（《竹潭詩稿》卷一，頁 35。）

下一首，是跟同好莊幼岳，次韻黃湘屏之作，記載當時相處之樂。

〈次韻寒香室主人「丁酉中秋同作梅、幼岳作」並簡進東、泰山〉

何處笙歌落碧霄，薄雲篩出一輪嬌，

潭空秋水風初定，天闊金波影自搖，

竹葉酒香傳玉盞，桂花露冷怯冰綃，

南樓舊侶應相憶，聊寫蠻箋寄此宵。（《竹潭詩稿》卷四，頁 51。）

下面摘錄多首詩，詩人跟黃湘屏的同遊、同喜，祝壽之作。

〈訪寒香室呈黃湘老〉

獨將蘭室署寒香，還向書叢自拓荒，

陵叟逃名宜小隱，觴辰謀醉近重陽，

華星一顆秋逾白，仙菊千齡色正黃，

羨子諸郎皆可繼，何妨息跡事耕桑。（《竹潭詩稿》卷二，頁 56～57。）

〈壽黃湘老六十（己酉九月）〉

風送寒香隔院聞，主人微笑酒初醺，

曠懷歷落開千頃，詩思幽清入斷雲，

老閱滄桑身愈健，閒耽經史學尤勤，

藏書更與年俱積，珍籍如山一壽君。（《竹潭詩稿》卷二，頁 57。）

〈次韻湘屏秋日寒香室讌集〉

劍潭潭上月如鈎，生日仍邀舊酒儔，

高閣涼侵松葉茂，短籬香透菊花秋，

瑤池桃實今方熟，海屋仙籌合再投，

我愛涪翁詩句好，醉餘濡墨一賡酬。（《竹潭詩稿》卷二，頁 68～69。）

〈壽湘屏老七秩〉

依舊清江繞郭流，古稀人慶菊花秋，

藏書已滿寒香室，置酒重登萬壽樓，

綺思尤堪追范陸，閒情端不讓鳧鷗，

懸知豪氣渾如昔，又擬明年訪美洲。(《竹潭詩稿》卷二，頁 69。)

以上的詩作之多，可知黃湘屏與詩人交情的深厚，非常珍惜彼此相聚之誼。

這種以如良師益友，情同兄弟真情流露，互相切磋詩藝，更使詩作能更相互砥礪並進。還經常談心至深夜，那種如親人般的親密，一日不見如隔三秋的濃情，在詩作上表露無遺。也是漢詩傳承貢獻者。

（七）淡如吟草主人

魏壬貴（1922～2000），字淡如。在《續修臺灣瀛社志》記載：

> 基隆七堵友納七分寮人。先世務農，雙親篤厚為鄉里所重，為求學不便，遷台北市大稻埕下奎府町。壬貴公學校畢業，父坐保事，賣家以償契，遂失學。年十五，杜迺祥荐就李建興之瑞三礦業公司為工友，任事勤謹，二載而升會計助手，間自郵購日本早稻田函授講義研讀，又從三井駐基隆炭礦株式會社吳瀛輝習會計。光復後，屢與研修班，曾於臺大選修經濟、會計學科。行能學優，遂為公司所器，累遷會計主任、財務副理、秘書、監察人、商務經理諸職。六十一年七月擢為總經理，行制度化，添購洗煤設備，銳意改革，復以鉅資改善礦場安全與員工福利，煤產量創連十二年逾二十萬噸之新績而業冠三臺，乃議請捐資創「瑞三社會福利基金會」以濟困、恤孤、獎學達二十餘年，有長者風，所屬見稱「魏老總」。曾應邀出任「臺灣區煤礦公會」、「礦工福利委員會礦工醫院」、「中華民國礦業協進會」等委員或理、監事。六十五歲堅辭總經理退休，任職瑞三半世紀，獲中華民國礦業協進會頒金質「礦業服務獎章」。
>
> 壬貴一生恬淡，平實有遠略，乘時用世輒有建樹，亦頗耽吟詠，三十九年以岳父李建興之薦入瀛社，嘗從魏潤庵、張鶴年、莊幼岳、周植夫、李乾三等請益切磋，任「中華民國傳統詩學會」、「漢詩學會」、「民俗典故學會」之理、監事，「中華學術院詩學研究所」委員及瀛社總幹事等職，亦曾參加「寧社」獲教育部頒「優秀詩人獎」。

2000 年九月二日辭世，年七十有八，遺詩託社友林正三編輯《淡如吟草》行世。〔註40〕

〔註40〕參見林正三：《續修臺灣瀛社志》，頁 465。

　　以下之作於 1982 年左右時，魏壬貴六十大壽，詩人作詩慶賀。寫出壬貴兄苦盡甘來，兒女成婚，母親並壽，實為人間之樂。且步韻其詩二首，以為唱和。

〈壬貴詞兄六十壽慶〉

周甲君宜引滿觴，菊花先報九秋香，

凌霄煙鶴鳴孤月，跨海雲鵬覽八荒，

白社分題追魏野，青山待隱讀蒙莊，

子婚母壽成三喜，此樂人間足頌揚。（《竹潭詩稿》卷二，頁 67。）

〈敬步壬貴詞長六十書懷原玉二首〉

杖鄉壽讌設清秋，月照金樽綠螘浮，

吟屐曾同經四海，詩名早見播瀛洲，

謙和養性難羅致，磊落襟懷不囿求，

萱茂蘭馨枝葉秀，天倫樂趣永無憂。

退而結網可求魚，伉儷情深挽鹿車，

千首詩篇窺際會，一門孝友樂何如，

蓬瀛群侶聯歡慣，淡社諸君締契初，

且晉桃觴兼壽世，稀年隱讀養生書。（《竹潭詩稿》卷二，頁 73。）

〈壬貴詞長令萱堂魏母黃太夫人八秩晉一華誕〉

八十嘉辰是去年，一門三喜福無邊，

慈顏自具長生相，賢嗣能為錦繡篇，

遠檻蘭香含曉露，映階松色鬱寒煙，

奉甘長博萱闈笑，篤孝誰如魏仲先。（《竹潭詩稿》卷二，頁 77。）

　　以下詩作是賀魏壬貴新居落成，屋中堆滿萬卷書，可見主人用功之深，飽讀詩書，平淡自怡，並且詩律精通，乃讚佩之。

〈壬貴詞長新廈落成誌喜〉

長安舊里在城東，傑閣新開倚碧空，

萬卷書香堆几榻，一痕山色入簾櫳，

世情飽閱心逾淡，詩律潛研老益工，

蘭竹仍栽紅曲檻，仲先真有古人風。（《竹潭詩稿》卷二，頁 87。）

　　下一首魏壬貴七十大壽，還健壯如年輕人，養身有術。參與獅子會公益團體，旅遊各處也都留有詩作。

〈壽魏壬貴社兄七十〉

恬淡由來為養身，先生未似古稀人，

樓頭異卉皆親種，篋裏新詩自足珍，

樂善久盟獅子會，耽吟時集稻江濱，

寰球名勝多遊遍，到處留題筆有神。（《竹潭詩稿》卷二，頁92。）

魏壬貴公學校畢業後失學，任職瑞三煤礦工友，後升為會計，自修早稻田函授講義研讀，戰後，又入臺大選修經濟、會計學科。公司逐步擢升主任、副理、秘書、經理到總經理。建議請捐資成立「瑞三社會福利基金」紓憂、解困、獎學等。更追隨岳父李建興加入「瀛社」，發揚傳統詩學，亦曾從周植夫學詩切磋請益。推展傳統詩學，也是非常積極。在臺灣漢詩史上，也頗有功勞。

（八）佩齋吟草主人陳焙焜

陳焙焜（1923～2004），字佩坤。在續修臺灣瀛社志記載：

> 原籍福建福州。幼從宿儒楊幼雪授業。後隨附渡臺，並曾負笈扶桑。回國後，先從政，再從商。執堪興業曾任「中華詩學研究所」研究委員，「高山文社」、「大觀詩社」及「臺北市聯吟會」總幹事，「瀛社」副社長，「大觀詩社」社長。兩案開放後，與陳子波聯袂返里，於福州等地舉辦數十次聯吟詩會，推動詩文交流，不遺餘力。2002年11月接第七任「瀛社」社長，「傳統詩學會」理事長。著有《佩齋吟草》行世。〔註41〕

以下四首是，寫給陳焙焜詞兄夫人的輓詩，可以看出夫唱婦隨的生平影像，也是遍尋名醫，治療罔效，駕鶴西歸。

〈焙焜詞兄德配黃嫂夫人巧蓮女士輓詩四首〉

九秋風雨暗江湄，記取登樓問疾時，

病榻見余猶帶笑，緦幃弔爾自含悲，

乘雲一去天休問，品茗重來客有思，

畢竟浮生太匆促，宵深掣淚寫哀詞。

買車正擬赴聯吟，詎意中宵二豎侵，

急煞名醫偏束手，頓教夫婿獨椎心，

〔註41〕林正三：《續修臺灣瀛社志》頁466。

情同鶼鰈思何已，歲值龍蛇感自深，
贏得騷人稱好客，賢聲早已滿詞林。

我與陳郎似漆膠，偶拈詩筆互推敲，
笑聲每羨浮閨閣，噩耗俄驚到草茅，
茗碗香清情可掬，瓜盤味美夢難拋，
江楓搖落蘭芳歇，此際何言慰故交。

夙諳內則本貞嫻，遺照依然露笑顏，
乍喜比年娛蔗境，忽驚一夕別人間，
佳兒純孝新詩賦，舊侶多情老淚潸，
已卜牛眠種松檟，水迴屈尺碧潺潺。（《竹潭詩稿》卷二，頁61。）

下一首詩，對於陳焙焜詞兄續弦的賀詩。

〈焙焜兄續弦喜賀〉
碧桃穠豔柳初勻，繾綣東風二月春，
蟾影重圓溫舊夢，鳳聲遙和信前因，
玉盦清曉香微透，華燭良宵酒正醇，
最是紅閨才學富，擘牋不讓畫眉人。（《竹潭詩稿》卷二，頁63。）

以下是祝賀陳焙焜詞兄的兒子娶妻之詩作。

〈合歡月（祝陳焙焜令三郎新婚）〉
赤繩繫足信前因，花下初盟閱幾春，
月映蘭房迎淑女，樽開薇閣萃騷人，
太原門第聲華遠，潁水書香藻思新，
一樣團圓光正滿，百年形影永相親。（《竹潭詩稿》卷二，頁81。）

從以上幾首詩，可知詩人同與陳焙焜的喜、怒、哀、樂。來往密切。陳焙焜幼年從宿儒學習，自大陸來臺，又曾學習於日本，在臺灣先從政、經商、執業堪輿業。歷任各大詩社重要職務，也擔任「瀛社」第七任社長。兩岸開放後，奔波兩地，推動詩文交流，在文化傳承上鞠躬盡瘁。

（九）古槐軒主王前

王前（1931～），字祁民，號古槐軒主。基隆人。在續修臺灣瀛社志記載：

少入靜寄書齋師事呂漢聲（杏洲）研習國學，又從羅鶴泉遊，繼與
同好於1979年創「基隆詩學研究會」為創始會員之一。後隨暖暖周

植夫專修詩學至 1995 年捐館。曾任「中國詩經學會」理事,「中華
民國傳統詩學會」常務監事,「基隆詩學會總幹事」等。〔註42〕

　　王前是周植夫得意弟子之一,亦師亦友,故賦予詩作甚多。以下將其在
《竹潭詩稿》之詩作舉例列出:

〈王母李太夫人八秩晉一大慶(王前詞弟令堂)〉

一派清流接太原,天留壽母百年存,

老松歷雪青無改,慈竹垂陰碧有痕,

蠔港早傳賢德美,萱闈長見笑顏溫,

春風又報蟠桃熟,夜夜星光照海門。(《竹潭詩稿》卷二,頁 66～67。)

〈送王前、魏仁德、陳寶珠、劉美玉、蔣家惠諸同學隨中國詩經會
勞軍團赴馬祖勞軍〉

勞軍乘艦向連江,纖月初黃浪拍窗,

騷客忠貞揮翰墨,健兒英勇捍家邦,

天邊堡壘金湯固,海上艨艟氣勢龐,

此去柳營逢七夕,鐃歌重奏有新腔。(《竹潭詩稿》卷二,頁 87～88。)

〈王母李太夫人九秩晉一大慶(王前詞弟令堂)〉

佛嶺青蔥見瑞雲,槐堂桃熟酒初醺,

枌榆播德稱賢母,壇坫揚風仗少君,

菜甲有香心白淡,目光如電老猶勤,

小詩預祝期頤壽,喜溢庭闈海嶠聞。(《竹潭詩稿》卷二,頁 94。)

〈王前詞弟哲嗣敬仁君與胡孝儀小姐新婚誌喜〉

臘梅初綻傳暗香,一枝雙萼如紅妝,

新居卜築德安路,金碧畫樓巢鳳凰,

才子家學本詩人,溫文儒雅稱王郎,

自耽墳典寡言笑,沉潛默識藏鋒鋩,

胡家淑女蕙蘭質,娉婷儀態尤端莊,

博學多聞一閨秀,深諳經濟非尋常,

良宵合卺吹玉琯,華堂鳳燭燒煌煌,

儼然天上兩仙侶,風前儷影飄雲裳,

幾載相戀心獨苦，花前月下誰能忘，

百年共誓償宿願，從此比翼鳴鶼鶼，

古槐軒主愛風雅，作詩往往搜枯腸，

明歲抱孫再開宴，更邀騷客揮清觴。（《竹潭詩稿》卷五，頁 125～126。）

以上詩作，可知兩人，已非單純師生關係，而是亦師亦友，相互珍惜。王前推廣詩學不餘遺力，參加詩經團去金門勞軍，擔任詩社的重要幹部，目前雖八十多歲，略有眼疾，但健步如飛，炯炯有神，仍然經常出入擊鉢詩的參賽，在基隆亦有設帳授徒，傳遞中華詩學。延續周植夫之詩學。

（十）心廣齋主蔣孟樑

蔣孟樑（1936～），字夢龍，號心廣齋主。祖籍福建惠安人。生於基隆。在續修臺灣瀛社志記載：

> 業石刻於南榮路。師承羅鶴泉，精研文史垂十載。叔宗澹廬，為曹秋圃得意門生，並追隨名師人植夫勤習詩學凡二十載，故工詩善書，為當世所重。歷任「基隆詩學研究會」常務監事、理事長，「基隆書道會」理事長，「澹廬書會」副理事長〔註43〕，「中華民國傳統詩學會」副理事長等。〔註44〕

蔣孟樑是周植夫得意門生之一，基隆詩學會創設其宅南榮路 509 巷 3 號的樓上，（現址在愛七路）周植夫於此開班授徒，所以關係匪淺，以下為《竹潭詩稿》賦與蔣孟樑之詩作：

〈訪夢龍不遇，云去看山，戲題一絕〉

龍門石刻信堪傳，小隱書樓快若仙，

四面青山看未足，還攜短杖上峰巔。（《竹潭詩稿》卷一，頁 33。）

〈次孟梁韻〉

煙雨濛濛翠海灣，神宮顯赫聳雲間。

書壇雅集皆豪客，蒼潤毫端蔚四山。（《竹潭詩稿》卷一，頁 35。）

〈心廣齋宴集〉

崔嵬百尺聳雲岡，心廣齋幽好納涼，

〔註43〕按：曾安田時任為澹廬書會理事長，蔣孟樑擔任副理事長。

〔註44〕林正三：《續修臺灣瀛社志》，頁 482。

客至探驪同擊缽，人來賀燕共飛觴，

樓臨魴頂飛流碧，窗把雞峰瑞靄蒼，

爭羨蔣侯開小隱，不為名利冒嬌陽。（《竹潭詩稿》卷二，頁 83。）

〈送蔣夢龍賢隸歸崇武省親〉

江天歲晚念慈闈，孺慕情殷膝下依，

鷺浦潮聲愁裡別，螺陽月色夢中歸，

倚閭白髮身猶健，故國青山景未非，

此去新年欣聚首，人間至性似君稀。（《竹潭詩稿》卷二，頁 89。）

　　以上之詩作，得知，周植夫，與此得意弟子的親密關係，往來頻繁。蔣孟樑，石刻業者，家學淵源，生意興隆，許多宮廟請周植夫所作的對聯或詩句，都是蔣孟樑書法後再石刻。且蔣孟樑目前也為基隆海東書會的顧問，基隆詩學會顧問。指導傳承書法，並教授詩歌創作，在全台各地經常舉辦師生聯展，或與別的書會交誼聯展。雖然年過八十，仍然孜孜不倦，鑽研書法、詩作。蔚為人家風範。桃李滿天下，繼續傳遞中華文化。

四、書家友人

（一）澹廬書會曹容

　　曹容（1894～1993），出生於台北大稻埕。為臺灣當代書壇代表書家之一。十八歲即設塾為師。三十五歲成立「澹廬書會」。為早期「瀛社」成員。

　　原名阿澹，後改名容，字秋圃，號老嫌、半庵道人、菊癡、海角耕夫，詩名水如。名、字、號皆取自詩句「莫嫌老圃秋容澹」，齋號澹廬……。戰後翌年任教建國中學，次年任臺灣省教育廳教育會編輯委員。1962 年中國書法協會成立、任常務理事……在技法上，創「回腕法」，並提倡「書道禪」。平生致力於推廣書法藝術達七十餘年……。〔註 45〕

　　周植夫在《竹潭詩稿》中，有賦詩及作序：

〈秋圃仁丈九十大慶〉

再過十載壽期頤，月滿高樓酒滿巵，

身似老松堅氣節，心如古佛抱慈悲，

縱橫魏晉諸家帖，沈浸曹劉五字詩，

〔註 45〕林正三：《續修臺灣瀛社志》，頁 373～374。

共識先生能辟穀，一星長耀淡江湄。(《竹潭詩稿》卷二，頁 78～79。)

〈曹容秋圃先生九秩嵩壽紀念集序（癸亥中秋後一日 1983 年）〉

臺員自光緒乙未版圖改隸之後。乾坤宇宙如在霧靄晦蒙之中。日出陰雲不駁。雨止而轟雷猶殷。而士之有節槩者。莫不扼腕切齒。悲憤填膺。於是詩社蠹立。誓維中華民族文化於海上一隅。而申寫其叫號憤悱之氣。至今追憶猶有餘痛焉。噫。被異族統治五十年間。屈指文壇維繫國粹最力。進而發揚光大者。宜首推曹秋圃先生焉。先生三歲已能識三百餘字……於是十八歲之年。即設帳授徒。殷望下一代能知祖國文化。教學之餘。尤肆力於詩書。先生於詩自三百篇已還。於歷代名家詩集。靡不諷吟涵泳。深得其要。常與騷壇老宿唱和。下筆時有驚心駭目之什。老宿為之激賞者再。又於風晨月夕。應儕輩之邀。鬥尖叉之韻。頃刻詩成。輒為壓卷。一座嗟服。此豈偶然哉。先生於書法。執中鋒。運迴腕。博研眾體。融天機於自得。會群妙於一心。而參以禪功。神完氣足。卓然名家。咸謂其書法。自鄭氏開臺以來三百餘年。無出其右。以是當時臺灣帝國大學日人教授多人。異口同聲推獎先生法書。……翁因特禮聘先生赴日講授書法。先生暇時輒與彼邦漢詩家酬唱。名篇絡繹。才名傳遍扶桑。而先生謙抑自下。乃益受日人之尊重。易所謂謙尊而光。信不誣也。迨臺澎光復。先生即遄返臺北。創澹盧書法專修塾。悉心傳授書法。弟子益眾。而學益醇。先生今年九秩大慶。國立歷史博物館暨中華書法學會同仁。為酬先生維繫國粹辛勞。並致南山之祝。特敦請先生在國家畫廊開九十回顧書法展。而其高弟謝君健輝且為之編印詩書選集紀念。洵盛事也。日昨摯友廖子禎祥告余曰。曹先生於中山堂開九十桃宴之夕。蒙藝苑名流惠贈壽辭甚夥。因此澹盧諸同學共議。繼先生詩書選集後。再編先生九秩嵩壽紀念集。俾梓祝嘏詩文。並將澹盧同學之近作選刊。彙為一編。以當岡陵之頌。願請君為序。君其無辭。余聞之甚為惶恐。以先生齒德之尊。才學之富。當代藝壇名人勝流。莫不捧盤執觶。推為祭酒。今以一序見委輕材小生。其何敢當。夫先生之集。諸先輩序之詳矣。余可以無贅也。竊惟先生桂性愈烈。蘭心不改。承先啟後。廣厲風教。七十

年如一日……〔註46〕。（《竹潭詩稿》頁 133～137。）

　　曹秋圃成立的澹盧書會，從中而出的傑出書法家，多如過江之鯽：廖禎祥、連勝彥、黃金陵、林彥助、蔣孟樑、謝季芸、曾安田、林政輝、謝健輝、林麗華……等。由傳承弟子創立的子會，如：祥門、一德、一諦、一鐸、海東、正心、同勵、鶴野、青田、雲龍、餘三、出岫盧、中華書法傳承學會、活水、傑閣、如一……等。門生弟子遍及海內外、日、美為數眾多。周植夫與曹容書家，大有惺惺相惜之情誼。

（二）蘭陽書法家葉潤青

　　葉潤青（1922～？），宜蘭人，曾留學日本，能詩、尤精於書法。
　　〈蘭陽書法家葉潤青先生簡介〉

　　　　葉潤青字甘霖，宜蘭人。世為儒商，以誠信聞，嘗居邑中艮門孝廉里。少之時，赴日本東京就讀大學，能作俳句，尤耽書法，取徑鍾、王，轉益多師，數十載如一日。中年偶仿明末白毫庵張瑞圖所創不循常規，天真直率之書風，最後仍以晉唐為依歸。其《葉潤青書法展作品集》一、二兩輯，分別由名家曹容、傅狷夫題簽，觀其內容，各體兼工，剛柔並濟，銀鉤鐵畫，氣勢非凡，自有獨到之處。〔註47〕

葉潤青〈自題近照〉詩
年將耳順敢偷閒，朝暮臨池漢晉間。
探奧求真追古道，書壇回首鬢毛斑。〔註48〕

　　葉老書法展於民國 72 年 2 月 22 日至 2 月 28 日，展場省立博物館教室，作品集葉老師自己印製出版於民國 72 年，從葉老其自題辛酉詩作，辛酉時為民國 70 年，71 年壬戌為葉老還曆周甲之歲，推算葉老師應 1922 年出生，時當民國十一年，也是民國第一壬戌年。

　　周植夫作詩賦贈：

　　　〈贈葉潤青書家〉
　　　蘭陽人物多俊異，溪流清泚接洙泗，

〔註46〕謝健輝：《曹容秋圃先生九秩萬壽紀念集》（台北：澹盧書會，1983 年 9 月 28 日），頁 2～3。
〔註47〕引文出自：陳慶煌臉書（facebook），2021 年 5 月 2 日。
〔註48〕葉潤青：《葉潤清書法展作品集》（台北：天母別齋，1983 年），頁 9。

詩社鼎立時聯吟，至今文風尚昌熾，
龜島雄峙太平洋，天開沃衍產嘉穗，
千林松檜三代前，奇峰崔崒亂蒼翠，
蘭城猶傳良巽門，中有葉氏忠孝第，
百餘年來守儒商，世以誠信重閭閻，
傳家惟有聖賢書，斯文如縷維不墜，
就中潤青克家兒，才氣崢嶸富藻思，
少日櫻都躋上庠，銜華佩實稱上駟，
客中俳句偶遣懷，即席詩成壓儕輩，
尤耽書法時臨池，鍾王墨蹟縈夢寐，
矮窗燈火明殘宵，三寸羊毫手親試，
永懷老嫗磨鍼言，肯使中路成捐棄，
名家都從苦處來，絕無不勞能幸致，
滄浪謂詩有別才，豈可無才便棄置，
所嗟末學少讀書，下筆終乏書卷氣，
古來未有爭讀書，只要恆心抱一志，
自成一家古所難，入帖出帖談何易，
管子格言洵不虛，為者常成行常至，
潛研八法四十秋，落筆悠然見胸次，
中年偶臨白毫庵，墨痕濃淡自妍媚，
豈甘執法為奴書，毫端時自出新意，
興來醉墨伸長宣，識如沙漠奔渴驥，
歷代碑帖靡不窺，湛思邃蓄益精詣，
今遴百幅俱精華，特將展出揚國粹，
自言塗鴉敢鬻錢，願共同好切文字，
我聞此言長感歎，直寫巴詞致深摯，
由來文士品愈高，愈自謙沖薄榮利，
窮閻陋室心自閒，虀鹽別有淡中味，
葉君歷落嶔崎人，老戀友生重風義，
舊隱溪山如畫圖，書法一藝情所寄，

揮灑直欲追晉唐，掉鞅書壇實無愧。〔註49〕《竹潭詩稿，頁 124～
125。》

用長篇七言古詩的手法寫出，對葉老家世、背景的了解，稱讚詩書傳家，
且潛心向學，不重物質享受，重友誼，書法自有一格，推崇「揮灑直欲追晉
唐，掉鞅書壇實無愧。」

（三）頤心樓主人鄭百福

鄭百福（1923～2013）字範五、號錫嘉、室號頤心樓（頤傊）。「教師退
休，日據時承基隆中學井谷先生啟蒙習字，林耀西先生書道，光復後師事曹
容（秋圃）先生書法，周植夫詩學。」〔註50〕周植夫丁卯年（1987 年）曾為
其作序〈鄭百福師生作品集序〉：

> ……吾友鄭君百福生當日據時。自孩幼已有成人之度。成童時則已
> 知仰慕中華傳統文化之精深博奧。在校中課餘即孜孜臨池。於名家
> 碑帖手摹心追。雖酷熱奇寒。不暫休頓。由是書冠全校。其後師事
> 名書家曹容先生盡得其傳。深入堂奧。為澹廬之佼佼者。後應鄉中
> 父老之請。創頤廬講授書法。諸生四遠至者數百。克承其業者不少
> 人。於是令聞蔚起。遠播海外。榮獲日本最高書家頭銜並應聘為全
> 日本書人展常任評審委員。洵無愧色。今春應基隆文化中心之請舉
> 辦師生書法展。又應臺北縣之連續展出。觀者如雲。余亦至書廊賞
> 玩竟日不忍離去。咸謂為近年罕見之佳構。一時稱盛。大都鄭君之
> 書已積五十年工力。無體不善。落筆揮灑莫不如意所願。就中行書
> 如佳人之臨鏡插花。舞袖流盼。距貞玄所謂神化之境已不遠矣。又
> 擅硬筆書獨步當代。且已出硬筆法帖數種。堪為書壇圭臬。此尤為
> 難得者也。今將師生展出作品景印彙為一編。以作紀念而廣其傳。
> 鄭君與余為多年老友。囑弁一言于簡端。余不敢辭而為之序。（《竹
> 潭詩稿》頁 142～143。）

鄭百福與周植夫兩人年紀，相差不多，非常投緣。互相珍惜，一個精詩、
一個精書。大有惺惺相惜之誼。鄭百福之兒媳婦周氏，亦喜書法，從師鄭百福、

〔註49〕葉潤青：《葉潤清書法展作品集》（台北：天母別齋，1983 年），頁 6～7。（張
　　　　明萊提供）。
〔註50〕許梅貞主編：《藝術薪火相傳──鄭百福八秩書法回顧展》（基隆：財團法人
　　　　基隆市文化基金會，2002 年 9 月），頁 208。

廖禎祥。其公子鄭定昀（筆者好友）也曾在「正心書會班」，跟隨周植夫學詩。

（四）基隆才女黃寶珠

黃寶珠（1925～2002），字囧若。

> 基隆市人，台北市立女師專畢，旋任教職，作育人才，夙性聰慧，
> 早年詩是曹秋圃習八法，自成一家，頗受各界讚譽，教授後進多有
> 成就……。有「基隆才女」之稱。著有《黃寶珠書法選集》。〔註51〕

周植夫曾在黃寶珠娶兒媳婦時作詩贈之：

> 〈黃寶珠女史哲嗣陳錦昌君與詹季子小姐締婚〉
> 宏開卺席值濃春，姹紫嫣紅媚向人，
> 明日為心長美滿，赤繩繫足證婚姻，
> 溫文學士珍如璧，窈窕仙姬迴出塵，
> 更喜書香家世遠，久揮大筆振基津。（《竹潭詩稿》，頁74。）

在《竹潭詩稿》中，周植夫贈與黃寶的詩，只有乙首，但是兩人應是相交好友，在基隆市平一路，浮雲寺的正殿楹柱（1960年代）有一對聯「浮出白蓮華自是一塵不染，雲生綠楊柳悟來萬法皆空。」上面有題周植夫撰，黃寶珠書。所以當為相交甚篤。

（五）太極書法家廖禎祥

廖禎祥（1926～）出生於基隆市。字萃盦、祥翁。齋號古懽軒，善詩書。現任中國書法學會、中國標準草書學會顧問。澹盧書會及基隆書法研究會評議委員。曾任東寧臨池會會長、祥門書會會長。〔註52〕

在《廖禎祥九五書法回顧展》有一段文：

> 父親有六個別號：「秋山徹」和「明邦」為北商秋田新光老師所取；
> 「貞松」來自曹秋圃老師，取其台語與「禎祥」同音；「萃庵」亦為
> 曹容老師所賜，意曰「禎祥之所翠焉」；父親喜愛秋天的天空，早期
> 取號「秋旻」；晚年則自號「祥翁」，因此由落款的字號也可大略推
> 算出父親作品的時期。〔註53〕

〔註51〕林正三：《續修臺灣瀛社志》，頁468。
〔註52〕洪祥麟等作：《極珍：洪祥麟先生百歲紀念全國書法名家專輯》（高雄：涵韻書會。2008年3月），頁200。
〔註53〕楊同慧總編輯：《廖禎祥九五書法回顧展》（台北：國父紀念館，2021年1月），頁175。

　　由此兩文對照「齋號古懽軒」，不知何來？筆者於 2021 年 4 月 5 日，與林正三理事長，特往廖禎祥本人在光復南路家中拜訪。證實從未用過「齋號古懽軒」。特此說明。

〈贈廖禎祥書家〉

埋首臨池四十年，孤標秀逸世爭傳，
誰知藝苑才人筆，更擅三丰太極拳。（《竹潭詩稿》卷一，頁 28。）

〈廖夫人白蓮女士輓詩十二首〉

誰取嘉名號白蓮，勤修內則慕先賢，
忽驚風雨嚴冬夜，哀訊如雷震海天。

五六韶華了此生，永懷襟抱似冰清，
而今兒女都婚嫁，小閣含飴憶笑聲。

事姑至孝本慈仁，百忍能回黍谷春，
知爾應無毫髮恨，中宵一笑謝紅塵。

職司出納州年經，廉潔貞堪作典型，
合倩藝林名畫手，寫將風貌入丹青。

退職三年轉眼過，多才自古命蹉跎，
斯人偏有膏肓疾，扁鵲無方卻病魔。

生猶多幸嫁才人，繾綣情同魚水親，
賸有北投新別墅，亂蟬淒咽忍重陳。

當年覽勝度扶桑，隔海相思有廖郎，
別賦新詩訴衷曲，祇今佳句蘊餘香。

比翼凌空訪美洲，尼加瀑布記勾留，
風前儷影歸長憶，腸斷夫君易白頭。

萃庵於我屬知音，論字談詩結契深，
逆旅人間須作達，南華一卷是規箴。

問疾難忘一笑溫，醫樓病榻隔重門，
誰知竟是成長別，玉貌依稀賸夢痕。

羽毛球技冠群雌，盛夏猶看綽約姿，
真是人生如夢幻，燈前含淚寫哀詩。

瀧川水咽墓園寒，黯淡雲山歲欲殘，

遺像儼然花簇擁，滿堂弔客為悲酸。(《竹潭詩稿》卷一，頁 28～29。)

〈送廖禎祥書家赴日參加正鋒筆塚揭幕〉

興來灑翰氣飛騰，再渡扶桑駕大鵬，

于老草書珍異國，右軍真跡出昭陵，

兩邦郭誼憑才筆，八法傳薪有幻燈，

此去藝林多盛事，看君迴腕寫枯藤。(《竹潭詩稿》卷二，頁 59。)

〈送廖禎祥之日本〉

送君逢首夏，彙筆訪扶桑，翰墨聲名遠，鬚眉氣概昂。(《竹潭詩稿》卷三，頁 101。)

〈名書家廖禎祥師生書法習作展連續舉辦十一年賦贈〉

十載師生展，書壇作楷模，名家非倖致，黽勉是良圖。(《竹潭詩稿》卷三，頁 101。)

〈送廖禎祥畫家之日本〉

櫻花開已盡，彙筆訪扶桑，島嶼浮雲外，樓臺落照旁，

功深參太極，學邃溯初唐，磨墨人爭待，依稀智永忙。(《竹潭詩稿》卷四，頁 111。)

茲數首的詩作，可得知周植夫和廖禎祥過從甚密，跟廖夫人也是非常熟悉，而廖禎祥的太極拳融入書法，活力十足，經常舉辦師生聯展，國內、外皆有其蹤跡。現已高齡九十，仍然設帳授徒，推廣中華書法，並有開授太極拳班級。鍛鍊強身並推展中華文化。

（六）崇于草堂主人

張再明（岫雲）（1932～2019），本為五結鄉人，曾獲日本書道最高段的榮譽，（1968 年）遷至羅東鎮興東路。一生仰慕于右任的書法，並將自己的書室命名為「崇于草堂」。

張岫雲的楷行篆隸各體俱工，獨具風格，對古書八法，歷代碑帖皆有研究，尤其草書下工夫最深。民國 77 年（1988）元旦起十天假宜蘭縣立文化中心舉辦個人展，名為「紀念開蘭先賢詩選」，深獲好評。民國 82 年（1993）受邀至中國河南的中國翰園碑林展出作品，更榮獲刻碑於翰園的碑林，臺灣地區僅有二位得此殊榮。民國 86 年（1997）入選臺灣當代美術家辭典。其子

張豐羽得其父親真傳，在書法造詣上亦是功力深厚。〔註54〕

　　周植夫曾作詩贈與：

　　　〈贈張岫雲書家〉

　　　　驅車冒雨向蘭東，濱海雲濤沒遠空，

　　　　百里相尋豈無意，願憑書道振文風。

　　　　興來灑翰墨淋漓，張旭聲名世久知，

　　　　莫怪書壇稱後起，夜深燈下尚臨池。（《竹潭詩稿》頁 37～38。）

　　從詩中可看出，周植夫冒雨前往宜蘭羅東，去找好友，交情定非尋常，又讚美張岫雲的書法。是努力不懈得來的成果。

（七）無礙樓主曾安田

　　曾安田（1940～）「號適盧，別署無礙樓主，又號太愚居士……曾師事已故國寶級名書法家曹秋圃（容）先生學習書法及古人詩詞，又從中原音韻名宿周植夫（孫園）先生探研唐宋元明詩學……。」〔註55〕亦自號二重疏洪道人、五行尊者。曾任澹盧書會理事長、中華民國書法教學研究會等顧問等重要職務，經常舉辦書法個展，推廣中華文化不餘遺力。1997 年創立「雲龍書道學苑」，取名「雲龍」，源於韓愈雜說：「書與龍之相互憑依，而能顯其神靈，變化莫測」，期望學員能「行雲流水，龍飛鳳舞，意動筆隨，心手會歸之意境也」追求書法的境界。

　　周植夫曾為其書展作序：

　　　〈曾安田書法作品集序〉己巳仲秋（1989 年）

　　　　趙寒山論書之格調曰：夫物有格調，文章以體制為格，音樂為調。

　　　　文字以體法為格，鋒勢為調。格不高則時俗，調不韻則獷野。故籀

　　　　鼓斯碑。鼎彝銘識。若鍾之隸、索之章、張之草、王之行、虞歐之

　　　　真楷，皆上格也。若藏鋒運肘，波折顧盼，畫之平、豎之正、點之

　　　　活、鉤之和、撇拂之相生，挑別之相顧，皆逸調也。作字三法，一

　　　　用筆、二結構、三知趨向……澹盧曹老之高弟曾君安田，好古力學

　　　　之士也，未冠時即入澹盧之門，其尊師之敬謹，有足以感人者。……

〔註54〕中華綜合發展研究院應用史學研究所：《羅東鎮志·文化篇》（羅東：羅東鎮公所，2002 年），頁 512。

〔註55〕新莊文史工作室：《過盡千帆話新莊－新莊傳統行業暨藝文人士調查專輯》（台北縣：新莊市公所，1996 年 4 月），頁 92。

今屆知非之年，將歷歲所書擇其尤者，裒為一集，以作報答其故太夫人鞠育之恩，並為紀念。乃屬序於余，余感其存思，足為楷模，且常聞友人盛稱曾君之品學，而心儀久矣。今觀其書，行書姿態橫生，不矜而妍，不束而莊，不軼而豪，蕭散容與，別具風格。隸書圓勻蒼古，餘體亦皆簡遠秀逸，骨氣深穩。於寒山所論皆能得其三昧，求之當代書家，洵不多覯也……。（《竹潭詩稿》，頁147～149。）

當年曾安田是新莊市公所主秘，敦聘周植夫，至新莊市公所教導詩學，經常往來，兩人交情已是亦師亦友，相互惜才之感。溢於詩、書。

五、其他相關友人

（一）敝帚室主人陳讚珍

陳讚珍（1887～1958），自仲僕，福建惠安小拓鄉人。

十一歲失怙。家貧苦身。賴賢母教導，又知自勵。廿一歲來台，有至於商……民國九年。君組織建泰行。閱四載。改組為泉泰行……。迨九二八事件發生。君歇業回鄉。旋因國際調停。局勢轉弛。君復來基。自營陳泉泰行……。業餘手不釋卷。每吟詩以見志。更擅書札。精小品文。撰回憶錄。眷懷親舊。又有雜談隨筆。多關心世道人心有的之言。編為敝帚室集……。〔註56〕

周植夫為其敝帚室集賦詩乙首：

〈題陳仲璞敝帚室集〉

劈紙難忘白社盟，每從翰墨見真誠，

遺篇歷歷言猶在，宿草萋萋歲幾更，

脫略長懷名士氣，校讎終負故人情，

即今撫事成餘痛，夜雨空齋夢寶明。（《竹潭詩稿》，頁147～149。）

註：乙未夏同遊寶明寺。

周植夫祖籍是福建同安人，與陳讚珍（福建惠安），算是小同鄉。他鄉遇故知之感，尤其陳讚珍商場閒餘也是喜吟詠，兩人經常同遊，周植夫回憶同遊寶明寺。情誼之深，可見端倪。

〔註56〕陳其寅：《懷德樓文稿・上冊》（基隆：財團法人基隆市文化基金會，1992年6月），頁50～51。

（二）儒醫世家劉永華

劉永華（1908～1986），字斌峰，亦號淇園叟。

> 臺北縣景美人，先世以儒醫馳譽一方，永華承其澤，於育士活人外，
> 兼通太極拳之術。嗜吟哦，曾任「高山文社」社長，於臺北市聯吟
> 會會長，「大觀詩社」社長，「文華謎社」社長，「中華民國傳統詩學
> 會」常務理事等。著有《三餘篇》。〔註57〕

周植夫於《竹潭詩稿》有賦詩：

〈壽劉斌峯七十〉

一意扶輪領大觀，弧辰桃酒馨交歡，

綺情溫比湯泉暖，藻思清如白雪寒，

天下君臣歸扁鵲，淮南雞犬識劉安，

先生自有長生訣，七十無須還少丹。

兩人年紀差約十歲，劉斌峯七十歲，又是儒醫世家，養生有術。周植夫
約為八十歲，劉斌峯還能吟詠賦詩，杯酒交歡，除了羨慕、尊敬之外，還是詩
學同好。感情之篤，可見如詩。

（三）謎學專家、詩家商人陳兆康

陳兆康（1928～2007），福建惠安人，1947年來台，國學頗有根基，燈謎
造詣高。《續修臺灣瀛社志》：

> 陳兆康，別名天泉，福建惠安人，弱冠來臺，初居高雄，後定居基
> 隆，經營冷凍業。好古文、耽詩學，擅擊鉢，曾參加謎學會。1977
> 年與基津諸友創「基隆詩學研究會」……曾入「瀛社」，亦曾擔任「基
> 隆詩學研究會」顧問。〔註58〕

周植夫為其新居賀詩：

〈賀陳兆康詞弟新居〉

卜築獅球下，芸窗映翠藍，一樓容大隱，萬卷足窮探。

海國宏聲遠，家山客夢酣，清晨栽逸句，倚欄望天南。

據蔣孟樑言：「周植夫與陳兆康兩人應是朋友關係」〔註59〕，此處用「詞
弟」為題，是為師生關係。在此就不論其為如何，定為亦師亦友。

〔註57〕林正三：《續修臺灣瀛社志》，頁438。
〔註58〕林正三：《續修臺灣瀛社志》，頁469。
〔註59〕2021年4月21日，在基隆詩學會（愛七路），與蔣孟樑、鄭水同、余忠孟討論。

（四）夢秋山莊主人李智賢

李智賢（1931～2010），號梅庵，別署匠伯，祖籍廣東普寧縣梅峰鎮人，出生於泰國。特考及格，為天主教基隆聖母醫院院長，築室基隆仁三路，曰「夢秋山莊」。在續修臺灣瀛社志：

> 樂山水，遊娛樹石。自幼好道，「夢秋山莊」於基隆仁三路，間或涉八法丹青，並好詩詞，形成三廔，造詣頗深。曾任天主教基隆聖母醫院院長，廣東同鄉會、潮州同鄉會舉為理事長。曾任基隆天臘書畫會會長、中華大漢書藝協會監事，現任基隆市詩學研究會顧問。〔註60〕

周植夫賦詩：

〈李智賢先生榮膺廣東同鄉會會長　賦此奉賀〉

廣潮推碩彥，故國繫情深，忠孝原天性，精誠得眾心，

憂時常不寐，懷土託高吟，應為同鄉慶，仁聲滿杏林。（《竹潭詩稿》，頁122。）

據黃鶴仁云：「李智賢晚歲從周植夫學詩」，兩人亦師亦友。

（五）堪輿師高丁貴

高丁貴（1932～2020），基隆市出生，在南榮路開設擇日館。

> 為長福擇日館負責人。性耽吟詠，詩事周植夫研究詩學，曾入瀛社，任「基隆詩學研究會」理事。〔註61〕

高丁貴，雖從師周老師詩學，但精通堪輿、擇日等，周植夫與其各有專精。視為亦師亦友。高丁貴重刻《蔣大鴻地理辨正》。賦詩相贈：

〈丁貴兄精於堪輿，今重刻蔣大鴻地理辨正以廣其傳，欣然志感〉

海上傳孤本，青囊重古今，鉤沉窮窔奧，辨正廣搜尋，

風水形家德，松楸孝子心，更闌猶校勘，重梓感人深。（《竹潭詩稿》，頁113。）

堪輿學又名風水學，是中原民族，對於居住環境規劃和設計的一門學問，歷史悠久，淵源流長。祭祀或嫁娶之時，也都有擇良辰吉日之習俗。相互皆有切磋學習。

〔註60〕林正三：《續修臺灣瀛社志》，頁471。
〔註61〕林正三：《續修臺灣瀛社志》，頁479。

（六）為藝術寧辭官廖俊穆

　　廖俊穆（1939～），國家公務員特考、高考及格。歷任行政院研考會專員、行政院文化建設委員會秘書室主任、參事等職。獲美國藝術文化學院頒榮譽博士。周植夫敬佩他的才華，賦詩：

〈廖俊穆書畫展賦贈〉

蘭邑名家屬鼎盧，君今工畫又工書，

淋漓大筆龍蛇起，澄澹孤懷水月虛。

萬疊青山圭尺幅，一張烏几席三餘，

藝林欣見天新秀，出岫無心任卷書。（《竹潭詩稿》，頁95～96。）

黃石城（前中華文化復興運動總會秘書長）：

八十七（1998）年四月間，廖俊穆先生為專心一志從事藝術研究工作，提前六年自願退休，辭去行政院文建會十二職等參事，寧為專業畫家……卸下公職的廖俊穆先生，他澹泊的心境，沉澱在大自然之中的豁達及超越物質功利的羈絆，更體現在他的畫作詩文中，林泉高質，畫境深邃，吐實韻藉，雋永有味，益加予人注目咀嚼不厭。〔註62〕

　　周植夫於民國八十四年（1995）仙逝，贈詩給廖俊穆先生時，已知其澹泊名利，工書又工畫。對廖大師的風範，非常了解，可見於詩中。

（七）骨科名醫王坤全

　　王坤全醫師（1952～），中國醫藥學院醫學系畢，「研究領域：一般醫學、骨科學（髖關節、人工關節、一般骨科）。為教育部部定講師，歷任長庚醫學院講師、長庚護專講師、長庚醫院臨床骨科助理教授、基隆區家庭醫院在職進修繼續教育講師、基隆區救護人員訓練（EMT）講師、基隆長庚醫院骨科主任，現為基隆長庚醫院顧問醫師，週一、週五有門診。好友陳其寅，車禍受傷時，主治醫師王坤全，為其開刀，住院期間，王醫師，早晚皆來病房巡視病情至出院，視病如親。令患者、家屬備感溫馨」〔註63〕周植夫善用所才，賦贈詩作：

〔註62〕林泊佑主編：《廖俊穆創作畫集》（臺北：國立歷史博物館，2000年7月），頁20。

〔註63〕2021年5月21日，經陳志宏醫師（新陳代謝科）引介，與王坤全醫師，電話訪談。

〈贈王坤全醫師〉

研精妙術華佗同，醫界名聲播海東，

悲願慈心原佛性，接筋換骨見神工，

體天長自痌瘝抱，濟世猶欽品學崇。

直為萬家除病苦，活人無數德聲隆。（《竹潭詩稿，卷二，頁83。》）

　　王坤全醫師出生於台中，1987年被派分發到基隆長庚醫院，擔任骨科主治醫師、骨科主任醫師，從此深根基隆，仁心仁術，醫人無數。雖已屆齡退休，然退而不休，仍在基隆長庚醫院培養後進，服務迄今，近35年之久，堪稱功在基隆，傳為美談，接筋換骨，如有神功。「直為萬家除病苦，活人無數德聲隆。」人之一生，不同階段有不同的朋友。良醫友人，一直都是我們所需要的。周植夫，能適時廣結善緣，以文會友。也是佳話一樁。

　　詩人以一介民間詩人，無權、無勢……卻備受推崇。無論是學界、詩界、書界、吟界、政界、醫界、藝文界……等，均以能與詩人往來為榮。

第三章 《竹潭詩稿》的題材研究

　　在中國的文學史，對於詩歌的分類，從《詩經》的風、雅、頌到摯虞（？～311）的《文章流別論》，都已有對詩歌分類。梁朝蕭統（501～531）的《昭明文選》也是將詩作，做有系統的分類。而劉勰（約465～約531）的《文心雕龍》對詩文的分類，更是精彩，內容豐富，論述別開心裁，引論古今文體及其作法，與唐劉知幾（661～721）《史通》、清章學誠（1738～1801）《文史通義》並稱中國文學批評理論史三大名著。

　　雖然歷代多人想將詩文做細類和區分，但詩文往往是無法單一絕對性的分類。古遠清曾言：「詩歌的分類並不是絕對的，而具有相對性的特點。造成詩歌體裁分類相對性的主要原因有三點：一、詩歌種類的概念帶有一定的模糊性，二、分類的角度和方法不同，三、各種體裁的互相滲透。」〔註1〕因此詩歌的分類見仁見智，各有不同的分法。黃慶萱〈辭格的區分與交集〉云：「由於分析角度、注意重點等等的不同，有些句子修辭方式，既屬甲辭格，又為乙辭格，種種交集現象就出現了。」〔註2〕筆者就周植夫之《竹潭詩稿》詳加閱讀、歸納整理，將其作品略分幾類題材，來探討其內涵，期始能對周植夫的思想、情懷、人生經驗能有更深入的認識。

　　周植夫在近學易之年，醉心詩學，並奔走北基兩地，到處講學。期使詩學得以傳承。詩文幾乎已成為他的生活樂趣，詩作甚多，題材廣泛。筆者將其《竹潭詩稿》內容分為三類題材來探討：一、抒情感懷，二、寫景記遊詩

〔註1〕古遠清：《詩歌分類學》，（高雄，復文出版社，1991年9月），頁5～7。
〔註2〕黃慶萱：〈辭格的區分與交集〉，收入於《修辭論叢（第一集）》（台北：洪葉文化有限公司，1999年8月初版一刷），頁8。

三、詠物。其中有些內容是跨題材，難免有重疊，互相關聯之處，探究時則依作品內容判斷，而不依題目名稱論定。

第一節　抒情感懷詩

　　周植夫出生於基隆暖暖，從前是船隻內河航運的終點站，基隆暖暖區志記載「基隆河早年河水很深，先民開拓暖暖係下游逆水上行，移植定居，當時水上交通位置，由淡水駛來，大船停在水返腳（汐止），小船到達暖暖停泊，貿易船隻出入頻繁，四鄰平溪瑞芳一帶，土產如茶藤、木材、大青、（染布用）均由人工肩挑到暖暖碼頭裝船順流運到艋舺（台北）淡水，商業興盛客旅雲集，其繁榮富裕有九萬十八千之譽（九戶有上萬以上財富）至今尚為區民稱羨不已，又以暖暖溪龜潭北流竄逆衝向基隆河上游東去，匯成竹腳潭有水流東之稱，潭水洄瀾蔚為奇觀，可作木船停泊……。」〔註3〕現今的暖暖舊街是往日，人口集中的地方。詩人曾作首詩形容當時的景色。

　　〈暖暖古渡〉

　　石瀨澄潭古渡頭，蓼花搖落已涼秋，

　　舳艫擁岸今何處，寂寞斜陽一小舟。（《竹潭詩稿》〔註4〕卷一，頁13。）

　　他的大半生都在此度過，有時工作或講學奔走基隆、台北之間，或旅遊短暫離開，但最後也是在此告別世人。人是具有感情的，對家人、師長、朋友難免會有抒發之作。《文心雕龍・明詩第六》內中寫：「人稟七情，應物斯感，感物吟志，莫非自然。〔註5〕」將自己的感受，用詩來呈現，本節取《竹潭詩稿》中屬親情、師長、友情等作品，做分析，希望能與詩人同喜、悲、愁、樂。

一、親情作品

　　人的一生父母、夫妻、兄弟姊妹、兒女、親戚的親情是很重要的，在困

〔註3〕洪連成等編：《基隆市暖暖・七堵區志》（基隆市政府，1995 年 5 月），頁 68。

〔註4〕周植夫：《竹潭詩稿》基隆市詩學研究會（基隆：財團法人基隆文教基金會，1997 年 4 月）。

〔註5〕劉勰著，王更生注譯：《文心雕龍讀本》（台北：文史哲出版社，2004 年初版九刷），頁 83。

苦孤立之際，往往就是他們在與我們同甘共苦，詩人雖此類作品不多，但感情的投入，在詩文中，是可以深深感受。

（一）父母恩情

周植夫的詩作，很少描述與母親的相處，但是在講課時經常說他的學費是「母親用她的雙手，幫人洗衣服，磨破皮給他讀書的辛苦錢。」

曾作乙首〈侍家母赴二林至社頭驛待車〉，詩為七言絕句，詩中可以看出生活困苦，詩人表現出對母親體貼，呈現孝子之情。茲錄詩於下：

〈侍家母赴二林至社頭驛待車〉

一鉤殘月影微明，異地人來萬里情，

並坐驛中春夜冷，迷濛霧裏度雞聲。（《竹潭詩稿》卷一，頁13。）

黃美貞（基隆市立文化中心主任）：「周師名震三台，尤其事母至孝，恆念母氏劬勞養育之恩，於母歿後每日清晨風雨無阻登隴展敬……。」〔註6〕可見詩人對母親的思念，時刻記在心上。詩人曾作懷母之作，銘感五內。

〈春服〉

初換青衫二月時，天涯怕讀孟郊詩，

誰知一襲情千縷，人在東風有遠思。（《竹潭詩稿》卷一，頁14。）

〈中秋夜懷母有作〉

盡日清溪作雨聲，小庭人靜近三更，

依然明月中秋夜，無復慈親坐月明。（《竹潭詩稿》卷一，頁41。）

〈丙辰中秋追憶侍奉　老母坐月愴然有作〉

一鑑穿雲出，經時隱復明，撩人增遠思，愛爾最多情，

母已黃泉去，兒今白髮生，長懷竹潭畔，坐月到深更。（《竹潭詩稿》卷四，頁106。）

詩中可看出，在中秋佳節，周植夫對已不在人世母親，夜深人靜時更感憂傷。可以感受到綿綿思懷之濃情。周植夫六歲失怙，和父親相處的時間不長，所以《竹潭詩稿》，沒有寫思念父親的詩作。

（二）夫妻之情

陳氏與周植夫結婚三年，產下二子，即因病西歸（1942），當時臺灣為日據時期，醫學不甚發達，普遍生活不優渥。夫妻間要相互胼手胝足，共同奮

〔註6〕周植夫：《竹潭詩稿‧序》，頁5。

鬥家業，頓失愛妻，當然為之黯然。文中充滿對亡妻陳氏之情：

〈祭亡妻陳氏〉

維昭和十七年歲在壬午夏曆十月廿二日為故室陳氏妥安窀穸於基隆瀧川靈苑之陽劣夫周孫園謹撰蕪詞以吊之曰。嗚呼吾室。汝年八歲。入本鄉公校。孜孜學業。品端行方。自入學以至卒業。均獲優等成績。後隨岳翁客金瓜石鑛山。孝事二親。家事之暇研讀洋裁書籍。冀能自營裁縫。博沾微利。以助家計。如斯數載。荏苒駒光。年齒已屆及笄適吾一日抵君家與岳叔暢談。三生緣定。一晤欣歡即托冰人說親。遂成伉儷。相待如賓。克勤克儉。竭力持家。轉眼三年。家事幸告小康。詎料卿忽精神困憊。時呼頭痛。吾始以為夢蘭之兆。請數醫診察。未見少痊。論症紛紛。莫衷一是。至本月十七日晨。乃入基隆福永醫院。望獲早占勿藥。詎意仍屬徒勞。是晚頻起腹痛。雖產下一男然病已入膏肓。陷於重態。醫者乃言為腦病之因。卿自是昏迷沈睡。僅餘氣息。至十九日拂曉，急攙回里。再延醫調治。豈知藥石無靈。翌朝依然一息奄奄。斯時吾與家兄急趨臺北帝大附屬醫院。欲延精神科醫師。為卿作最後之調治。嗟呼運乖命舛。值醫師忙碌。須待午後方能臨診。吾斯時心憂情急。先行歸家。甫至中途。聞卿已不及吾待。駕鶴西竺矣，傷哉。年僅二十有三。遺二子幼稺。無母可依。而吾雙親白頭晨昏誰奉。從此鸞飄鳳泊。使我傷心。何可言述。噫卿若早知為腦病者。或不至於今日之慘也。吾因循失策。今悔無及矣。憶卿與吾為夫婦。僅逾三稔。未嘗享些安閒之福。一旦拋夫棄子而去。任吾千呼萬喚。不聞不知，哀哉哀哉。唯卿彌留之言。刻銘心骨。今而後當盡心竭力。撫育二子成人。並孝順吾親。決無他志。卿於泉下。儘可放懷。吾言及此。吾腸已斷。薄酒一杯。望風灑奠。芳魂有知。尚其來格。哀哉尚饗。

（《竹潭詩稿》，頁 160～161。）

周植夫本欲與陳氏廝守終身，但天不從人願，只能哀傷忍痛，肩負家擔，不禁言出「吾腸已斷。薄酒一杯。望風灑奠。芳魂有知。尚其來格。哀哉尚饗。」

（三）親戚之情

周植夫很少言及兄弟親戚之文，恐因家裡生活艱困，親人在一起相處時

間不多，《竹潭詩稿》唯一述及，與兄嫂的詩，有七絕二首。

〈哭兄嫂〉

忽聞急電報臨危，病榻呻吟命若絲，

任喚千聲終不答，人天永隔不勝悲。（《竹潭詩稿》卷一，頁42。）

記取當年初嫁時，嚴辭謂我學能知，

居如逆旅歸何速，緣契來生尚可期。（《竹潭詩稿》卷一，頁43。）

古人視兄嫂如母，兄嫂對詩人甚有期望，諄諄教誨，詩人對其之哀悼之情，躍然紙上。

二、師長、朋友情

曹丕的《典論·論文》言：「文人相輕，自古而然。」但詩人在《竹潭詩稿》的作品中，可以發現詩人對朋友、師長關懷之情，溢然而出。寫給友朋的詩文原因和目的諸多，列舉幾詩窺探詩人交游的情形：

（一）慶賀祝壽

詩人在詩社有開班授徒，所以詩社週年慶或特殊節日，獲得特殊榮耀者，他用迥異於一般酒肉、美食慶賀。以詩代酒祝賀，也是另一種以文會友的方式：

基隆市第一位榮獲全台「三元及第」的詩人陳祖舜（1922～2013），在1979年得此殊榮，周植夫贈詩：

〈贈詩家陳祖舜〉

后山家學擅才名，落筆真令俗眼驚，

試問騷壇諸健將，誰能一舉拔三城。（《竹潭詩稿》卷一，頁40。）

幼承庭訓，家學淵源，其尊翁陳庭瑞（字嵩堯，1880～1945），在日治時期，任職於基隆郵局，為本是台籍人士中，第一位擔任「判任官」（即文執委任官），精通詩文，在職中創設「日新書房」，是位本市資深的漢學家。其兄長陳泰山（字神嶽，1912～1987），在光復前後，服務鐵路局長達四十五載，並為大同吟社前輩名詩人，陳老師在孩提時，就受到父兄薰陶，耳濡目染，對中國傳統詩學尤有心得。〔註7〕

〔註7〕陳青松著：許梅貞主編：《基隆第一：人物篇》（基隆：基隆市政府文化中心，2004年6月），頁38。

陳祖舜又於 2005 年榮膺「全球中華文化藝術傳薪獎」的榮耀。2008 年又獲得基隆市文化局舉辦的「基隆市第六屆海洋文學獎」古典詩之首獎。為詩壇之典範。

劉永華（1908～1986），字斌峰。曾為「大觀詩社」社長。

〈賦贈大觀詩社〉

鼓聲旗影壯當時，猶憶燈前共賦詩，

肯使大觀長寂寞，騷風重振莫嫌遲。（《竹潭詩稿》卷一，頁 19。）

據續修臺灣瀛社志「劉永華（1908～1986），字斌峰，亦號淇園叟。臺北縣景美人。先是以儒醫馳譽一方，永華承其澤……曾任「高山文社」社長，台北市聯吟會會長，「大觀詩社」社長……著有《三餘篇》。」〔註8〕詩人亦是瀛社成員，賦詩慶祝劉詞長榮膺社長。

基隆詩學會創立之初，林文彬推薦天籟吟社傅秋鏞為師，後旋改聘周植夫為講席。所以周植夫賦詩：

〈基隆市詩學研究會成立賦此奉賀五首〉

海門秋色畫圖開，蓬嶠詩仙冉冉來，

為祝詞林增勁旅，不辭盡醉菊花杯。

我亦騷壇一老兵，卅年學語愧無成，

吟多讀少詩終拙，深悔春時不力耕。

六義淵深萬象函，味中有味出酸鹹，

一詩要好談何易，下筆毋忘避俗凡。

沙灣風月足追懷，最憶傳經靜寄齋，

漢老九原應可慰，諸生詩譽滿江涯。

註：漢老謂靜寄齋主人呂漢生先生，諸生指邱天來、王前等。

缽韻基津久寂寥，網珊復旦已潛消，

人言海上詩人眾，又見新軍一幟飄。（《竹潭詩稿》卷一，頁 20。）

「基隆市詩學研究會創立於民國六十八年十一月，曾獲夫子鼓勵，遂延聘為本會首任教席，初授歷代詩詞評註，王漁洋精華錄，劍南詩鈔，蘇軾詩集，清詩評註，十八家詩鈔等，夫子授課認真，訓詁切音，詳細評述……夫子

〔註 8〕林正三：《續修臺灣瀛社志》（台北：社團法人臺灣瀛社詩學會出版，2017 年 2 月），頁 438。

於民國八十四年教師節清晨捐館，門人聞訊，咸感哀傷，遽失良師，無限慨歎。謹將其生前遺稿，彙集成編，題曰「竹潭詩稿」，行將付梓，以慰夫子未竟之志，回顧夫子執教於本會，歷十有五年之寒暑。」〔註9〕詩人以傳承古典詩學為己志，教學認真，門生都非常感激，可見於此文，尤其是師徒感情非常濃厚。在此功利主義盛行年代，還有此種師生情誼，真是難能可貴。

高山文社創立於台北（艋舺）1922年，創始人顏芴山，社名乃取諸詩經高山仰止，景仰聖人之意。

〈高山文社五十週年慶〉

卓然文甲築詩城，鼓吹騷風發正聲，

一幟孤標經半紀，高山萬仞自崢嶸。（《竹潭詩稿》卷一，頁30。）

高山文社創立於台北（艋舺）大正十一年（1922），創始人顏芴山，社名乃取諸詩經高山仰止，景仰聖人之意，詩文並勵，詩多餘文。社員有洪玉明、高文淵、林長耀、駱子珊、謝雪漁、劉篁村、賴鶴洲、林博秋。〔註10〕大多亦為瀛社社友，詩人在瀛社友人甚多。

對於個別友人祝壽之詩，亦有不少，茲舉例：

〈壽錠明詞兄七十〉

避地飄然隱海東，文章家世本涪翁，

賦詩仍守西江派，落筆猶存北魏風，

共仰孤懷同水月，定知高壽比衡嵩，

古稀歲首開桃宴，春酒如澠醉臉紅。（《竹潭詩稿》卷二，頁74～75。）

〈錠明詞長六秩晉六榮壽〉

獨持風概隱江濱，學本梨洲自有真，

柏酒香浮人日近，桃符紅襯亥年春，

難忘最是桐城月，已分長為蓬島人，

六六韶華頭尚黑，老來詩筆更清新。（《竹潭詩稿》卷二，頁82。）

〈錠明詞長七秩晉三華誕之慶〉

作客東寧四十秋，古稀猶健淡無求，

〔註9〕周植夫：《竹潭詩稿·蔣孟樑序》（基隆：財團法人基隆文教基金會，1997年4月），頁11。

〔註10〕賴子清：〈古今臺灣詩文社（一）〉，《臺灣文獻》十卷一期，1959年9月出版，頁98。

一朝直下瞿塘峽，萬里初登黃鶴樓，

鷺嶼有情溫舊夢，桐城無恙慶重遊，

茶香滿室詩心遠，擬向西湖買小邱。（《竹潭詩稿》卷二，頁91。）

黃錠明（1918～2001），單字釗。號南湖。據續修臺灣瀛社志：

> 福建省晉江縣羅溪鄉中溪保海頭村人。晉江中學畢業後返鄉任金粱
> 小學教務主任，旋於1938年考進福建省幹部訓練團師資訓練所結
> 訓。結業後奉派石獅鎮大崙小學校長，旋以望孚膺選鄉代會主席、
> 鄉長。1949年夏，毅然辭退鄉長職務，投入325師……古寧頭大
> 捷，乃隨軍轉進臺灣本島。退役後秉筆墨生涯，設光明代書處。業
> 餘潛心詩學，曾受推舉為中華學術院詩學研究所研究委員，當選中
> 華民國傳統詩學會常務監事，任《晉江會訊》總編輯，參與「瀛社」、
> 「天賴吟社」、「松社」等。1980、1982、1984年《中國詩友之友》
> 上刊載有其謹賀新年之名片資料〔註11〕。

黃錠明與周植夫年紀相彷，情誼自然濃厚，其詩文誠懇醇厚，用詩來慶
壽，也是文人的祝賀方式。由於祝壽之文，編在《竹潭詩稿》上，七十大壽放
在六六大壽之前。推敲之餘。編輯委員之一，林正三（臺灣瀛社前理事長）：
「黃錠明跟他說在《竹潭詩稿》頁118，〈題黃和平三字經心得〉非周植夫本
人詩作，乃誤植。」在此說明之。

（二）別情懷友

江淹（444～505）《別賦》：「黯然銷魂者，為別而已矣。」自古文人易感
傷，別離之情，椎人心傷，訴諸詩中的撼動，使人產生共鳴，此為文學無形的
驚人力量。

〈林耀西先生寓美十年今秋返臺適逢八秩大慶〉

十年望斷海東雲，每值佳辰最憶君，

老矣殊邦依獨女，飄然大筆掃千軍，

品高兩港人爭仰，功著書壇自不群，

共喜八旬身尚健，一篇墨寶有餘芬。（《竹潭詩稿》卷三，頁96。）

〈送林耀西先生之美國〉

回鄉纔半月，今又送君歸，人似浮萍散，朋如落葉稀，

相逢真草草，別緒最依依，再晤知何日，心隨一雁飛。(《竹潭詩稿》
卷四，頁 120。)

林耀西（1911～2007），「字乃眷、喬生，號庚生，亦署有喬、了然、獨具
齋主。生於宜蘭農家。幼入鄉塾，勤功四書古文，1933 年遷居基隆。」〔註12〕
詩人與其年紀相差不多，又有工詩共同喜好，並都有參加「瀛社」，其晚年旅
居美國，但仍然常有聯絡，回國時賦詩乙首，中有「十年望斷海東雲，每值佳
辰最憶君。」可知詩人對其思念之誼，送君回美國的詩中「回鄉纔半月，今又
送君歸。」對師長、朋友之情，真誠表露無遺。另列乙首如下：

〈有懷陳縣長〉

長懷血汗闢蓬蒿，葛瑪蘭開賴俊髦，

一縣民風淳且樸，卅年仁政德如膏，

華樓繞郭棠陰在，沃野粘天稻浪高，

最憶潁川賢邑宰，至今萬姓競稱褒。(《竹潭詩稿》卷二，頁 60。)

有關陳縣長事蹟，在第二章已有敘述，在此不多言。緬懷 位仁心仁術，
政績表現良好，多方建樹有為的縣長，稱讚有嘉。簡單幾句詩文，就能如此
清楚的表達，可知詩的無形力量。

（二）悼亡思念

詩人在《竹潭詩稿》中的悼亡作品，不在少數，茲列舉幾首於後：

〈占鰲詞長輓詩〉

壇坫聲名久，遺詩正待編，養生如老鶴，耽隱似逋仙，

舊夢灘音月，春陰雨港天，秀峰蕭寺近，忍憶共參禪。(《竹潭詩稿》
卷四，頁 106～107。)

林金標（1894～1988），字占鰲，號竹庵，亦署不稀老人。

原籍台北汐止，嗣遷基隆定居。學校畢業後，入「師古山房」受業
於郭鏡蓉茂才及謝尊五。旋經營雜貨商、碳礦及竹材貿易、典當業
等。性恬淡，樂山水，曾參加基隆「早起會」、「灘音吟社」、「瀛社」、
「大同吟社」等，光復後，題名「春人」，遍歷瀛洲諸社，文采風流，
詩譽遠播。〔註13〕

〔註12〕林正三：《續修臺灣瀛社志》，頁 446。
〔註13〕林正三：《續修臺灣瀛社志》，頁 374。

　　詩中對林金標的敘述，娓娓道來，可知詩人與其交情深厚，也稱讚死者才藝出眾，詩譽遠近馳名。

〈惠然詞長輓詩〉

　　風教江河下，何堪喪老成，新謠方競唱，古調漸消聲，

　　賸有遺篇富，長持兩袖清，故交凋欲盡，回首涕縱橫。

　　閒剪葡萄架，纍纍覆綠陰，裁詩聊託興，釀酒餉知音，

　　短杖青山伴，孤燈白髮侵，佳兒淹異域，望斷海西潯。

　　久主灘音社，風流踵昔賢，寓書酣白戰，講學坐青氈，

　　綺歲詩名遠，憂時遜志堅，故居臨水碓，依舊碧潺潺。（《竹潭詩稿》卷四，頁107。）

高名來（1905～？），字惠然，以字行。

　　臺北縣人，曾任中學教員。「灘音吟社」社長，第一、二、三屆臺北縣議員，臺北縣文獻委員會委員等。〔註14〕

　　用輓詩來敘述人的一生，從教員到從政，後又主持灘音吟社，講授詩學，詩名遠播，詩人簡單扼要提出說明。

〈友梅詞長輓詞〉

　　病革猶懷友，留書屬故知，一棺歸舊隱，萬事付哀思，

　　墨蹟東寧集，悲歌薤露辭，首丘應可慰，塋樹碧參差。

　　訪舊寧辭遠，交親竟忘年，唐詩常洛誦，漢隸獨深研，

　　山館哀蟬裏，江樓古鶯邊，篋中珠玉在，未忍讀遺篇。（《竹潭詩稿》卷四，頁115～116。）

　　陳春松（1901～1990）自友梅，號茂生。「三峽人，移居北市，昭和七年（1932）5月31日《臺灣日日新報》11545號「瀛社擊鉢吟例會盛況」提及「次由倪炳煌介紹新加入陳友梅、周水炎二氏」〔註15〕。」（陳友梅就是書法家陳春松）詩人作詩功力的深厚，在此可見，對死者的了解，情誼深厚詩中可見。且都是瀛社社友，惺惺相惜之情，真情流露。

　　下面寫王雪樵的輓詩，用七言律詩四首來表達，可見周植夫用心寫詩作：

〈雪樵詞長輓詩〉

　　世交猶自念慈親，何幸當年結德鄰，

〔註14〕林正三：《續修臺灣瀛社志》，頁433。
〔註15〕林正三：《續修臺灣瀛社志》，頁423。

奉盥早聞傳孝子，解囊長憶活枯鱗，

芝蘭一室清溪隱，桃李盛庭絳帳春，

我是屋烏慚未報，忽歌薤露淚痕新。

年登望九儼神仙，市上懸壺不計錢，

總為蒼生除病苦，獨從素問得真詮，

金丹換骨尋常事，淳德如山遠近傳，

今日懷安堂下過，杏林十里碧於煙。

曾隨杖履訪平溪，路繞林坳黃鳥啼，

壟畝高低青嶂外，茅茨三五小橋西，

奔瀧爭峽思前度，石燭摩天覓舊題，

道是枌榆讀書地，矮窗燈火聽霜雞。

平居淡泊最耽詩，自抒胸懷不鬥奇，

高似棧雲橫碧落，皎如江月照清漪，

輞川家學人同賞，洛社風流世久知，

豈意一聯成讖語，名山終古隱鍾期。(《竹潭詩稿》卷二，頁73。)

　　註：雪老春間撰聯有「樵夫終古占名山」之句。

　遍查王雪樵，在〈暖暖古今碑林記〉有一段「民初有晉江名如王溥，字子清，渡海來台，定居暖暖街，設帳授漢文，其高足周枝萬、周植夫、皆踔厲風發，詩名滿蓬島；再如鄉賢何崇嶽、王雪樵，亦皆博學工詩，聲華遠佈……。」[註16]

　　再根據詩文推敲，王雪樵平時有到中藥行駐診，閒時有收徒，教授詩文。周植夫，經常有跟他借錢，推崇雪樵是輞川詩人王維的後代。再三懷念，有朝一日，兩人亦是「名山終古隱鍾期」。一語成讖。

　　對於未曾深交的政壇人士，仰慕其人，題詩悼念之作亦有，如蔣經國總統，當年推動臺灣經濟，十大經濟建設，讓臺灣成為亞洲四小龍之一。

　　〈恭悼　蔣故總統經國先生崩逝〉

　　足跡鄉村遍，親民舉世褒，艱危承大統，屹立障狂濤，

　　遵憲平生願，論功一代豪，龍輴移此日，路祭萬人號。(《竹潭詩稿》卷四，頁120。)

　蔣經國（1910年4月27日～1988年1月13日），中國政治人物，字建

────────────

〔註16〕陳青松：《基隆古典文學史》（基隆：基隆文化局2010年12月），頁345。

豐，一字存西。1972 年至 1978 年擔任行政院院長，為中華民國最高行政首長），1978 年起接任中華民國第六、第七兩任總統，於 1988 年 1 月 13 日總統任內逝世。主政期間，推行十大建設期使發展臺灣經濟，在國際上孤立情勢中，能逆勢經濟成長，解除的戒嚴令，促進政治民主化和憲政體制在臺灣得以成功確立。詩人對尊敬之人，也是發自內心地抒發情感。

第二節　寫景記遊詩

莊周在他的《莊子・知北遊》云：「山林與！皋壤與！使我欣欣然而樂與！」〔註17〕可見古人對山林之熱愛。而詩人對於天然美景、田園山水的熱愛在《竹潭詩稿》的詩作，經常可見，就是坐在車上，或路途中。面對風景也會吟詠詩作，列舉如下：

〈車中口占〉

一車如矢般雷聲，咫尺雲山十里程，

若說天公心不二，鸞江苦雨稻江晴。（《竹潭詩稿》卷一，頁 14。）

〈道上口占〉

日日青山送客過，青山依舊客如何，

十年來往江邊路，多少行人鬢已皤。（《竹潭詩稿》卷一，頁 15。）

詩人對田園山水的喜好，養成熱愛旅遊的樂趣，所以每到一地，不經意的會有詩作。本節針對《竹潭詩稿》裡的寫景記遊詩分幾個部分來探析。一為鄉梓行腳、二為鯤島行蹤。希望藉由詩作了解詩人旅遊所見所感的詩作，感受詩人的情感和人生之念。

一、鄉梓行腳

詩人出生於暖暖區，隸屬於基隆市，對家鄉的情懷時有出現於詩作：

〈雨港冬晴〉

鸞浦朝來靜碧波，獅球雲散見青螺，

更逢此日開吟會，莫怪騷人逸興多。（《竹潭詩稿》卷一，頁 33。）

基隆位於臺灣的東北部，在富貴角和鼻頭角的凹入處，冬天盛行東北季風十月到三月，幾乎陰雨連綿，難得放晴，詩人詩興一來，立刻賦詩乙首。

〔註17〕水渭松譯注：《新譯莊子本義》（臺北：三民書局，2012 年），頁 348。

〈基津雅集〉

寒雨連朝濕氣多，今朝破例見晴和，

天公似喜騷人至，雞嶺雲開見翠螺。

雨霽雞籠靜碧波，江船來往四穿梭，

津頭小立吟睎齾，欸乃聲中雜櫂歌。

明朝冬至喜如何，港市雲開水下波，

自昔基津名勝地，北關鎖鑰固山河。

港門十里靜無波，雨歇寒收意若何，

似為騷人開霽色，缽聲響徹碧山阿。（《竹潭詩稿》卷一，頁 37。）

詩人對基隆市非常熟捻，古名雞籠，因從外港看基隆，就如同雞的籠子形貌，在雨停晴天的時候，觀望船隻往來，別有一番風味。詩情畫意，躍然紙上，令人回味無窮。

〈海門春霽〉

雞峰明霽色，鱟浦露晨光，人在熙和裏，春風滿水鄉。（《竹潭詩稿》卷三，頁 101。）

〈海門天險〉

蓬島襟喉地，環峰扼海門，一軍堅北壘，巨砲逐西番，

石磴蒼苔合，沙灣白浪翻，居然天塹險，割地忍重論。（《竹潭詩稿》卷四，頁 121。）

西元 1840 年清英鴉片戰爭時，為防止英軍入侵而建，西元 1884 年清法戰爭毀損後又重建，因位處於二沙灣一帶的山路上，因此有「二沙灣砲臺」的別稱。海門天險因地勢可眺望基隆港，東、北二個砲臺分守外海及內海口門，建於較高的臨海山頭，可扼守基隆港，景色也非常美麗。

〈冬日遊十方大覺寺同春亭、曉齋作〉

一寺紅塵外，疏鍾撞夕暉，峰開千疊翠，僧自十方歸，

雲窟泉尤美，霜畦芥正肥，翻憐山徑僻，盡日客來稀。（《竹潭詩稿》卷四，頁 103～104。）

十方大覺禪寺座落於基隆市安樂區崇德路 10 巷 67 號。踞山面海，清幽絕塵，於民國四十二年創立，中式的園林格局，寺廟莊嚴，古樸雅緻，彷彿置身在人間的佛國淨土中。詩人信手捻來，風味十足。

〈春曉過西勢坑〉

巷潭澄碧映晴空，略彴低橫石徑通，

山撥寒雲迎曉日，竹含宿雨灑晨風，

野花爭媚殘春裡，林鳥相呼密葉中，

天趣滿前宜細領，韶光九十太匆匆。（《竹潭詩稿》卷二，頁53。）

西勢水庫即今暖暖水庫。在西勢水庫紀念碑文：「水庫興建於民國十二年十二月十二日。在民國十五年七月完工啟用。」〔註18〕詩中描述西勢坑鳥語花香，令人為之響往。

二、鯤島遊蹤

所謂「鯤」，傳言是古代一種很壯大的魚。莊子的一逍遙遊篇開首即云：「北冥有魚，其名為鯤，鯤之大，不知其幾千里也。化而為鳥，其名大鵬，鵬之背，不知其幾千里也。」〔註19〕臺灣島橫臥在臺灣海峽、太平洋的碧濤中，傲雄環週蕞爾小島，以「鯤島」稱之，最為傳神。故臺灣又稱「鯤島」。又稱為寶島。他豐富的地理特型，自然風光和人文風俗，是詩人取材最好的對象。筆者將其近山、親水詩作一起來來探析。

近山、親水之作

自古文人，熱愛山水，故經常悠遊於山林之中。清末民初人張心齋（1874～1950）在其《幽夢影》一書中寫：「昔人欲以十年讀書。十年遊山。十年檢藏。余謂檢藏儘可不必十年，只二三載足矣。若讀書與遊山的熱愛，雖或相倍蓰。恐亦不足以償所願也。〔註20〕」其對讀書與遊山的熱愛，幾乎文人皆是如此。台北的近郊陽明山，北投詩人就有幾首：

〈陽明山看花〉

卻從一雨掃餘寒，杖底千峰夕照殘，

芳訊又傳滄海上，泉聲時出白雲端，

好花勾客來沽酒，明月邀人去倚欄，

最愛滿園春爛漫，江霞相映欲流丹。（《竹潭詩稿》卷二，頁50。）

〔註18〕陳青松：《基隆第一・文物古蹟篇》（基隆：基隆市立文化中心，2003年），頁133。

〔註19〕水渭松譯注：《新譯莊子本義》，頁3。

〔註20〕參見張心齋著、王名稱校：《新校本幽夢影》（台北：漢京文化公司，1982年），頁50。

〈暮春再登陽明山〉

寂寞名園忍再窺，東風底事不停吹，

花容憔悴憐前態，蝶影翩翩戀舊枝，

水去無情紅點點，春如短夢綠絲絲，

韶華負卻知多少，豈獨傷心杜牧之。（《竹潭詩稿》卷二，頁 50。）

　　註：筆者發現此詩第三、四句中的「憔悴」對「翩翩」是不工整，應是手名誤植，為「翩躚」方為正確。在此也順提出幾個「手名誤植」的發現：

〈頌蔣公〉其一

百戰神州賴以安，臺澎光復萬民歡，

巍巍峻德揚中外，遺澤真同玉露「溥」。（《竹潭詩稿》卷一，頁 35。）

「溥」應為「溥」，應是手名誤植，提出說明。

〈弔屈〉其一

二閭詞賦千秋在，一國興亡百慮交，

楚澤行吟惟悴甚，忠軀竟向「泊」羅拋。（《竹潭詩稿》卷一，頁 35。）

「泊」應為「汨」應是手名誤植，提出說明。

〈送廖禎祥書家赴日參加正鋒筆塚揭幕〉

興來灑翰氣飛騰，再渡扶桑駕大鵬，

于老草書珍異國，右軍真跡出昭陵，

兩邦「郭」誼憑才筆，八法傳薪有幻燈，

此去藝林多盛事，看君迴腕寫枯藤。（《竹潭詩稿》卷二，頁 59。）

「郭」字應為「敦」應是手名誤植，提出說明。

　　以下再回到寫景紀遊詩的主題：

〈北投秋夜〉

蕉葉橫窗綠有痕，流泉未減去年溫，

西風忽送屯山雨，一夜瀟瀟愴客魂。（《竹潭詩稿》卷一，頁 13。）

〈屯山雪景〉

六出紛飛薄似綿，曾教謝女詠新篇，

晶瑩遠積屯山上，已兆人間大有年。（《竹潭詩稿》卷一，頁 32。）

　　陽明山國家公園，緊鄰北北基，是臺灣唯一擁有火山地形的國家公園，特殊的地理環境和氣候影響，讓此處也顯得特別美麗、豐富、多樣。也因緯度及海拔的關係，春、夏、秋、冬各有不同的風貌。寒冷之際有時也會飄雪，

詩人在其詩作，帶領我們去感受陽明山風光。

　　另外的鯤島遊蹤，詩人不只描景，還對臺灣的地方非常瞭解，我們繼續看下去：

　　〈春遊雜詠〉（戊午孟春偕許陶庵詞兄暨賢倩鍾國綱令嗣文端、文惠兄妹同遊竹塹）

　　且作郊遊酬好春，青山如笑待吾人，
　　東風依約年年至，又見垂楊拂水濱。

　　長虹飛跨遶圓山，金碧樓臺夕照間，
　　岡上石坊遺塚在，太原回首淚痕斑。

　　官路新開合勒銘，鋒車如弋殷雷霆，
　　此中血汗知多少，鑿破巉巖憶五丁。

　　處處春紅炙眼明，膏腴萬頃待人耕，
　　頻年豐稔翻為患，穀賤都因倉廩盈。

　　煙林深處有田家，更闢山園自種茶，
　　野老飯餘貪午睡，夢回無事數歸鴉。

　　彈丸爭奪古今哀，鄭氏降餘又割臺，
　　敗戰倭人亦歸去，驅車忍過竹城隈。

　　碧渠分水灌春塍，芳樹參差路幾層，
　　塔影湖光靈隱寺，重來不見老詩僧。

　　小舟如葉載花枝，人語波心落日遲，
　　我輩情懷同古井，不因風颭起漣漪。

　　同留小影記遊蹤，人在煙霞第幾峰，
　　老慣氛埃看已厭，結廬何日共雲松。

　　平楚蒼茫已落暉，天風一路拂春衣，
　　鳥從深箐頻頻叫，人自青山緩緩歸。（《竹潭詩稿》卷一，頁 19～20。）

　　「竹塹」為新竹的古地名。原本是平埔族竹塹社的故地，東北季風特強，所以又有「風城」之稱。戊午年（1978）年中山高速公路全線通車，新竹交流道設於光復路，時為新竹市唯一的交流道。詩人在旅遊當中詩意盎然，其中「彈丸爭奪古今哀，鄭氏降餘又割臺，」顯現詩人愛臺的情懷。

〈詩城〉（彰化八卦山吟會作）

吟幟孤標似鐵墉，卦山高並白雲封，

葩經三百千秋固，絕勝函關險萬重。（《竹潭詩稿》卷一，頁 24。）

〈丁巳秋日卦山覽勝〉

卦山絕頂聳艑稜，俯瞰磺溪翠靄凝，

鳳木虯枝雲外閣，龍龕貝葉佛前燈，

東籬花發追元亮，白社人來憶慧能，

此是當年爭戰地，黑旗回首感難勝。（《竹潭詩稿》卷二，頁 63。）

八卦山位於臺灣彰化市之東，屬八卦台地（八卦山）西北丘陵，海拔 97公尺，古有「定寨望洋」的美名，為「彰化八景」之首。1895 年，清廷甲午戰敗，被迫簽訂馬關條約，割讓臺灣。日軍自澳底、鹽寮登陸之後，處處遭到抗日義民組成的臺灣民主國抵抗，其中八卦山一役史上堪稱為最激烈的正面會戰。在有記載「吳彭年督戰橋仔頭，忽見八卦山已樹倭旗，大驚，急統全軍回救，抵南壇巷（在今彰化中山國小前），中彈墜馬，親兵四人翼之逃⋯⋯九時正，敵酋能久入彰化池，彰化陷〔註21〕」彰化失守後，日軍得以長驅直下，「此是當年爭戰地，黑旗回首感難勝。」詩中不只寫景還可見八卦山軍事地位之險要，實為臺灣中部之重要據點。

〈過雙溪外柑村〉

萬重遠岫青無際，數頃平疇食有餘，

的是外柑村景好，蓬瀛第一譽非虛。

外柑溪水碧成渠，繞郭青山畫不如，

此是人間清淨境，武陵源上一村墟。（《竹潭詩稿》卷一，頁 32。）

據臺北縣雙溪鄉外柑村簡介：「本村與上林村相鄰，西接長源村，南依泰平村，北邊翻越過盤山坑可達平溪鄉。土地面積有一三‧五三平方公里，截至七十九年邸舍有十七鄰一六九戶，人口六五五人。農礦業過去為本村村民主要職業，礦業沒落，人口乃外流。外柑村由於推行社區建設非常成功，曾經榮獲全省社區建設考評第一名。目前內環境衛生非整潔美觀。賴姓為本村最大宗族。」〔註22〕

〔註21〕王國璠編著：《臺灣抗日史‧甲篇》（臺北市文獻委員會。1982 年），頁 308。

〔註22〕游淳澤編著：《源遠流長話雙溪》（台北縣雙溪鄉公所印行，1992 年 5 月），頁 145。

詩人描述的唯妙唯俏，短短數句，就把外柑村的景色盡收筆墨中。

〈冬日過貢寮遇雨同作梅〉

野徑梯田外，冬耕土脈翻，雨聲來樹杪，雲氣積山根，

古驛人初到，寒溪水自喧，行行歸去晚，燈火吐遙村。（《竹潭詩稿》

卷四，頁 104～105。）

貢寮「地處雪山山脈之起點，依山傍海屬丘陵地形，境內「山頭」林立，海岸灣岬相間，自然景觀極為優美且蘊含豐富人文與水、陸動、植物生態資源，係北臺灣最佳「遊山玩水」休閒旅遊好地方。」〔註23〕　貢寮火車站，迄今猶在，現在有三貂角燈塔、龍洞灣海洋公園、草嶺古道、海洋音樂祭等，多了些觀光客，居民仍然過著漁、農的生活。

文人雅士對山水的喜好古今皆然。《論語·雍也》子曰：「知者樂水，仁者樂山。」詩人對山水的熱愛，有對臺島的山景遊蹤，水湄的風光，當然也有許多。臺島百分七十為山地，四周皆海洋。親水詩作有時難免是山水交錯，以下就列取詩作探析：

〈暖江晚眺〉

小立溪橋上，凝眸野趣賒，龜潭銜落日，牛灶絢餘霞，

此景原無際，吾生歎有涯，何當長息影，絪載就漁家。（《竹潭詩稿》

卷四，頁 111。）

暖江橋壺穴「在暖暖到瑞芳一代的基隆河，其最大特色在於壺穴眾多，尤其是八堵到平溪這一段，壺穴群完整發達，排列疏落有序。」〔註24〕若從源遠路上俯視，面向八堵橋與龜潭斜對，暖江橋與雞籠嶺在倚側，流水潺潺，宛然一幅自然風景畫。

〈關渡〉

桃花狼藉又清明，春水無波極望平，

渡口小船爭載客，櫓枝搖動一聲聲。（《竹潭詩稿》卷一，頁 13。）

關渡原名甘豆門，是淡水河和基隆的交會口。以前到八里之間都是用小船擺渡為交通。關渡大橋於 1983 年通車後，「渡口小船爭載客」就少了。

〔註23〕譚旺樹主編：《親山近水·貢寮鄉》（臺北縣貢寮鄉公所，1997 年 10 月），頁 96。

〔註24〕余燧賓主編：《基隆文化休閒導覽手冊》（基隆市立文化中心發行，1999 年 2 月），頁 36。

〈訪金門〉

其一

萬古青蔥太武山，海風吹浪急潺潺，

貔貅士氣高千丈，不復神州誓不還。

其二

金門戍守不辭勞，令下如山鬥志高，

雄峙海東堅鐵壘，將軍制敵富戎韜。（《竹潭詩稿》卷一，頁 39。）

1958 年 8 月 23 日～10 月 5 日，中共於金門爆發八二三砲戰。1979 年美國與中華人民共和國建交，中國大陸發表《停止砲擊大、小金門等島嶼的聲明》，歷時 21 年的金門砲戰正式劃上句號〔註 25〕。詩人在遊山玩水之際，仍對此戰役深有所感。

〈澳底〉

灘頭雪浪急潺湲，餘恨空傳訂馬關，

勁旅幾師登澳底，使臣一筆割臺灣，

倭人有淚殘碑在，趙璧無瑕故國還，

太息黃沙埋碧血，夜來燐火出江間。（《竹潭詩稿》卷二，頁 49。）

澳底海邊景色非常漂亮，光緒二十一年馬關條約，臺灣割讓予日本，日軍在交割手續尚未完成之五月二十九日，近衛師團長能久親王，即命金橋大佐，與參謀明石大尉，從三貂嶺之澳底方面，開始登陸。〔註 26〕詩人遊玩澳底海邊，仍然不忘此事。

〈北投冬曉〉（己酉十一月初）

遠山初日吐還吞，一碧微茫認大屯，

霜氣侵時林影瘦，礦煙起處水聲喧，

尋詩客早寒猶重，買醉人多夢尚溫，

樓閣參差燈漸滅，不勝吟思入孤村。（《竹潭詩稿》卷二，頁 56。）

北投溫泉聞名中外，1913 年，日據時期大正二年，新建北投溫泉博物館，1923 年大正十二年，皇太子裕仁殿下蒞臨北投公共浴場，戰後 1954 年「北投

〔註 25〕楊加順編審、郭哲銘總編輯：《823 金門戰役五十週年專輯》（金門縣政府文化局出版，2008 年 8 月），頁 83。

〔註 26〕張炳楠監修，李汝河主修：《臺灣省通志・卷九・革命志抗日篇》（臺灣省文獻委員會印行，1971 年 6 月），頁 13。

侍應生住宿戶聯誼會」條例核准成立，溫泉飯店如雨後春筍，紛紛成立。1979
年廢止「北投公娼制度」〔註27〕。己酉年（1969），當時正是北投遊客最多之
期。冬天泡溫泉最為舒服，詩人把景色及場景描述淋漓盡致。

〈春遊梅花湖〉

青山如笑似相招，春到梅花韻自嬌，

堤畔芳林環曲徑，湖中孤嶼跨絚橋，

憑欄縱目幽情遠，划艇談心綺思饒，

好是詩成迴首望，三清宮闕倚雲霄。（《竹潭詩稿》卷二，頁69。）

梅花湖位在宜蘭縣冬山鄉，原名「大埤」，「自六十年代起，更因埤形狀
似五瓣梅花，而改名為梅花湖。〔註28〕」其上方就是三清宮廟宇。春季花開
時節，遊客眾多，泛舟梅花湖上，更是都市叢林尋芳客的喜愛。

第三節　詠物詩

古遠清在《詩歌分類學》書中，對詠物詩有一見解：「詠物詩往往通過對
某一物品的抒寫，表達詩人的情懷。〔註29〕」所以古遠清對詠物詩更深入地
說：

不管是哪一個朝代詠物詩，他的主要特徵是通過微妙微肖的比喻與

豐富巧妙地聯想，寄託詩人的人格蘊含在物的形象之中，從而達到

形神俱似、人物一體的境界。〔註30〕

吳魚稿的《古典詩入門》曾言：「在記物詩裡，往往借物詠己，多寄託性
情之作。〔註31〕」所以學者們對詠物詩的分析，認為詠物詩不是局限於單純
的詠物的特徵或形狀，應當是將物的象徵與形狀寄託深遠意義呈現，藉詠物
將詩人的心中之言、生命情操……比擬而出。劉勰的《文心雕龍·物色第四
十六》有記載：

春秋代序，陰陽慘舒，物色之動，心意搖焉。……四時之動物深矣。

〔註27〕參考：洪德俊總編輯：《北投地方史·溫泉篇》（財團法人台北市北投文化基
　　　　金會，2002年11月），頁275。
〔註28〕蘭陽百景圖冊編輯小組執行編輯，林嘉琦：《蘭陽百景》（宜蘭縣政府出版，
　　　　1997年10月），頁72。
〔註29〕古遠清：《詩歌分類學》（高雄：復文出版社，1991年），頁9。
〔註30〕古遠清：《詩歌分類學》，頁65。
〔註31〕吳魚稿：《古典詩入門》（台南：大孚書局，2000年），頁93。

若夫珪璋挺其惠心，英華秀其清氣，物色相召，人誰或安？是以獻歲
發春，悅豫之情暢；清，陰滔滔孟夏，鬱陶之心凝；天高氣沉之志遠；
霰雪無垠，矜肅之慮深。歲有其物，物有其容；情以物遷，辭以情發。
一葉且或迎意，蟲聲有足引心。況清風與明月同夜，白日與春林共朝
哉！是以詩人感物，聯類不窮。流連萬象之際，沉吟視聽之區；寫氣
圖貌，既隨物以宛轉；屬採附聲，亦與心而徘徊。〔註32〕

物色一詞，此指為天文的日月風雨之動，也會搖撼詩人的心志。所以四
時的寒暑與節令、花草樹木、天地萬物皆可激發詩人無限的遐思。以下茲將
《竹潭詩稿》的詩歌中，列舉時令、花木等分段討論：

一、時令

（一）四時

陸機（261～303）的《文賦》：「遵四時以歎逝，瞻萬物而思紛，悲落葉於
勁秋，喜柔條於芳春……〔註33〕」、潘岳字安仁（247～300）即潘安，西晉著
名文學家。的《秋興賦》：「四時運乎其代序兮，萬物紛以迴博，……感冬索而
春敷兮，嗟夏茂而秋落。〔註34〕」所以詩人面對春夏秋冬的四時變化，寸心
所感亦有不同，故有詠四時之作，以下就略舉詩人四時之作：

〈春日即事〉

重陰散盡見春和，人到東郊賞艷多，

向晚小橋聞躍鯉，一聲潑剌出潭波。（《竹潭詩稿》卷一，頁15。）

詩人是基隆人，冬天東北季風，有時會陰雨綿綿幾個月，春天放晴的心
情，就會有春的氣息，在詩中自然表露。到了夏天最辛苦的農夫，在烈日下
耕作，詩人有感而作：

〈夏日農村〉

祇期晚季稻梁肥，冒暑深耕計未非，

日落遠山炎漸退，一犁涼味不思歸。（《竹潭詩稿》卷一，頁14。）

〔註32〕劉勰著，王更生注譯：《文心雕龍讀本下篇》（台北：文史哲出版社，2004 年
10 月），頁 301～302。

〔註33〕參梁‧蕭統編，唐‧李善等六人注：《增補六臣著文選（古迂書院刊本）》（台
北：漢經文化公司，1983 年），頁 308。

〔註34〕梁‧蕭統編，唐‧李善等六人注：《增補六臣著文選（古迂書院刊本）》，頁 246。

俗諺「春耕、夏耘、秋收、冬藏。」農夫在夏天在炎熱當中農田耕作，異常的無奈。到了日落，涼風吹來就忘了辛苦，期待來日的豐收。等到秋天時，詩人見景也寫了首：

〈秋意〉

白蘋風起水之湄，已覺塵寰暑氣移，

一枕涼侵人好睡，綺窗香透桂花枝。(《竹潭詩稿》卷一，頁 45。)

夏天走了，秋天來了，暑氣漸消，每年的 10 月中旬左右，便進入了最佳觀賞樹葉期，晚涼好入眠，桂花貌不出眾，卻有淡淡幽香，詩人愛桂花融入其詩中自然流露。秋盡冬來，四時循環，詩人冬天亦有詩意：

〈冬日過農村有感〉

竹叢深處隱田廬，二頃膏腴食有餘，

肯使一冬閒裏過，荷鋤人去種園蔬。(《竹潭詩稿》卷一，頁 14。)

農夫是靠天吃飯，秋天若豐收，冬天就可過個好年，但是農家大都會利用農閒時期，耕種蔬菜，增加收入，詩人可為觀察入微，臺灣屬亞熱帶氣候，除了幾座高山會長年積雪，所以一般來說在平常山上要看到雪景，是不太容易，詩人有雪景之詩：

〈屯山雪景〉

六出紛飛薄似綿，曾教謝女詠新篇，

晶瑩遠積屯山上，已兆人間大有年。(《竹潭詩稿》卷一，頁 31～32。)

〈詠雪〉

風飄玉屑滿江天，國有禎祥兆馬年，

卻憶謝家嘗詠絮，飛花萬點入詩篇。(《竹潭詩稿》卷一，頁 33。)

台北近郊的「大屯火山群分佈於臺灣之北端，以十數座之圓錐形火山體而成。其最高峰為七星火山一千一百九十公尺。〔註35〕」大屯山是不高的山，在冬天寒流來時偶會下雪，詩人信手捻來瑞雪積豐年，入於詩篇。

（二）節令

漢民族中的節令，乃是節日和農曆的時令結合而成的特有文化。騷人墨客因節日及時令所啟發，詠為詩篇，即是節令詩。宋紅編輯的《節令詩》前

〔註35〕張炳楠監修，李汝河主修：《臺灣省通志・卷一・土地志・地理篇》（臺灣省文獻委員會印行，1960 年 6 月），頁 416。

言：「吟詠歲時節序始終是詩人們喜愛的主題，而且愈來愈多，特別是在唐代以後。這期間的節令詩，已不是單純地吟詠節令了，而是包蘊著詩人的種種情懷。〔註36〕」在《竹潭詩稿》中有詠春節、花朝、端午、中秋、冬至……等等，詩人也將其溶入詩中。春節期間至杏花林走春，見詩亦可次韻首詩應景：

〈新春訪杏花林靜芝先生有詩見示謹次瑤韻書呈粲正〉

登臨逢歲首，雨後共看花，山色千重翠，春光一片霞，

名園題好句，小閣試新茶，梅派今餘幾，高歌樂靡涯。（《竹潭詩稿》

卷四，頁120。）

在春節期間走訪杏花林，以茶聞名的木柵貓空，佔地甚廣的杏花林，逢值花開之際，賞花、品茗、健行。實為樂是一椿。詩人作詩，表現心中的快樂。詩社聚會的日期，也經常在花朝日的前後：

〈花朝志三居雅集偶賦〉

春到名園花滿枝，年年佳節共題詩，

彩雲一朵樓頭現，綠柳千條牆角垂，

默祝主人登壽域，休嗤狂客唱巴詞，

瀛洲二月鶯聲早，偶詠梅花憶鄭祠。

註：是日瀛社詩會題為鄭王梅。（《竹潭詩稿》卷二，頁61。）

花朝節又稱花神節，也稱為「百花生日」，通常是在二月中旬左右，詩人發揮無限的詩意，希望「年年佳節共題詩」、「偶詠梅花憶鄭祠」將詩題與自身的想法融合為詩。五月的端午節也是重大節日，詩人當然亦有詩作：

〈端午前二日〉

午節重逢百感牽，萬民興奮自強年，

從戎報國寧甘後，擊楫橫江不讓先，

志繼靈均堅一念，詩追子美寫千篇，

由來有道天多助，行看貔貅搗北燕。（《竹潭詩稿》卷二，頁60。）

詩人的愛國情操，和立志詩作追杜甫，可想而知。端午佳節亦稱詩人節：

〈詩人節過泰山繼拙廬〉

車入蘭陽繞海圻，望中煙島景依稀，

一灣碧玉波初靜，萬頃黃金稻正肥。

作客渾忘逢午節，詠詩終似試秋闈，

〔註36〕參見宋紅編輯：《節令詩》（北京：人民文學出版社，1990年），頁3。

此行卻訪陳湖海，榕樹芭蕉畫掩扉。（《竹潭詩稿》卷二，頁 50。）

　　註：是日蘭陽開擊鉢吟會。

詩人愛參加擊鉢比賽爬山涉水，遠赴宜蘭作詩比賽，比喻如入闈場考試，一樣的刺激與熱烈。

〈端午懷屈大夫〉（己酉端午）（1969 年）

百劫中原史跡空，到今何處訪遺蹤，

汨淵水冷深多少，郢路雲封隔萬重，

贏得詩人今有節，猶憐豎子竟難容，

崇祠聞已開江上，欲薦溪蘋苦未從。（《竹潭詩稿》卷二，頁 57。）

同樣的節日，時空的不同，吟詠的思維也會不同，藉此佳節，懷念屈原，血淚斑斑。到了中秋佳節，更是詩人藉詩抒懷的節令：

〈丙辰中秋追憶侍奉　老母坐月愴然有作〉（1976）

一鑑穿雲出，經時隱復明，撩人增遠思，愛爾最多情，

母已黃泉去，兒今白髮生，長懷竹潭畔，坐月到深更。（《竹潭詩稿》卷四，頁 106。）

每逢佳節倍思親，人稱孝子的詩人，對先母的恩情，時時感念在心，詩中一覽無遺。

農曆春節是華人最重要的節日之一，其所呈現的景象，是其他的節令無可比擬。其中有一寫春聯，是重要的活動：

〈寫春聯〉

春聯預寫賀新禧，信手塗鴉笑墨癡，

驛客圍觀爭索取，誰知久立欲難支。（《竹潭詩稿》卷一，頁 43。）

春節前後有些書法人士，會集中在廟宇、公共場所等地方，寫春聯贈送給人索取，有時索取的人數太多，寫春聯的書法家，也會腳酸，詩人沒寫書法，但觀察入微。饒富情趣。

二、花草

植物的世界是非常奇妙的，故歷朝歷代以來，植物是詩人吟詠的題材。詩裡有單純的詠物，亦有藉花草寓情於景，抒情於物之作。

（一）詠花

陳貞例在《蘇軾詠花詩研究》一書有提到：

　　所謂「詠花詩」是指：全首詩以花為吟詠主體，或詩中有針對花之
特色加以描繪者，可以說花而詠，亦可想像花而詠，而要能或摩繪
出花的外形、內在特質；或呈現人花之間的精神、情感契合所在；或
作者之生命體認及人生際遇相配合，而用象徵、譬喻、轉化等方法來
寄託作者的意志，無論是否以花為命題，皆可視為詠花詩。〔註37〕

　　所以說以花為吟詠之對象，表現之方法可為花的外形、內在特質；或呈
現人花之間的精神、情感契合所在；詠花詩亦可以借所詠之花抒情言志，若
是上乘之作，一語雙關，意在言外，或言在斯而意在另者，可多具抒情言志
之特質。《竹潭詩稿》中，詠花的詩作不少，芍藥、菊花、向日葵、荷花、蓮
花等等。詩人對「芍藥」描述：

　　　〈芍藥〉
　　　數朵翻階醉意饒，澹雲微雨退紅嬌，
　　　好花留與遊人賞，不為春歸感寂寥。（《竹潭詩稿》卷一，頁13。）

　　芍藥，為花中之相，牡丹比芍藥早半個月左右開花。芍藥花朵比較牡丹
稍小　點。生性合群嬌艷妖嬈。牡丹一般來說是農曆4月中旬開花，芍藥則
春末夏初開花。所以俗諺「穀雨三朝看牡丹，立夏三秋看芍藥」之說。所以詩
中「不為春歸感寂寥」。

　　菊花是文人最喜歡吟詠，會把它喻為天道、正值、吉祥、長壽、品格、隱
士、鬥士等等或者兼具數樣比喻，《竹潭詩稿》裡有〈春菊〉、〈黃菊〉、〈菊影〉
之作。茲舉〈黃菊〉如下：

　　　〈黃菊〉
　　　黃菊籬邊風瑟瑟，白蘋溪上水淙淙，
　　　貂山帶雨參差沒，小隱何年似老龐。（《竹潭詩稿》卷一，頁31。）

　　此詩借黃菊，在山上、野溪叢中而生，詩人希望能如淵明隱居時，有一
老龐比鄰而居，可常對酌，與陶淵明的「採菊東籬下，悠然見南山〔註38〕」
另有饒富隱味之趣。詠菊之外，文人也喜歡荷花，荷花即是蓮花，在文學裡
與荷、蓮有關的詩詞非常豐富，自古以來被崇有潔身自好、不同流合污的君
子高尚品德的象徵。因此有「蓮生淤泥中不與泥同調」之稱譽。以下舉〈荷
花〉之作：

〔註37〕陳貞例：《蘇軾詠花詩研究》（高雄：高雄師範大學國文系，2001年），頁5。
〔註38〕逯欽立校注：《陶淵明集》，（北京：中華書局，1979年5月），頁89。

〈荷花〉

萬朵新荷漲野塘，紅衣艷襯碧羅裳，

獨能皎潔亭亭立，莫怪花開有異香。(《竹潭詩稿》卷一，頁 45。)

唐朝詩人李商隱贊譽荷花：「世間花葉不相倫，花入金盆葉作塵。」詩人用池塘滿是綠葉蓮花，從中有紅花陪襯之另外譬喻手法，荷花亦有一股淡淡幽香，令人回味。

向日葵別名太陽花，性喜因花序隨太陽轉動而得名。代表著內心意志堅定的信念，要能有積極的心態來面對一切，努力的成為更好的人生態度。詩人有詩：

〈向日葵〉

色帶鵝黃絕可憐，向陽開處獨鮮妍，

此花畢竟非凡品，傾慕心如鐵石堅。(《竹潭詩稿》卷一，頁 30。)

向日葵花色帶黃，雖不起眼，但它的積極向上，它的勇往直前，它的知難而進。在眾花中的向日葵，挺立在中央，筆直筆直的，面向太陽，顯得特別精神，格外生機勃勃。

（二）詠樹

《竹潭詩稿》詠樹的詩歌有詠梅、柳、松等。詠梅之作甚多，舉例如〈梅花〉：

〈梅花〉

其一

玉骨冰魂不染塵，衝寒冒雪最精神，

多情偷放東風信，綠到人間報早春。

其二

橫斜竹外絕埃塵，點染疏枝妙入神，

莫怪花中魁獨占，凌寒破萼在先春。(《竹潭詩稿》卷一，頁 37。)

梅花是華人圈中的名花，中華民國定為國花，代表著華人堅毅不拔、不屈不撓、不畏艱難的精神。梅花通常花開在晚冬至早春，故亦稱「冬梅」和「春梅」。人們常用梅花的潔白、耐寒和芳香等特徵，來頌揚具有高尚節操的人。

柳樹，是對柳屬植物的統稱，很容易雜交生長，柳樹沒有松樹的挺拔，也沒楊樹那樣正直。主幹通常在二三米處就長出分枝。柳葉是單葉互生，葉

片狹長但寬窄適宜,「芙蓉如面柳如眉」形如少女細長的眉毛。古人視柳為軍營屏障之樹,或者是比喻隱士的一種樹,又或者有暗傷離別的象徵。詩人有首〈柳葉〉:

> 〈柳葉〉
>
> 津頭楊柳綠絲絲,一葉斜橫碧水涯,
>
> 誰似風流王子敬,美人打槳唱新詞。(《竹潭詩稿》卷一,頁43～44。)

詩中前兩句形容柳葉在水邊的描述,後兩句就用典故,王子敬即是王獻之,有娶三妻妾,其中情節頗有曲折、韻味。宋·蘇軾在〈前赤壁賦〉中有「桂棹兮蘭槳,擊空明兮泝流光。渺渺兮予懷,望美人兮天一方。」蘇軾詩中的美人,像是一種幻想,看不見,追尋的過程中是寂寞冷清,也時無或忘。詩人想像獨白月光下,站在小船上的身影,令人感嘆,也令人遐想神往。

三、天文

詠天文門的詩歌,日、月、星、風、雨、雷、霧、雲海等皆可吟詠。或以體物寫物、或觸感興發、或用物我合一的呈現,但是其不外乎以四時的變化予詩人感受,抒發為詩篇;或遊賞之際,氣候的變化有感而作。以下茲舉日、月、風、雨為探討,如詠日的〈秋日雙溪謁三忠廟〉一詩:

> 〈秋日雙溪謁三忠廟〉(奉祀文天祥、陸秀夫、張世傑三忠烈)
>
> 靈旗風雨碧溪秋,一死居然動九州,
>
> 強虜豈能移大節,孤軍早已誓同仇,
>
> 星沉柴市雲皆駐,日落崖山水自流,
>
> 先後成仁青史在,國殤終古使人愁。(《竹潭詩稿》卷二,頁53。)

秋冬的雙溪是容易下雨的,謁三忠廟,他們盡忠報國的慷慨赴義,讓世人永遠景仰,不管星沉或日落,山水仍自在,但其名留青史,永遠讓人懷念。詩人藉秋日謁廟之題而發揮其忠君、愛國情操之感懷。

秋日雙溪,詩人體物寫物有感興寄一番情懷;對於月的吟詠,以下茲舉〈皓月〉為例:

> 〈皓月〉
>
> 皓月雲間出,窺窗最有情,春燈千萬盞,不及一輪明。(《竹潭詩稿》卷三,頁97。)

宋蘇軾的〈滿庭芳·蝸角虛名〉有「幸對清風皓月,苔茵展、雲幕高張。

江南好，千鍾美酒，一曲滿庭芳。」為貶黃州時期之後，此首展示了蘇軾的挫折後，憤世嫉俗轉為飄逸曠達之內化心靈世界。〔近代〕王國維的〈浣溪沙〉「試上高峰窺皓月，偶開天眼覷紅塵。」皆是上乘之作，然詩人的「春燈千萬盞，不及一輪明」，更是另有一番情趣。

　　日與月詩人的感慨、抒懷、寄託之外，而風在《竹潭詩稿》中，不僅描述物狀，更有詩人民胞物與、悲天憫人的情懷。舉例如下：

〈颱風後由斗六遶道西螺晚抵嘉義〉

南北征軺阻，行人道路難，遙林猶積雨，夾岸正飛瀾，

野店孤燈淡，江天獨雁寒，況聞秋節近，欹枕夢何安。(《竹潭詩稿》
卷四，頁103。)

　　颱風在臺灣每年幾乎都會發生，來時南北交通都會阻隔，山路坍方。路上行人因風雨行走都困難。三、四、五、六句，用對偶、譬喻的手法完成。其中五、六句，「野店孤燈淡，江天獨雁寒。」颱風過境時，店家關門不開燈營業，與天上的寒冷的孤雁，做一對偶、譬喻，結尾用秋節已近，應是家人團圓的時節，不知何日百姓能夠相聚平安而難入眠。實兼具有客觀描述物狀，和主觀的寓志。

　　雨的吟詠在《竹潭詩稿》不少，從時雨、聽雨、驟雨、將雨等都有著墨，茲舉例：

〈時雨〉

忽爾鳴簷水滿陂，一宵堪慰老農思，

淋漓不獨千家喜，正值元良踐阼時。(《竹潭詩稿》卷一，頁27。)

〈塹城聽雨〉

迎曦門外翠煙凝，春雨飄蕭客思增，

枕畔宵深喧斷續，簷前月暗滴頻仍，

草湖新漲橫空艇，松嶺微濛認遠燈，

明日杏花應怒放，探幽已備一青藤。(《竹潭詩稿》卷二，頁69。)

〈驟雨〉

黑雲翻墨鎖江湄，俄頃滂沱灑綠池，

翠蓋田田珠萬顆，紅衣點點淚千絲，

小亭陡覺微香透，煙檻迴看落照遲，

一陣如催騷客興，賞花令節共題詩。(《竹潭詩稿》卷二，頁88。)

　　愛民、體民的詩作在《竹潭詩稿》中時有出現，古時皇帝據《宛署雜記》〔註39〕記載，大明王朝的皇帝曾「聖駕躬耕籍田於地壇」。蘇軾（1037～1101）〈江城子〉有「走遍人間，依舊卻躬耕。昨夜東坡春雨足，烏鵲喜，報新晴。」元宵已是春時，春雨足，農民就高興。期望耕耘來日豐收。元宵已是春時，及時雨，農民期望耕耘來日豐收。詩人體民、愛民之情在此表露無遺。

〔註39〕（明）沈榜：《宛署雜記》（北京：北京出版社，2018年2月）。

第四章 《竹潭詩稿》詩歌的創作特色

　　文學作品的形成要素是內容與形式。內容可以說是內涵，形式可以說是結構。好的文學作品形式與內容相得益彰、缺一不可。就像人一樣，內容是靈魂、形式是形象，外在美和內在美建構完整才是真的美。文學內容豐富了作品，然形式上完美配合建構，則提高了文學的藝術性。在《竹潭詩稿》內容部分，已在前章作分節探析與論述。此章節擬用《竹潭詩稿》詩歌的創作特色分兩個部分來探討；分為作品的藝術特色著手，從詩作的體裁、連章詩、詩中夾註等特色探析；及為其詩歌的表現手法，疊句、對偶、典故、意象及崇尚神韻說等方面探討，期能深入了解詩人的真善美境界。

第一節 《竹潭詩稿》詩歌的藝術特色

一、詩兼各體

　　在《竹潭詩稿》的詩歌作品上，它的創作體裁有唐宋近體詩七絕、七律、五絕、五律及五七古等多體。從句型上的角度欣賞而言，黃永武：「在中國詩中，唐代以後以五言七言最為常見，三言四言六言八言九言則較少見⋯⋯。九言誦讀時分為五節，亦近二比一，都不接近黃金段。如此說來，五七言所以膾炙人口、流行廣遠，時有其美學上的依據。〔註1〕」《竹潭詩稿》詩歌作品共有五百六十一首。茲將其作品統計百分比如下：

〔註 1〕黃永武：《中國詩學‧鑑賞篇》（臺北：巨流圖書公司，2008 年 7 月），頁 190。

《竹潭詩稿》詩歌作品統計百分比一覽表

體 裁	七 絕	七 律	五 絕	五 律	五七古
首 數	二四八首	一九二首	三十首	八三首	八首
百分比	44.21%	34.2%	5.35%	14.8%	1.44%

　　從統計表上來看，七絕、七律佔近乎百分七十八以上，可發現其詩作偏重以七言近體詩創作為主，五絕、五律佔百分之二十以上，五言的體裁字數少，但詩人仍有創作。五七古詩雖然只有八首，但也算是有涉獵，所以說各體皆有。

二、連章詩

　　運用連章形式寫成的詩，來表現一個總主題，有人稱為「組詩」，又稱「連章詩」、「聯章詩」、「詩組」，名稱有異，但意義一樣。「連章詩」一辭廖美玉有嚴謹的定義：「於同一時間與同一心境之下，以同樣之詩數首或數十首，從各種不同之角度，描寫同一主題，而各首之間，有其密切之關係，次序一定，不可倒置，且彼此相互補充、相互闡說，分之雖可獨立，而合之則凝成一整體，蓋各首之間，有其必然之關聯性也。〔註2〕」

　　連章詩在《詩經‧王風‧黍離》篇就有，阮籍（210～263）的〈詠懷詩八十二首〉，陶淵明（365～427）的〈歸園田居五首〉期間都有作品，到杜甫（712～770）時，將連章詩的韻味、內涵發揮到淋漓盡致。林麗娟在《杜懷詠懷詩學研究》對連章詩有寫道：「連章的妙用，杜甫申昧其中，並加以運用在各詩體中，可長可短，二首以上至數十首不一而等，隨意感興，藉以表達縱橫起伏的情感，不僅貼切，而且可以盡力發揮達到淋漓盡致的韻味為止。〔註3〕」到了民國初期時代臺灣也有許多連章詩的出現，據黃美玲在〈賴和創作中新舊文學並存的意義〉一文中：「二、三十年代的臺灣知識份子有許多都以古詩、連章詩的形式擺脫字數壓力，俾能暢所欲言。〔註4〕」綜合以上之論，文人運用連章形式來寫詩，可暢所欲言，將其心思、情感較完整的表達出來。施懿琳在《清代臺灣詩所反映的漢人社會》提及：

〔註2〕廖美玉：《杜甫連章詩研究》（臺中：東海大學中文所，1979年），頁1。
〔註3〕林麗娟：《杜甫詠懷詩學研究》（高雄：高雄文化出版社，1991年），頁62～63。
〔註4〕黃美玲：《臺南女子技術學院學報》第十九期，11～18，2000年，頁15。

設若詩人有意加強詩的敘述功能，就必須在不破壞詩歌固有形式的原則下，盡其所能的補足史事的相關資料或背景。在清代臺灣詩裡常見到是利用：長篇詩題、詩前序文、詩中夾註、組詩聯詠……方式，全幅地呈現重大歷史事件。〔註5〕

由此而知，「組詩」、「聯章詩」可增加詩歌篇幅，也擴大創作空間，從詩中的起、承、轉、合等增強詩的氣勢磅礴。在清代臺灣古典詩裡常見用長篇詩題、詩前序文、詩中夾註、組詩聯詠等方式，呈現全篇幅地重大歷史事件，也在日據時期、光復後，當時的詩人也廣泛運用，可堪說是臺灣古典詩的特徵之一。

詩人是無事無時皆可入詩，將生平、際遇、情感、抱負寄託於詩中，在詩中記錄了個人、家庭、社會的史事。在《竹潭詩稿》中的組詩首數，也是有之，尤其是五七古的八首皆是「連章詩」。

《竹潭詩稿》中的組詩首數一覽表

體　裁	七　絕	七　律	五　絕	五　律	五七古
首　數	二四八首	一九二首	三十首	八三首	八首
組詩數	三十七首	十一首	五首	五首	八首

七絕是詩人連章體式運用最多的組詩，其次為七律、五七古，五絕和五律各有五首，而五七古的八首詩全是連章詩。詩人擅用組詩特色的創作形式，使其詩作的感情和涵意能夠充分詳盡的發揮。以下茲舉七絕、七律、五七古組詩各舉一例：七絕〈春菊〉

〈春菊〉二首

其一

不甘寂寞待秋開，更與群芳鬥艷來，

底事黃花難忍讓，一籬直欲壓紅梅。

其二

東風破蕊艷籬隈，曾博淵明賞識來，

此日如何甘變節，亦隨桃李向人開。(《竹潭詩稿》卷一，頁16。)

〔註5〕施懿琳：《清代臺灣詩所反映的漢人社會》（國立師範大學國文研究所博士論文，1991年），頁607。

中國人的植物在詩中的世界，黃永武：「一草一木，一瓜一果，在中國的詩人悠久的吟詠傳統下，逐漸形成各草各木的精神代表。〔註6〕」菊花被列為「梅蘭竹菊」四君子之一，寒菊、秋菊最被詩人常常吟詠，詩人第一首寫出春天菊花已迫不急待地，跟百花齊開爭奇鬥妍。第二首反問為何陶淵明所賞識的寒菊，會變節到春天來開花，兩首詩一氣呵成，首尾相連。

七律〈南臺午節前一日雅集〉：

〈南臺午節前一日雅集〉

其一

明日端陽弔屈平，先攀鳳岫續騷盟，

壽峰鬱翠歸吟稿，汨水蒼茫發古情，

攜屐此時欣騁望，招魂何處慰忠貞，

最憐薄暮詩初就，雲際如聞喊喊鳴。

其二

穤稏香中入鳳城，圖南有客賦宵征，

識荊肯負三生約，弔屈偏先一日程，

妙手近慚誇霹靂，素心原自矢忠貞，

眼前旗鼓青長峙，行罷鐃歌返舊京。（《竹潭詩稿》卷二，頁57。）

屈原是春秋時代，楚國的愛國詩人，秦國的國君欲以通婚之名，來陷害楚國的大王，當時屈原極力的力諫，但是楚王並沒有聽信屈原的忠言，反而造成一些大臣對楚王的諂言，將屈原流放到邊境，後來楚王被秦王在秦國殺了，屈原聽聞消息，便抱著石頭跳入汨羅江自殺了，傳說百姓被屈原的愛國情操所感動，於是就用竹葉包著糯米的飯糰投進江中給魚吃，希望魚不要吃屈原的屍體，後來世人便在每年農曆的五月五日，也就是屈原自殺的這一天，有了包粽子的習俗，也將這天稱為端午節，因為屈原是一個愛國詩人，所以這一天也叫做詩人節，相傳當時有人划著船在汨羅江上找尋屈原的屍體，所以就演變成划龍船的習俗了。

第一首可以得知南臺灣藉端午節紀念屈原，舉辦詩人吟詠，詠懷詩人屈原。第二首承第一首，說前一日前往鳳城，並且憑弔屈原，有作儀式陣仗，有作儀式陣仗，當時的狀況，躍然紙上。

〔註6〕黃永武：《中國詩學·鑑賞篇》（台北：巨流圖書股份有限公司，2008年7月），頁111。

五七古〈賴張亮世講楊麗英小姐嘉禮〉：

〈賴張亮世講楊麗英小姐嘉禮〉

殘臘梅初開，高燒鳳燭傳金杯，

一見心相許，良緣信是天安排，

楊姝東吳女學士，鋼琴一奏鶴飛起，

珠喉宛轉能遏雲，芳心高潔比蘭芷，

賴郎東海博士班，雄才壯闊翻波瀾，

千間廣廈手規畫，欲使天下人皆安，

卓然嘉耦成雙璧，萬里于飛長比翼，

夜深露冷暗香飄，一輪明月映江碧。（《竹潭詩稿》卷五，頁 127。）

　　詩人用字遣詞，在近體詩的格律限制下，有時無法暢所欲言，用古體詩表現，也是一種美。黃永武云：「古詩中的『雜言體』是突破句型常見的體裁，詩人用膩了形式整齊的格律，力求變化，或是適應情緒激越起伏，而詩句隨之短長參差……。〔註7〕」

　　詩的開首用五言，說明臘梅之時成親，兩人是一見鍾情，而後用七言句，描述男女雙方的背景學歷。最後再以祝福之與，願雙方比翼雙飛，永浴愛河。

　　總之，詩人隨興而作的詩，採取了組詩聯詠的形式，解開近體詩歌創作時的字數框架，同時也藉此手法表現詩人豐富的思想和情感，而能得到完整且適切的抒發。

三、長篇詩題、詩中夾註

　　施懿琳在《清代臺灣詩所反映的漢人社會》文中有一論點：「設若詩人有意加強詩的敘述功能，就必須在不破壞詩歌固有形式的原則下，盡其所有的補足史事的相關資料或背景。在清代臺灣詩裡常見到的是利用：長篇詩題、詩前序文、詩中夾註、組詩聯詠……方式，全幅地呈現重大歷史事件。〔註8〕」而楊明珠針對此論點則提出：

> 清代臺灣詩人是不是有意識地為保存史料而採用長篇詩題、詩前序
> 文、詩中夾註、組詩聯詠等方式寫詩，並沒有足夠證據可以證明，
> 但這些確實是臺灣詩的特徵，也真正發揮了詩、史相輔功能〔註9〕。

〔註7〕黃永武：《中國詩學・鑑賞篇》，頁 194。
〔註8〕施懿琳：《清代臺灣詩所反映的漢人社會》，頁 607。
〔註9〕楊明珠：《許南英及其詩詞研究》（台北：文化大學中文所，1999 年），頁 298。

　　由此可知，臺灣詩中的長篇詩題、詩前序文、詩中夾註、組詩聯詠，是其寫作方式的特徵。詩人幼從王溥字子清（1885～1943）之私塾，王溥少習舉子業，詩人受此教育薰陶，加上詩社的影響，所以在詩歌上的創作就有這些特徵。以下針對《竹潭詩稿》的「長篇詩題」、「詩中夾註」作探討：

（一）長篇詩題

　　張夢機在《古典詩的形式結構·命題的繁與簡》書中說：「一般來說，詩的題目，應力求精絜，而且避免繁瑣冗長……如果不得以而作長題，也須留意洗鍊句間的疵累，使題文有疏宕之致……。若有情是宛曲，而短題又不足已盡意，這時寧可別為小序，或在題下作注，亦不應該濫入題中，破壞詩的精簡性。〔註10〕」文中說明詩題應力求精絜為要，雖為如此，但臺灣詩的長篇詩題是特色之一，且又能將寫作時的背景與目的，作一清楚的說明與交代，亦能發揮詩、史的功用，故《竹潭詩稿》的詩集中，亦有多首以長篇命題的特色。

　　以下列舉詩人用長篇詩題所呈現之例，如：

　　〈重陽後一日同子謙訪歷史博物館，植物園荷花盛開使人不知已入
　　深秋矣為題一絕〉

　　九月芙蕖萬葉青，紅衣照水倍娉婷，

　　一池旖旎添秋色，風定林園聞暗馨。（《竹潭詩稿》卷一，頁22。）

　　此詩說明重陽後一日與友人，參訪歷史博物館、植物園及荷花盛開已入深秋。

　　〈日本書藝院訪問團蒞基席上口占，時值九月十五日〉

　　中日重敦翰墨緣，清尊共醉菊花天，

　　定知別後遙相憶，鷺港秋高月正圓。（《竹潭詩稿》卷一，頁47。）

　　此詩描述日本書藝院來基隆訪問，當日為九月十五日。

　　〈鶴年詞長哲嗣芳洲世講與惠民小姐締婚誌喜〉

　　當代張先獨擅詩，承歡家有石麟兒，

　　清晨報喜來靈鵲，良夜成婚降玉姬，

　　月滿綺窗情並美，梅開書閣學同期，

　　何須更借斯干頌，明歲階蘭長一枝。（《竹潭詩稿》卷二，頁53。）

〔註10〕張夢機：《古典詩的形式結構》（板橋：駱駝出版社，1997年），頁163～165。

此詩說明張添壽（1903～1979）字鶴年之子芳洲娶惠民小姐之祝賀之詞。以上三首詩都能在題目中交代人、事、地、時等等要素，寫明創作背景、原因、目的。也因為長篇詩題的輔助說明，詩作內容之意旨更能明顯、精確地讓人了解。

尤其是有些長篇詩題除了描述生動、貼切的傳統詩社——「瀛社」、「松社」、「基隆詩學會」等的活動，留下豐富的史料紀錄。也可為後人在研究傳統詩社的有關資料，保存寶貴的參考價值。如〈基隆市詩學研究會成立賦此奉賀五首〉，〈紅梅山館小集幼岳有詩見示次韻奉和〉，〈「都城春」松社之課題也，即席賦呈座上諸君子粲正〉，〈癸亥端陽後六日偕登玉、文新、伯西、湘屏、幼岳訪芥子樓賦贈荊南詞長〉，〈林耀西先生寓美十年今秋返臺適逢八秩大慶〉，〈陳曉公社長花朝攜詩付梓突罹車禍住院月餘行將康復賦此致候〉……。這些長篇詩題，表現了與傳統詩社相關人物之雅聚、偕游及病中關懷之意的種種史實做了註腳，也對詩友住院關懷之意的種種史實做了註腳。

（二）詩中夾註

《竹潭詩稿》詩集中，利用長篇詩題以增加詩意表現，也用臺灣古典詩的附註特點，來彌補詩中敘述上難以盡意的遺憾，得以讓讀者史清楚的可以探索詩的內容。以下舉例說明：

〈基隆市詩學研究會成立賦此奉賀五首〉

其一

海門秋色畫圖開，蓬嶠詩仙冉冉來，

為祝詞林增勁旅，不辭盡醉菊花杯。

其二

我亦騷壇一老兵，卅年學語愧無成，

吟多讀少詩終拙，深悔春時不力耕。

其三

六義淵深萬象函，味中有味出酸鹹，

一詩要好談何易，下筆毋忘避俗凡。

其四

沙灣風月足追懷，最憶傳經靜寄齋，

漢老九原應可慰，諸生詩譽滿江涯。

註：漢老謂靜寄齋主人呂漢生先生，諸生指邱天來、王前等。

其五

缽韻基津久寂寥，網珊復旦已潛消，

人言海上詩人眾，又見新軍一幟飄。（《竹潭詩稿》卷一，頁 20～21。）

　　基隆市詩學會於民國六十八年十一月成立〔註11〕，聘請周植夫老師為講座，詩人賦詩五首，其第四首註中，點出邱天來、王前諸生等人，本從呂漢生（靜寄齋主人）先生學詩。加上夾註從詩題、內容，讓人閱讀此詩，更加能體會全文之意，也可由此探討基隆詩學研究會之由來，及與作者之關係。

　　另有一組詩，詩中有註：

〈春日網溪雜詠〉

其一

螢橋西指古溪洲。瞥眼風花感舊游。

惆悵題詩人去久。江蘺江月幾春秋。

其二

扁舟誰截波心過。一道金鱗槳打開。

西望江都歸未得。年年宿草有餘哀。

註：前兩句為陳含光先生螢橋晚眺詩也。末謂有感其門人張百成君每歲清明
　　為含老掃墳而作。

其三

石隄新柳碧於煙。瓜艇茶寮落照邊。

回首風流一彈指。灘聲鳴咽送流年。

註：壬子春，曾陪陳曉齋李漁叔張作梅諸老螢橋茗飲；梅老有「小鐺茶熟亂
　　灘聲」之句。

其四

藝菊蒔蘭隱網溪。幽情長寄水雲西。

絕憐小圃花開日。便約騷人共品題。

註：故楊仲佐嘯霞先生築曼陀園別墅於網溪。

其五

春溪流水碧潺潺。翡翠樓臺接遠山。

莫倚危欄舒望眼。圓通寺在白雲間。（《竹潭詩稿》卷一，頁 23。）

註：陳昌言先生於新正謝世；進靈骨圓通寺塔

〔註11〕陶一經編纂：《基隆市志卷六・文教志藝文篇》（基隆市政府，2013 年），頁
　　　　94。

　　陳含光（1879～1957）江蘇揚州人，清光緒舉人，現代著名的書畫家，文學、史學家。曾作詩〈螢橋〉「短槳畫雲蘭，長虹臥碧潭；但天楊柳樹，隨處是江南。生是江南客，愛說江南景；君若問江南，江南雨天迴。〔註12〕」網溪在中和市志中有記載：「網溪泛月—在今永和市中正橋附近的河域，人稱網尾寮溪，又說網溪原為漁人掛網之處。民國四十八年士紳楊仲佐結廬於此，稱網溪別墅……楊仲佐曾有詩曰：『……扁舟放乎隨溪流，溪上冷冷風欲秋；明月無心偏照我，我與溪月共悠遊……』在當時被稱為八景之首……〔註13〕」

　　第三首的註：壬子春，曾陪陳曉齋李漁叔張作梅諸老螢橋茗飲；梅老有「小鐺茶熟亂灘聲」之句，提供了文人往來的背景資料。而末首之陳昌言（1902～1980）名志光，以字行，在《南瀛雜俎》有記載「及本省光復後，陳峻生、陳昌言等，前後歸自海外，而卜居佳里，即於民國卅六年，糾合舊時同志，重新組織。更名為『琅環詩社』〔註14〕」著有《昌言詩聯選集》，在瀛社《歷屆詩題》亦有出現過名字〔註15〕，

　　此組詩的內容加上夾註，使我們了解詩歌寫作的相關地點，及人物。讓後人雖然時空、地理環境的變化，還是可以循跡考辨。還有〈雪樵詞長輓詩〉註有：雪老春間撰聯有「樵夫終古占名山」之句。註解詩中「豈意　聯成讖語，名山終古隱鍾期。」的讖語。

　　所以詩加附註可歸納出提供了：1. 作者的背景資料 2. 詩歌寫作的相關地點、對象 3. 呈現重要的歷史資料 4. 讓人了解詩中文人的背景資料。

　　總結而言長篇詩題乃是交代詩人的創作背景、目的，附註是對詩中某一句或某一事做一說明。所以《竹潭詩稿》中的長篇詩題或詩中加註，詩人都運用的貼切，讓旨意更加清楚，作品也更具特色。尤其提供多樣化材料，如文壇紀事和歷史、地理的資料，讓後人得以推敲考證。

〔註12〕陳君玉等纂修：《臺北市志·卷一雜錄·叢錄篇文徵篇大事年表》（臺北市文獻委員會編印，1962年），頁34。

〔註13〕中華綜合發展研究院應用史學研究所總編纂：《中和市志》（台北縣：中和市公所，1998年7月），頁786～787。

〔註14〕陳昌言：《南瀛雜俎·琅環詩社的今昔》（台南縣政府民政局，1982年4月），頁311。

〔註15〕林正三：《續修臺灣瀛社志》（臺北：社團法人臺灣瀛社詩學會，2017年2月），頁434。

第二節 《竹潭詩稿》詩歌的表現手法

一、用新語詞

　　周植夫出生於清末民初，西風東漸，漢文的舊學問，西方語詞的風潮，正是適逢新、舊變革更迭之時期。雖然勤讀漢學詩文，但是受到報紙、新聞媒體的影響，在詩作也會有新的思維，新的語詞。但是受到報紙、新聞媒體的影響，在詩作上也會有新的思維，新的語詞。黃麗貞云：「舊的工具，以不足以表現新的事物，詩學革命，便在黃遵憲（1848～1905）字公度，提出『我手寫我口』的新觀念展開。〔註16〕」所以在漢詩的舊風格形式下，用新時代語言、事物、思想產生的新名詞，在詩歌表達也呈現了一種特色。茲列舉表如下：

《竹潭詩稿》中的新語詞

詩　題	新語詞	頁數	備　註
〈龍潭試茗〉	「包種」龍泉舉世珍，「文山」「凍頂」合稱臣	23	文山包種茶、凍頂茶為臺灣之特有名稱。
〈廖夫人白蓮女士輓詩十二首〉	比翼凌空訪「美洲」，「尼加瀑布」記勾留	29	「美洲」在 65、92 頁也有出現。
〈曾正信先生攝影展紀盛〉	「東歐」風物看殊異	41	「東歐」翻譯名詞
〈林公朝選仁丈輓詩〉	「澳州」南望隔重雲。「雪梨」養病覺身輕，	42	「澳州」、「雪梨」是翻譯名詞
〈庚寅秋蘭陽車中見太平洋海風颶颶怒濤洶湧時值韓戰爆發，回憶太平洋戰爭感賦四首〉	「賽坂」淪時憂本土，「琉球」陷後失玄關。一聲「原子」鬼神號	51	「賽坂」有人翻譯為「塞班」。「琉球」乃為沖繩。「原子」美國向日本投下兩顆「原子彈」。日本損傷慘重，二戰結束。
〈迺祥詞兄七秩榮壽暨與嫂夫人金婚雙慶〉	隱偕萊婦「金婚」易，健若神龍石壽宜，	59	結婚五十週年為「金婚」，為西洋之名詞。
〈慶祝朴子鎮與美國威廉波特市結盟〉	一在鯤溟一美洲，「朴」「威」同慶締良儔。	65	「威」即威廉波特的翻譯簡稱。
〈壽魏壬貴社兄七十〉	樂善久盟「獅子會」，耽吟時集稻江濱。	92	「獅子會」翻譯名詞

〔註16〕黃麗貞：〈中國的詩歌（五）——宋以後的詩（下）〉，《中國與文月刊社，2000年 3 月》，頁 20。

從以上的表列新語詞內容，可知《竹潭詩稿》中也融入了些外來語詞和淺顯的口語化語詞，如「美洲」、「尼加瀑布」、「賽坂」、「琉球」、「原子」、「獅子會」等等。類似黃遵憲「我手寫我口」的新文學革命運動。以新語詞的方式，運用於詩坐上，使其舊形式的詩歌呈現新的風貌。讓詩歌內容、意境更能貼切時代，也讓古典詩注入新生命。

二、對偶精巧

對偶又稱為對仗，指語文中上卜兩句，字數、句法、半以相對。《文心雕龍‧麗辭篇》：「造化賦形，支體必雙，神裡為用，是不孤立。夫心生文辭，運裁百慮，高下相須，自然成對。〔註17〕」所以說文章貴乎自然，心神領會，當偶則偶，脫口而出。乃為文學創作者運用之妙。黃永武亦云：「近體詩的對仗精嚴，古體詩中對偶的詞句也比比皆是，這是中國詩的特色之一。〔註18〕」

所以說詩作中，精巧的對偶，往往是創作者所欲追求的目標；精巧的對偶之產牛，也是詩歌作者的巧思，孕育而成。論乎詩歌「對偶」、「對仗」，近體詩的律詩格律對頷聯、頸聯的要求最為嚴謹。《竹潭詩稿》中的律詩也佔比例不少，有超過四成以上，所以也產生了不少的對偶之句，茲將其分為幾個形式對偶來探述：

（一）數目對

具有數字與數字相對仗的句子，一、二、三：四、百、千、萬；多、少；群、孤、雙等之詞，數字與數字相對仗的詩句，稱為數目對。用數字將抽象之物顯明、具體模擬描述，以下舉數例探討：

〈谷關道中〉

「一」水潺湲飛霓跨，「千」峰突兀亂蟬鳴。（《竹潭詩稿》，頁49。）

〈澳底〉

勁旅「幾」師登澳底，使臣「一」筆割臺灣。（《竹潭詩稿》，頁49。）

〈詩人節過泰山繼拙廬〉

「一」灣碧玉波初靜，「萬」頃黃金稻正肥。（《竹潭詩稿》，頁50。）

〔註17〕（梁）劉勰著，王更生注譯：《文心雕龍讀本下篇》（台北：文史哲出版社，2004年10月），頁132。

〔註18〕黃永武：《中國詩學‧考據篇》（台北：巨流圖書公司，2008年9月），頁74。

〈庚寅秋蘭陽車中見太平洋海風颼颼怒濤洶湧時值韓戰爆發，回憶
太平洋戰爭感賦四首〉其二

「三」千健翮來尤猛，「百」萬雄軍去不還，(《竹潭詩稿》，頁 50。)

〈幼岳五十壽〉

「十」年薄宦貧能守，「半」夜青燈老尚耽，(《竹潭詩稿》，頁 53。)

將其所見所聞，用數字對偶的技巧，表達其豐富的情感，描述抒發心中
內在的感受，對數字的運用在詩作上，真誠自然妙境。

（二）有無對

黃慶萱：「對偶，在客觀上，源於自然界的對稱；在主觀上，緣於心理學
上的『聯想作用』，和美學上『對稱』原理。〔註 19〕」用有無句的對仗，也是
美學上「對稱」原理的特性。此對偶手法在詩歌上，也經常被詩人運用，以下
舉諸例：

〈澳底〉

倭人「有」淚殘碑在，趙璧「無」瑕故國還，(《竹潭詩稿》，頁 49。)

〈蘇德良先生新廈落成賦賀〉

光如霽月身「無」愧，清比寒冰德「有」鄰，(《竹潭詩稿》，頁 58。)

〈林公永生老伯大人輓詩〉其二

惠愛及人應「有」後，箴言匡世豈「無」功，(《竹潭詩稿》，頁 78。)

〈王母李太夫人八秩晉一大慶（王前詞弟令堂）〉

老松歷雪青「無」改，慈竹垂陰碧「有」痕，(《竹潭詩稿》，頁 94。)

「有」、「無」兩字的強烈、鮮明的對比，在創作時，凸顯氣節、心志、悲
喜的感懷，讓人留下刻骨銘心的印象。

（三）顏色對

詩詞中的色彩，肉眼是不能直接看到顏色。但可以從聯想中產生感情與
轉化，增加詩的美感。「詩的與言是一種意象語言，從『色相』產生的『意象』
更能生動、鮮活，栩栩如生，詩人不放棄意象，所以詩人也絕不會放棄色採
的說服力〔註 20〕」。色彩顏色字句的巧妙運用，讓人有鮮明視覺外，也可增加

〔註 19〕黃慶萱：《修辭學》（臺北：三民書局，2017 年 12 月），頁 591。
〔註 20〕蕭水順：《青紅造白》（臺北：故鄉出版社，1982），頁 37。

詩作的美感,以下舉例:

〈送壬貴詞長赴美省視留學掌珠文英小姐〉

「紅」閨時切思親夢,「白」髮猶懷舐犢情,(《竹潭詩稿》,頁 84。)

〈許文宏與曾慧玲新婚賦祝〉

「翠」閣酒香人半醉,「紅」窗夜靜月初圓,(《竹潭詩稿》,頁 85。)

〈春遊邐嶺〉

尋梅羞「白」髮,詠絮羨「朱」唇,(《竹潭詩稿》,頁 104。)

〈曉入大石谷〉

攀磴沾新「綠」,臨流掬落「紅」,(《竹潭詩稿》,頁 105。)

　　詩作中的顏色,色彩對句,讓景物畫面更顯繽紛亮麗,讓人對詩的意象感受更為深刻。

(四)疊字對

　　黃永武對於疊字有一說明:「疊字又名重言,是以兩個相同的字來摹擬物物或物聲,當單字不足以近其意,則以重言疊字來表現,疊字在音響上有極微妙的功用,既可以使語氣充足,意義完整,又可使聲調動聽。疊字如用得妙,可以達到『摹景入神』『天籟自鳴』得妙境。〔註21〕」

　　詩經中,對疊字的運用就有出現,在《文心雕龍·物色篇》有此說:「是以詩人感物,聯類不窮。流連萬象之際,沈吟視聽之區;寫氣圖貌,既隨物以宛轉;屬采附聲,亦與心而徘徊。故『灼灼』狀桃花之鮮,『依依』盡楊柳之貌,『杲杲』為出日之容,『瀌瀌』擬雨雪之狀,『喈喈』逐黃鳥之聲,『嚶嚶』學草蟲之韻;皎日嚖星,一言窮理,參差沃若,兩字連形:並以少總多,情貌無遺矣。雖復思經千載,將何易奪。」〔註22〕

　　由此可知,詩人於創作時運用疊字可使形容物之貌、態、聲等之作品的感情表達更為真切深刻。以下茲列幾例如下:

〈暮春再登陽明山〉

水去無情紅「點點」,春如短夢綠「絲絲」,(《竹潭詩稿》,頁 50。)

〈題陳仲璞敝帝室集〉

遺篇「歷歷」言猶在,宿草「萋萋」歲幾更,(《竹潭詩稿》,頁 52。)

〔註21〕黃永武:《中國詩學──設計篇》(台北:巨流圖書公司,1996 年),頁 191。
〔註22〕(梁)劉勰著,王更生注譯:《文心雕龍讀本下篇》,頁 302。

〈驟雨〉

　　翠蓋「田田」珠萬顆，紅衣「點點」淚千絲，(《竹潭詩稿》，頁 88。)

〈高山文社創社六十週年紀盛〉

　　「濟濟」人才盛，「蒸蒸」社運綿，(《竹潭詩稿》，頁 117。)

　　藉著「疊字對」，在詩作上，對聲音、物態、景物的描繪，更能細膩入微且精確的表達出來。

（五）典故對

　　徐芹庭云：「用典亦稱用事，乃引古事以用於詩文者也。〔註23〕」張夢機亦云：「用典分事典及語典，詩人在寫作上，每喜用事或用辭。用事乃為：、以簡馭繁，二、據事類義，援股證今，為議論找根據，三、用於比況和寄託，借典委婉代言。而引成詞，一則有來歷的字和辭，經古人選用，必然最適於表達某種情思，二則思詞句出處的意義，可多一層聯想。故，墨客騷人，並不避諱用點。〔註24〕」故古今之文人皆愛用典，《竹潭詩稿》的典故對，當然亦常有之，以下舉例茲：

〈次韻作梅卜居二首〉其二

　　自編潘岳閒居賦，又續劉郎陋室銘，(《竹潭詩稿》，頁 49。)

　　此詩引用西晉潘岳〈閒居賦〉和劉禹錫的〈陋室銘〉兩篇隱士文章作典故對。和韻作梅兄的詩。

〈澳底〉

　　倭人有淚殘碑在，趙璧無瑕故國還，(《竹潭詩稿》，頁 49。)

　　馬關條約清人割讓臺灣與日本，借用完璧歸趙的故事，臺灣能歸回原主之喻。

〈詩人節過泰山繼拙盧〉

　　作客渾忘逢午節，詠詩終似試秋闈，(《竹潭詩稿》，頁 50。)

　　端午節也是詩人節，騷人、墨客經常利用此節日，舉行擊鉢詩比賽，周植夫與秋試闈場典故作對句。

〔註23〕徐芹庭：《修詞學發微》(台北：中華書局，2015 年 11 月)，頁 135。
〔註24〕張夢機：《古典詩的形式結構·欣賞的學與悟》(板橋：駱駝出版社，1997 年)，
　　　　頁 207。

〈惠然詞長輓詩〉其三

寫書酣白戰，講學坐青氈，(《竹潭詩稿》，頁 107。)

「白戰」宋·蘇軾〈聚星堂雪〉詩：「當時號令君聽取，白戰不許持寸鐵。」為空手搏鬥，喻為文人詠詩如作戰。「青氈」出自曹操《與太尉楊彪書》，為青色毛毯。用兩個典故來對仗。

用典故對創作詩句，豐富了詩的內涵，也在用事、用典的助力下，將詩人所要表達的心聲、思維能夠委婉陳訴，也讓讀者一窺典故的奧妙之境界，在詩人的妙筆之下，盡興聯想、盡情馳騁。

三、廣用典故

歷朝歷代皆有文人反對用典，如鍾嶸（？～518），字仲偉：「志乎吟詠情性，亦何貴於用事？……文章殆同書鈔。〔註25〕」嚴羽（？～約1245）字丹邱，一字儀傾，宋末元初詩詞評論家云：「不必太著題，不必多使事。〔註26〕」近人胡適也說：「適嘗凡人用典或用陳套語者，大抵皆因自己無才力，不能自鑄新辭，故用古典套語……總之以用典見長之詩，決無可傳之價值。〔註27〕」很明顯地表示其對用典的反感。然古今文人也有不少贊同用典之士。如《文心雕龍·事類篇》云：「夫經典沉深，載籍浩瀚，實群言之奧區，而才思之神皋也。〔註28〕」闡述對用典的贊同。針對胡適不用典，黃忠慎有不同的看法：「胡適所謂的『不用典』是指『狹義之典』至於『廣義之典』是可用的，用得好、用得巧，會使你的作品更為精美，所以我說的胡適『不用典』不妨加一個字，『不濫用典』〔註29〕！」

中國的詩歌是用精煉語句表達，尤其近體詩在句數、平仄、對仗、押韻等形式上都有嚴格的限制規範。如何能在有限的字數下，將詩人的創作情感、意境貼切地闡明，能意涵深厚的歷史文化、適切反映讀者的共同心理與美學。讓詩歌能精巧、典雅的化繁為簡，用典來表現，可以說是解決了冗長的語句。

〔註25〕鍾嶸著，徐達譯注：《詩品》（臺北：地球出版社，1994 年 5 月），頁 23。
〔註26〕嚴羽著，黃景進撰述：《滄浪詩話·詩話》（臺北：今楓出版公司，1986 年 12 月），頁 68～69。
〔註27〕胡適：《文學改良芻議·寄陳獨秀》（，臺北：遠流出版公司，1986 年），頁 2～3。
〔註28〕（梁）劉勰著，王更生注譯：《文心雕龍讀本下篇》，頁 170。
〔註29〕黃忠慎：《概論文學·再談胡適所謂「不用典」》（板橋：駱駝出版社，1997 年），頁 176。

用典，就是用事，也是一種修辭手法。引用古人的故事，神話或傳說，成語等崁入詩句。可以豐富而含蓄地表達作者有關的情思，增加讀者的聯想。劉勰的《文心雕龍·事類篇》開宗明義言：

> 事類者，蓋文章之外，據事以類義，援古以證今者也。昔文王繇《易》，剖判爻位。《既濟》九三，遠引高宗之伐，《明夷》六五，近書箕子之貞：斯略舉人事，以徵義者也。至若胤徵羲和，陳《政典》之訓；盤庚誥民，敘遲任之言：此全引成辭以明理者也。然則明理引乎成辭，徵義舉乎人事，迺聖賢之鴻謨，經籍之通矩也。〔註30〕

觀乎劉勰的事類即指用典，有兩個方面的內容：一是舉人事，在文學作品中引用前人有關故事或史實，一是引成辭，引證前人或古籍中的言辭。綜觀《竹潭詩稿》的詩作，廣用典故是其藝術特色之一。茲分一、「引成辭以明理」，二、「據事以類義」。來探討其用典的技巧。

（一）《竹潭詩稿》中「引成辭以明理」的語典

「引成辭」：「是引用經傳古籍裡的文句來表達自己思想情感的修辭法。〔註31〕」此將引成辭的形式分增損改易及借代兩部份來探討：

1. 增損改易

詩中採用前人的作品，有增、減或改易部分內容字句，舉例如下：

〈暖暖古渡〉

石瀨澄潭古渡頭，蓼花搖落已涼秋（《竹潭詩稿》，頁 13。）

清代楊芳燦〈滿江紅·蘆花〉詞：「紅蓼灘頭秋已老，丹楓渚畔天初暝。」唐白居易〈曲江早秋〉：「秋波紅蓼水，夕照青蕪岸。」

〈關渡〉

桃花狼藉又清明，春水無波擊望平。（《竹潭詩稿》，頁 13。）

宋代汪卓〈念奴嬌·清明〉詞：「枝上花稀，柳間鶯老，是處春狼藉。新來燕子，尚傳晉苑訊息。」

〈北投秋夜〉

西風忽送屯山雨，一夜瀟瀟愴客魂。（《竹潭詩稿》，頁 13。）

清代王士禎〈長壽縣弔雪菴和尚〉：「枳縣秋風愴客魂，金川遺事忍重論。」

〔註30〕（梁）劉勰著，王更生注譯：《文心雕龍讀本下篇》，頁 168～169。
〔註31〕楊明珠：《許南英及其詩詞研究》（臺北：中國文化大學中文所，1999 年），頁 309。

〈贈秦氏〉

家風本是秦淮海,一擲千金不算多。(《竹潭詩稿》,頁 31。)

唐朝吳象寫的〈少年行〉:「承恩借獵小平津,使氣常游中貴人。一擲千金渾是膽,家無四壁不知貧。」

〈詠雪〉

卻憶謝家嘗詠絮,飛花萬點入詩篇。(《竹潭詩稿》,頁 33。)

(南朝宋)劉義慶:《世說新語·詠雪》:謝太傅寒雪日內集,與兒女講論文義。俄而雪驟,公欣然曰:「白雪紛紛何所似?」兄子胡兒曰:「撒鹽空中差可擬。」兄女曰:「未若柳絮因風起。」公大笑樂。即公大兄無奕女,左將軍王凝之妻也。

〈夏雨有懷〉

梅雨留騷客,清談共一樓。(《竹潭詩稿》,頁 110。)

宋代趙師秀(1170～1220)〈約客〉:「黃梅時節家家雨,青草池塘處處蛙。有約不來過夜半,閒敲棋子落燈花。」

詩人在引用前人的語句典故,不會原句照抄,而是會稍加更改增減字句,可謂創新之作。

2. 借代

徐芹庭言借代:「借特別之事物,以描述所欲敘述之對象者謂之借代。〔註32〕」黃慶萱以修辭學的觀點說的更詳細:「所謂『借代』。就是指在談話或行文中,放棄通常使用的本名或造句不用,而另找其他與本名密切相關的名稱或語句來代替。除了使文辭新奇有趣之外,還可以凸顯事務的特徵,使要表達的命亦更為適切、細膩、深刻。〔註33〕」詩人在創作時,經常用此方法,使詩文更能貼切表達,茲舉例如下:

〈道院聞鐘〉

琳宮一杵度梅湖,喚醒山窗客夢孤。(《竹潭詩稿》,頁 24。)

「琳宮」一詞為仙宮。亦為道觀、殿堂之美稱。《初學記》卷二三引《空洞靈章經》:「眾聖集琳宮,金母命清歌。」唐·吳筠〈游仙〉詩之二十:「上元降玉闈,王母開琳宮。」宋·趙師俠〈水調歌頭·龍帥宴王公明〉詞:「琳宮香火緣在,還近玉皇家。」

〔註32〕徐芹庭:《修詞學發微》,頁 61。
〔註33〕黃慶萱:《修辭學》,頁 355。

〈冬日遊十方大覺寺同春亭、曉齋作〉

　　峰開千疊翠，僧自十方歸。（《竹潭詩稿》，頁 103。）

　「十方」：源於佛教謂東南西北及四維上下。《宋書‧夷蠻傳‧呵羅單國》：「身光明照，如水中月，如日初出，眉間白豪，普照十方。」南朝陳‧徐陵（507～583）〈為貞陽侯重與王太尉書〉：「菩薩之化行於十方，仁壽之功霑於萬國。」唐‧韓偓〈僧影〉詩：「智燈已滅餘空爐，猶自光明照十方。」

〈松社歲暮小集〉

　　故人真雅惠，騷客重詞林。（《竹潭詩稿》，頁 105。）

　「騷客」通常和文人並用，亦稱騷人，是詩人的別稱。源於屈原所作之《離騷》，後人多以騷客來形容詩人、文士。宋‧梅堯臣（1002～1060）〈凌霄花賦〉：「或製裳於騷客，或登歌於樂章。」《幼學瓊林‧卷四‧文事類》：「騷客即是詩人，譽髦乃稱美士。」也作「騷人」。

〈占鰲詞長輓詩〉

　　養生如老鶴，耽隱似逋仙。（《竹潭詩稿》，頁 106。）

　「逋仙」：宋代林逋（967 年或 968 年～1028 年），字君復，隱于西湖孤山，不娶，種梅養鶴以自娛，人謂之「梅妻鶴子」，后世常以「逋仙」稱譽之。

〈陳昌言詞長輓詩〉

　　神州餘旅夢，鯤海負詩名。（《竹潭詩稿》，頁 107。）

　「神州」：古時稱中國為「赤縣神州」（見於《史記‧孟子荀卿列傳》），後用「神洲」做中國的別稱。

　　讀書用功之深，橫跨的用典範圍非常的廣泛，周植夫廣博的閱讀前人的作品，經過消化、吸收成為自己作詩的材料，讓人讀之再讀，玩味無窮。

（二）《竹潭詩稿》中「據事以類義」的事典

　　此處的「事典」，乃是指在詩創作時，援用古籍故事或古人故事融入作品之中，讓想表達的思想、意境、情感，精練表現出來的一種手法。詩人引用各種典故的詩作非常多，以下將其詩作分為一、神話傳說，二、古人事物兩類做探析：

1. 神話傳說

　　《竹潭詩稿》中，以神話傳說融入為詩的作品甚多，以下舉例為之：

〈過猴山〉

　　依稀忽入神仙境，如見純陽指點來。（《竹潭詩稿》，頁 18。）

　　木柵古稱「猴山」,「純陽」意指呂洞賓（796～1016）民間傳說,呂洞賓道術高超,樂善好施,扶危濟困,深得百姓敬仰,被信徒尊稱不一有呂仙、呂祖、呂仙祖、呂祖師、純陽祖師、孚佑帝君等稱之。

〈北投溫泉〉

　　蓬瀛地脈本來奇,水湧硫磺澡浴宜,（《竹潭詩稿》,頁 24。）

　　「蓬瀛」仙山、仙地的神話之處,傳說為仙人居處之地為蓬萊瀛洲。北投溫泉的硫磺出口處,煙霧瀰漫,被譽為蓬瀛仙地。

〈蒲劍〉

　　此時願藉鍾馗手,斬盡群魔復二崤。（《竹潭詩稿》,頁 38。）

　　「鍾馗」,民間神話傳說為驅魔的大神,其源流由來,說法甚多。顧炎武「法器說」。鍾馗是由逐鬼法器「終葵」的諧音,延伸而來。「終葵」為逐鬼之物,被取為人名作辟邪之用。鍾馗形象是自上古「儺」中的面具形象演變而來。《左傳·定公四年》記殷商遺民七族中,有「終葵氏」,終葵即「椎」的反切音,終葵氏即以椎驅鬼之氏族也。後世遂以「終葵」為辟邪之意,逐漸演變為「鍾葵」、「鍾馗」。

〈訪金門〉

　　貔貅士氣高千丈,不復神州誓不還,（《竹潭詩稿》,頁 39。）

　　「貔貅」為中國傳說的一種瑞獸。中國人也認為貔貅是轉禍為祥的吉瑞之獸。基於貔貅的猛獸形象,古時候人們常以貔貅來作為軍隊的稱呼。《史記·五帝本紀》:「軒轅乃修德振兵,治五氣,藝五種,撫萬民,度四方,教熊、羆、貔、貅、貙、虎,以與炎帝戰於阪泉之野。三戰然後得其志。[註34]」

〈祝蝦〉

　　麻姑獻酒懷當日,曼倩偷桃記昔年。（《竹潭詩稿》,頁 40。）

　　「麻姑」是中國古代神話傳說中的長壽女神,也是一位得道女仙。是一位婦孺皆知的傳奇人物。麻姑獻壽的傳說在清代時還被改編為表演戲曲《麻姑獻壽》,並成為清代宮廷戲中經常表演的劇目。一些達官貴人作壽時也會常演此戲。麻姑作為吉祥長壽的象徵,詩人常利用她來比喻拜壽。麻姑人物的出現,早在魏晉南北朝時期的道教典籍裡記載過她的相關事跡。東晉時期由葛洪（283～343）著作的文獻《神仙傳》中已有講述。

〔註34〕瀧川龜太郎:《史記會注考證》（臺北:唐山出版社,2007 年 9 月）,頁 20。

〈鹿耳門懷明鄭〉

一鯨破浪奮雄威，橫越鯤洋願未遑。（《竹潭詩稿》，頁 41。）

有關鄭成功為鯨魚傳說，杜正勝：「《重修臺灣府志》引《臺灣志略》，有鄭成功事東海大鯨的神話。據說成功攻臺（1661），『紅毛先望見一人冠帶騎鯨，從鹿耳門而入』，隨後成功的艦隊果然由此入港，兩年後康熙夢見左右報告成功到……。可見民間傳說鄭成功是大鯨，遂云『其子孫皆鯨種』〔註35〕。」

〈松上慈惠堂慶成感賦〉

鐘鳴鼓響迎金母，鳳舞龍翔聚眾仙，（《竹潭詩稿》，頁 70。）

2. 古人事物

中國有數千年的文獻史料記載，某些人、物事情，或因趣味、有名，其事跡輾轉傳述或被運用成為事典。《竹潭詩稿》中的作品，也用事典入詩也不少，茲舉例如下：

〈雨中過三貂嶺〉

三貂彷彿劍門秋，峽裏人傳有石舟，（《竹潭詩稿》，頁 15。）

「劍門關」在四川省所在的山稱為大劍山，大劍山兩邊陡峭的石壁連綿數百里，形成一道天然城郭，至關口突然中斷，留下一道狹長的隘口，昔時這道關隘成了入川的必經之道，人稱「天下雄關」。三貂嶺：「在臺北縣東北雙溪鄉，位於基隆通達宜蘭……嶺已經顯名，故俗呼「倒吊嶺」。臺灣知府楊廷理，上三貂嶺詩曰『橫嶽開嶺舊仰韓，我來何禍度艱難。腳非實地何曾踏，境涉危機亦少安。古徑無人猴嘯樹，層岩有路海興瀾，敢辭勞瘁希恬養，忍使番黎白眼看。』〔註36〕」可知三貂嶺之險境如劍門關。

〈贈廖禎祥書家〉

誰知藝苑才人筆，更擅三丰太極拳。（《竹潭詩稿》，頁 28。）

張三丰（1247 年～？），本名全一，字君寶，號三丰，創立太極拳的經過則有以下傳說：一種說法是張三丰在修煉時看到蛇鶴相爭從而領悟出太極拳，至於另一說法則是張三丰得到真武大帝神。廖禎祥（1960～）當代名書法家，他將太極拳與書法交融，為當代唯一書、拳二藝皆成就斐然的書法家。

〔註35〕杜正勝：《臺灣心臺灣魂》（高熊：河畔出版社，1998 年），頁 28。
〔註36〕陶文輝等纂修：《臺灣省通志稿‧土地志勝蹟篇》（臺北：臺灣省政府府印刷廠，1959 年 6 月），頁 24～25。

〈黃湘屏寒香室小集次茂松韻〉其三

壇坫唱酬慚附驥，陳王七步我何能。(《竹潭詩稿》，頁 34。)

「陳王七步」是指（陳思王）曹植七步能成詩，曹植（192～232），字子建，曹操第四子，其一生以建安二十五年為分界。前期受父親之庇蔭，過著公子的優遊貴族生活。曹操幾次想立他為太子，但又因曹植「任性而行，不自彫勵，飲酒不節」〔註37〕，周植夫引用此典故，應是激勵自我期許。

〈戊午詩人節懷臺灣詩祖沈光文先生〉

沈身悲汨水，創社記諸羅，(《竹潭詩稿》，頁 109。)

「諸羅」乃今之嘉義，據臺灣詩史：「光文於永曆十四年（1659），由閩中擬卜居泉州之海口，浮家泛宅，忽遇颶風，舟人失維，漂至臺灣……，設帳教授番徒，復濟之行醫，使遐方絕島，得沐大漢之文明，乃至被稱為『海東初祖』、『臺灣文獻初祖』……光文晚年曾與宦臺宿儒無錫季麒光等十四人同結詩社……。〔註38〕」季麒光（生卒年不詳），字昭聖，號蓉洲，江南無錫縣人，清朝官員。康熙二十三年（1684 年）由閩清縣遷臺灣府諸羅縣知縣，與沈光文（1612～1688）字文開，號斯庵，同創「東吟社」。詩人引此事典，吟詠臺灣詩祖沈光文。

《竹潭詩稿》中，引用典幾乎拾手皆有，有人雖不贊同用典，但是用典可以取材廣泛，從神話、民間故事、地方典故……。令人一讀再讀，回味無窮，且能即物托興、借古喻今。其詩作手法，能將所要表達的意義與內涵，讓人印象深刻。使讀者更能體會詩人的詩情深意。

四、擅用意象

詩往往被稱為「最精鍊的語文」，詩人希望以最精簡的文字，來表達心中的內涵，用文學藝術中的「意象」來充分運用，無非是最佳途徑方法。用淺顯易懂的象，來表達意的深遠。所以擅用意象，讓詩文更真切具體，形象更鮮明感人，讓讀者更能深入體會詩人所要表現內在的心志與情思。

中西方文學對意象或有不同的見解，然不論是西方或中方，在研究文學領域上，「意象」是佔有舉足輕重的角色。中文對「意象」的論述，遠從《周易‧繫辭上》有「言不盡意，故立象以盡意」的用形象來傳達情意的方式之

〔註37〕陳壽：《三國志‧陳思王植》（臺北：鼎文書局，1977 年 2 月），頁 557。

〔註38〕廖一瑾（雪蘭）：《臺灣詩史》（臺北：文史哲初版社，1999 年 3 月），頁 4。

「意」與「象」的分別概念。劉勰的《文心雕龍・神思篇》：「神用象通，情變所孕。物心貌求，心以理應。刻鏤聲律，萌芽比興。結慮司契，垂帷制勝。〔註39〕」就是說明，外界事物的不同形貌讓作家感動，作家也用不同的情理相應，同時推敲文字的聲律，擅用比興的手法。深思熟慮，運用於創作。文章必能得心應手，勝算在握。近人黃永武提出：「『意象』是作者的意識與外界的物像相交會，經過觀察，審思與美的釀造，成為有意境的景象。然後透過文字，利用視覺意象或其他感官意象的傳達，將完美的意境與物清晰地重現出來，讓讀者和如同親見親受一般，這種寫作技巧，稱之為意象的浮現。〔註40〕」所以說意象是作者利用外在客觀的物像，經詩人巧思醞釀成精鍊的文字，來傳達其深層、隱顯的藝術美學。也可以說「意象」是由作者與讀者共同的創造，互融雙方的情感和想像力藝術美境。因此在詩歌作品的具體物像，已非純客觀的物象，已經是創作者與讀者的主觀情意的揉合。

研讀《竹潭詩稿》之詩作意象的運用，從而歸納出有些固定的意象，是與固定的情感結合再一起的。以下列舉說明之：

（一）夕陽（斜陽、落日、夕照）

表達淒涼、蒼茫、失落、沈鬱之情。

〈夏日農村〉

「日落」遠山炎漸退，一犁涼味不思歸。（《竹潭詩稿》，頁 14。）

〈萬丹道中〉

何曾遠別滯天涯，雲樹蒼茫「夕照」斜，（《竹潭詩稿》，頁 14。）

（二）月

1. 表達思鄉、懷念親友、孤獨之感

〈賦雙棲燕祝青松婚〉

懷德樓頭「月」色明，烏衣巢處海風清，

一雙繾綣雕樑穩，絕似新婚伉儷情。（《竹潭詩稿》，頁 18。）

2. 清新、寧靜、安和、自然景色

〈梅影〉

依稀伴隱傍林家，雪裏香飄第一花，

〔註39〕（梁）劉勰著，王更生注譯：《文心雕龍讀本下篇》，頁 3。
〔註40〕黃永武：《中國詩學——設計篇》，頁 3。

絕似美人梳洗罷,「月」明小立水之涯。(《竹潭詩稿》,頁18。)

3. 歷史的見證,古今滄桑感

〈詩教〉

葩經三百最關情,道似中天日「月」明,

化俗移風功力大,深期傳播遍鯤瀛。(《竹潭詩稿》,頁19。)

(三)雨

綿綿愁思、人生苦短、命運無常的感傷與哀愁

〈北投秋夜〉

西風忽送屯山「雨」,一夜瀟瀟愴客魂。(《竹潭詩稿》,頁13。)

〈車中口占〉

若說天公心不二,鸞江苦「雨」稻江晴。(《竹潭詩稿》,頁14。)

〈沙子灣即景車中口占〉

江村「雨」過晚涼增,沙子灣頭浪不興,(《竹潭詩稿》,頁14。)

(四)冰、雪

比喻心志、人格高尚

〈梅影〉

依稀伴隱傍林家,「雪」裏香飄第一花,(《竹潭詩稿》,頁18。)

〈梅花〉

玉骨「冰」魂不染塵,衝寒冒「雪」最精神,(《竹潭詩稿》,頁37。)

(五)菊

脫俗、超凡、隱士情懷。

〈基隆市詩學研究會成立賦此奉賀五首〉其一

為祝詞林增勁旅,不辭盡醉「菊」花杯。(《竹潭詩稿》,頁20。)

〈黃菊〉

黃「菊」籬邊風瑟瑟,白蘋溪上水淙淙,(《竹潭詩稿》頁31。)

〈秋荷〉

莫道朝來花減色,要培黃「菊」傲蕭晨。(《竹潭詩稿》,頁38。)

(六)松、竹、梅、蘭

用來借物詠懷,表達純潔、高操情懷或喻人格高尚:

〈題松鶴圖〉

映日孤「松」氣鬱蒼，虬枝鐵幹歷風霜，（《竹潭詩稿》，頁 31。）

〈紅梅山館小集幼岳有詩見示次韻奉和〉

紅「梅」開處占春多，記取名園載酒過，（《竹潭詩稿》，頁 54。）

〈訪寒香室呈黃湘老〉

獨將「蘭」室署寒香，還向書叢自拓荒，（《竹潭詩稿》，頁 57。）

〈醉壽筵〉

星輝南極蟠桃熟，宴啟東樓「竹」葉香，（《竹潭詩稿》，頁 62。）

〈王母李太夫人八秩晉一大慶〉（王前詞弟令堂）

老「松」歷雪青無改，慈竹垂陰碧有痕，（《竹潭詩稿》，頁 66。）

〈緬懷 國父孫中山先生〉

萬里河山歸版籍，千秋「竹」帛仰勳名，（《竹潭詩稿》，頁 87。）

（七）柳

「柳者、留也」，「柳」常用表達離情依依不捨和遊子思鄉之情。

〈柳葉〉

津頭楊「柳」綠絲絲，一葉斜橫碧水涯，（《竹潭詩稿》，頁 44。）

〈花朝志三居雅集偶賦〉

彩雲一朵樓頭現，綠「柳」千條牆角垂，（《竹潭詩稿》，頁 61。）

〈乙丑春集〉

碧溪如帶永和春，石岸依依「柳」眼新，（《竹潭詩稿》，頁 84。）

〈啟灶先生七十壽〉（限崁七十古來稀句）

嘉辰吟杜句，七十古來稀，細雨松花落，微風「柳」絮飛，（《竹潭詩稿》，頁 117。）

（八）草

野草生命力的茂盛，反襯人類的凋零和物、事、人非的哀嘆。

〈春日網溪雜詠〉

西望江都歸未得。年年宿「草」有餘哀。（《竹潭詩稿》，頁 22。）

〈題陳仲璞敝帚室集〉

遺篇歷歷言猶在，宿「草」萋萋歲幾更，（《竹潭詩稿》，頁 52。）

（九）鷺、鷗

詩歌中的鷺、鷗二鳥，以良伴、結盟的意象存在。

〈壽陳友梅丈八十〉

少日遊蹤還記否，「鷺」江春夜月輪明。（《竹潭詩稿》，頁65。）

〈壽湘屏老七秩〉

綺思尤堪追范陸，閒情端不讓鳧「鷗」。（《竹潭詩稿》，頁69。）

〈大觀詩社十週年社慶〉

情如「鷺」渚煙波侶，誼固騷壇翰墨緣，（《竹潭詩稿》，頁82。）

〈世界詩人大會有贈〉

三度稻江留鳳藻，八方勁旅續「鷗」盟，（《竹潭詩稿》，頁86。）

〈秀峯詞長七十壽〉

人生七十復何求，老隱猿江狎白「鷗」。（《竹潭詩稿》，頁89。）

（十）鯤、鵬

鯤、鵬屬古代神獸。最早出現於《莊子·逍遙遊》。書中記載「北冥有魚，其名曰鯤。鯤之大，不知其幾千裏也；化而為鳥，其名為鵬。鵬之背，不知其幾千裏也。」常喻為宏偉之事。臺灣相對因外型及面積廣大，亦有「鯤」島之稱。

〈詩教〉

化俗移風功力大，深期傳播遍「鯤」瀛。（《竹潭詩稿》，頁19。）

〈林公朝選仁丈輓詩〉

朝魂萬里返「鯤」溟，寶塔安棲足慰靈，（《竹潭詩稿》，頁42。）

〈慶祝朴子鎮與美國威廉波特市結盟〉

一在「鯤」溟一美洲，朴威同慶締良儔。（《竹潭詩稿》，頁65。）

〈台灣光復三十五週年喜賦〉

令辰合賦新詩頌，「鯤」海波澄見瑞雲。（《竹潭詩稿》，頁66。）

〈壬貴詞兄六十壽慶〉

凌霄煙鶴鳴孤月，跨海雲「鵬」覽八荒。（《竹潭詩稿》，頁67。）

〈鹿耳門媽祖廟題壁〉

默助犀軍驅醜虜，長沾「鯤」島福黔黎。（《竹潭詩稿》，頁68。）

〈龍潭展望〉

龍泉茶美民風樸，「鵬」路雲蒸曉日高，(《竹潭詩稿》，頁80。)

〈送基津書家之扶桑〉

「鯤」海鴻聲雲外去，鶯江帆影夢中歸，(《竹潭詩稿》，頁81。)

（十一）鶴

文人經常把「鶴」當為長壽、隱逸、出世等等的意象。

〈輓某書道家〉

終古姓名埋不得，一時跨「鶴」上青霄。(《竹潭詩稿》，頁25。)

〈壽曉齋先生八十晉二〉

壽相堪徵瘦「鶴」形，養生何必乞丹經，(《竹潭詩稿》，頁79。)

〈鶴齡月眉山莊〉

四面好山增「鶴」壽，千叢嘉樹隱蟬吟，(《竹潭詩稿》，頁95。)

〈松鶴圖〉

傲雪孤松挺，凌雲百「鶴」飛，分明徵壽相，終古映朝暉。(《竹潭詩稿》，頁100。)

〈占鰲詞長輓詩〉

壇坫聲名久，遺詩正待編，養生如老「鶴」，耽隱似逋仙。(《竹潭詩稿》，頁106。)

傳統的讀書人，大都有隱逸、潛修的嚮往，但是大部分的文人，把隱逸視為心靈的避風港，所以從年輕到辭世，或多或少都有隱士、出世的思想。「鶴」被詩人來做各種意象的表達，就經常有之。

周植夫《竹潭詩稿》的詩作中，諸多內心世界的感受。在外在世界追求理想時，十之八九皆是不如意，在現實衝突中引起的衝突，藉由典故、視覺、聽覺……種種意象的詩歌創作，書寫抒發心中的感受。藉用主觀色彩的意象摹寫，得以使詩作的感情張力更加擴大，也使詩作可以委婉含蓄但更加清晰的表達。

五、崇尚神韻說

神韻說倡導者為清初王士禎（1634～1711）字貽上，號阮亭，別號漁洋山人，山東新城人，在清代（清軍1644年入主北京）前期盛行詩壇幾達百年之

久。著有《帶經堂集》、《漁洋山人——精華錄》、《居易錄》、《池北偶談》等。盧年二十四，未仕時賦〈秋柳〉四首詩，嶄露頭角；官揚州五年，聲名大起。在此列舉其中二首觀之：

〈秋柳〉

其一

秋來何處最銷魂？殘照西風白下門。

他日差池春燕影，祗今憔悴晚煙痕。

愁生陌上黃驄曲，夢遠江南烏夜村。

莫聽臨風三弄笛，玉關哀怨總難論。

其二

娟娟涼露欲為霜，萬縷千條拂玉塘。

浦里青荷中婦鏡，江乾黃竹女兒箱。

空憐板渚隋堤水，不見琅琊大道王。

若過洛陽風景地，含情重問永豐坊。

此詩，以大明湖柳樹言起，展開一連串的豐富聯想，由秋至春，從自然到人事，穿插眾多古樂府的史事，虛幻加典故。詩中的秋柳是銷魂的觸發點，可是有春燕、東風等屬於繁華、春天的景象，與詩中的殘照、西風等秋天景象，做對比，明顯地比喻失去的美好意象，昇華為韶光消逝，青春已去的痛惜。王士禎是明朝遺民，到清朝的感觸，在此〈秋柳〉之作，起了莫大迴響，王小舒：「那個驚心動魄的時代已經過去了十幾個年頭，但人們依然熟悉那種感受，於是秋柳詩詠遍大江南北，連顧炎武、徐夜這樣的遺民作家也提筆和之。〔註41〕」於是王士禎一舉倡導神韻詩的興起。

周植夫在講詩學時，最崇拜王漁洋的「神韻說」。望詩作能得其一、二之妙。王士禎在清初創立了神韻詩派，以詩的神情韻味為詩的最高境界。他最推崇唐‧司空圖《詩品二十四則‧含蓄》：「不著一字，盡得風流。語不涉難，已不堪憂。是有真宰，與之沈浮。如淥滿酒，花時返秋。悠悠空塵，忽忽海漚。淺深聚離，萬取一收。〔註42〕」

「含蓄」一則是《二十四詩品》的第十一品。名曰「含蓄」，下筆就不能

〔註41〕王小舒：《神韻詩史研究》（臺北：文津出版社，1994年6月），頁372～373。

〔註42〕吳航斌：《司空圖二十四詩品解析》（臺北：致知學術出版社，2016年4月），頁163。

太露骨，司空圖提出要「不著一字，盡得風流」。作詩也好，行文也罷，神韻就是要讓讀者能品味出「韻外之致」和「味外之旨」來。為具體闡述這種理念思想，舉例「語不涉難，已不堪憂」：在言辭上沒有深澀大苦的句子，但蘊涵在字裡行間的憂患景象就足以讓人感嘆不已，以文雖盡而意猶未盡，回味無窮為上乘。

中段是在前段基礎上的遞疊，說明「含蓄」所要達到的境界，「是有真宰，與之沈浮」。「真宰」〔註43〕一詞出自《莊子・齊物論》，即指天地萬物運行的規律，也是指作品的內容和情感。「含蓄」也不是一成不變的，要根據作品的「沈浮」而「與之」，須得自然。如酒之溢出容器，雖滿而仍不休；亦言花之將綻，遇秋寒之氣，則含而不露。這兩個比喻，不僅切合主旨，而且給人以美的文字享受。

後段則境界更寬大，空之塵、海之漚，無窮無盡，而詩人只要取其九牛之一毛，就能理解他們的特質。以一馭萬，萬物不斷變化聚散，籠天地、萬物于筆端。而末句之「萬取一收」與首句「不著一字，盡得風流」這一首尾相應說法，也正是一種含蓄的筆法。

王漁洋也欣賞宋・嚴羽《滄浪詩話・詩辨》：「盛唐諸人，唯在興趣，羚羊掛角，無跡可求。故其妙處，透澈玲瓏，不可湊泊，如空中之音，相中之色，水中之月，鏡中之相，言有盡而意無窮……。〔註44〕」有人傳說羚羊在夜眠時，將角掛在樹上，腳不著地，以免留下足跡遭人捕殺。詩人將此喻為詩文意境超脫不著痕跡。

歸而言之，王士禎宗取唐・司空圖（837～908）《二十四詩品》和宋・嚴羽（？～約1245）《滄浪詩話》的詩論學說，創「神韻說」詩派。強調「興會神到」、「得意忘言」主張以清淡、閑遠的風神韻致為詩歌的最高境界。

所以黃鶴仁在《竹潭詩稿》的〈跋周夫子植夫先生詩集〉文中提出周植夫「詩宗漁洋神韻之說〔註45〕」。陳慶煌教授在讀完《竹潭詩稿》之作品後，在中華閩南文化研究會《閩南文化研究會訊》第五期發表文中，有一段舉例說明周植夫神韻詩作：

〔註43〕水渭松：《新譯莊子本義》（臺北：三民書局，2012年3月），頁21。
〔註44〕宋・嚴羽著，普慧、孫尚勇、楊遇青評注：《滄浪詩話》（北京：中華書局，2014年4月），頁23。
〔註45〕周植夫：《竹潭詩稿》，頁163。

先生詩以神韻派為宗，其〈臺大校園即景〉：「曲池疏柳石橋斜，天冷無人到水涯。夜靜波心棲小鴨，如開一朵白蓮花。」結尾極有韻致。〈中秋夜懷母有作〉：「盡日清溪作雨聲，小庭人靜近三更。依然明月中秋夜，無復慈親坐月明。」其恆念母氏劬勞之孝思，純屬自然流露，而非刻意用典者。〈題墓石〉：「渺渺重泉隔，思親暗自悲。墳前一杯酒，何似在生時。」詩人母歿，晨興首務，無間於風雨世務，必先登壟追思，僅此二十字，已勝過他人千言萬語。〈旗亭話舊〉頷聯：「酒伴漸稀人向老，詩情未減夢猶香。」〈每逢佳節倍思親〉頷聯：「春暉寸草空遺恨，令節他鄉倍愴神。」對仗工整而自然，不愧斲輪老手。

筆者茲舉例賞析如下：

〈北投秋夜〉

蕉葉橫窗綠有痕，流泉未減去年溫，

西風忽送屯山雨，一夜瀟瀟愴客魂。（《竹潭詩稿》，頁 13。）

寫北投秋夜，詩中無一字秋字，但詩中秋意濃濃。詩一開始就用窗戶外的蕉葉帶出，人物有變，溫泉仍然是潺流不絕，大屯山西風吹起，夜晚觸景生情，引人無限遐思。可說一字不著「秋」字，盡得風流。

〈村晚〉

岸樹綠參差，淡淡溪煙起，紅日吐遙峰，村雞叫未已。（《竹潭詩稿》，頁 13。）

此首詩，表面上寫的是農村，如老子「雞犬相聞，不相往來」，臺灣人民生活悠閒自得，豐衣足食的景象。如果換個角度思考，國民政府剛來台時的政策，是以反攻大陸為主，後期開始有十大建設，推動臺灣經濟，臺灣人民如村民純樸、勤儉、刻苦耐勞，當時為政者推動經濟建設下，一個彈丸小島，在與對岸的經濟落後相比較。一躍列為亞洲四小龍之首。響徹世界各地。此為神韻說的妙境之言。

陳慶煌於《心月樓詩話・辛丑卷》：

續讀南宋許棐（1189？～1249）《獻醜集・梅屋書目・序》云：「予少安於貧，壯樂於貧，老忘於貧。人不鄙夷予之貧，鬼不揶揄予之貧，書之賜也。如彼百年，何樂之有哉！」按：許棐名列江湖派，詩宗白香山、蘇東坡，卻獨標異格，仰孤山林和靖之愛梅，隱秦溪，

種梅數十樹，自號梅屋，日以讀書為樂。而近人周植夫因讀書、教詩、作詩，亦能一生安貧、樂貧，甚至忘貧，欲學「老傍人間節益堅」之古梅，使其生命層次躍升。試觀所詠〈梅影〉：「依稀伴隱傍林家，雪裏香飄第一花。絕似美人梳洗罷，月明小立水之涯。」則知非學養俱佳，胎息深厚，爐火純青者，不能倖至也，其作豈只限於神韻一派而已哉！〔註46〕

以上陳慶煌教授之言，表示周植夫雖推崇「神韻說」，但是其詩作，已非只限於「神韻說」的層次，而是爐火純精，更上一層境界。

黃永武在《中國詩學·鑑賞篇》：「詩原本該遠離政治愈遠愈好，然而詩的慧心朗韻，偏偏越逢政治惡濁之世，越見文藝犀利之光……，此刻新增《中國詩學》，心中又抱著延續文化命脈於一線的眷戀，似乎族群撕裂，要靠詩來彌縫。詩不只是吟風弄月，也可以是忠膏義血……。〔註47〕」王士禛生長的年代是在明末清初，政治環境在交替、變幻之中，而周植夫是在日據時代過渡到國民政府之際，也是政治環境更迭之際，兩位詩人，在二、三百年後的詩中，皆以神韻唯宗。此非造化弄人，或冥冥之中的宿命？

〔註46〕陳慶煌：《心月樓詩話·辛丑卷》2021 年 4 月 23。
〔註47〕黃永武：《中國詩學·鑑賞篇》（台北：巨流圖書公司，2008 年 7 月），頁 3。

第五章　周植夫之影響

　　周植夫與當時文人的交遊狀況，大抵為「瀛社」的詩友，或有關的朋友。而瀛社到目前為止，仍保持有擊鉢吟的例會活動，定期聚會，藉此切磋詩藝，並聯絡感情。而周植夫活躍於臺灣光復後之詩壇，參與瀛社擊鉢吟賽，自 1966 年至 1981 年所主辦之擊鉢吟賽中，奪元三十三次，其中搵雙元四次。臺灣古典詩社目前延續「擊鉢吟」活動，大抵以近體詩，用「首唱」、「次唱」來進行創作活動，皆是以「限題」、「限韻」、「限體」、「限時」等「四限」來進行創作。首唱是在家先作，比較有時間，次唱是當場現作，時間較短。然此兩種方式的最大特點就是「同題共作」。由於題目、押韻、體裁都受到限制。有時左右詞宗的評審差異也非常大，但是周植夫有搵雙元四次，實屬不易。茲從臺灣瀛社詩學會叢書的《歷屆詩題便覽》〔註1〕將其搵元之作，及其當次詩友的搵元作品列於附錄。不做探析。但是也因為經常搵元，所以各大詩社也爭相羅聘為師。陳慶煌教授云：

> 偶翻陳子波託蔡鼎新所轉贈之鴻撰《詩緣》，內有一節謂：金門王觀漁，「詩初不甚工，經李漁叔先生指授後詩境大進，在詩壇頗負時譽。」余不禁吟出一絕曰：「觀漁有悟魚千里，漁叔無私法廣傳。慨贈靈丹纔一粒，脈通任督接先天。」詩成，又念及周植夫之詩，亦因幸過漁叔始開竅。至其淬煉之功，則拜日與張作梅相切蹉，同為《中華藝苑》斠讎之賜。兩人誼同師友，觀周之〈寄懷張作梅〉尾

〔註1〕參見林正三，許惠玟主編：《歷屆詩題便覽》（臺北：文史哲出版社，2008 年 10 月），頁 148～197。

聯：「別來最憶談詩夜，同惜雞聲度碧紗。」〈輓張作梅〉頸聯：「鉛槧三更詩有趣，江湖半世酒無倫。」約略可知矣。〔註2〕

周植夫的詩經李漁叔指點，又在《中華藝苑》，與張作梅日夜互相切磋，淬煉之工。打通作詩的任督血脈，詩作從此大為精進。禮聘周植夫授課的由於教學精彩。詩社、書法詩詞班……，班級日益增多。

第一節　授課班級概述

一、基隆詩學班

基隆詩學研究會於 1979 年創立時，即禮聘周植夫為師，教授歷代詩詞評註、王漁洋精華錄、劍南詩鈔、蘇軾詩集、清詩評註、十八家詩鈔等等。由於在基隆詩學會，教授詩學歷載，前後有十七年之久，人員名單有所出入，現以黃幸敏提供之名單列表於下：

基隆詩學研究會學員名單

王前	王源興	余忠孟	林春煌	林美華	林育如	謝秉政
高丁貴	陳麗瓊	黃寶珠	黃鶴仁	黃幸敏	蔣夢龍	鄭水同

黃鶴仁敘述還有：「周水旺、黃希賢等人，而黃希賢上課認真，全程錄音。〔註3〕」《竹潭詩稿》，也是其門生整理生前遺稿，匯集成冊，由基隆詩學研究會主編，基隆市文化基金會出資，付梓於世。

〈基隆市詩學研究會成立賦此奉賀五首〉

海門秋色畫圖開，蓬嶠詩仙冉冉來，

為祝詞林增勁旅，不辭盡醉菊花杯。

我亦騷壇一老兵，卅年學語愧無成，

吟多讀少詩終拙，深悔春時不力耕。

六義淵深萬象函，味中有味出酸鹹，

一詩要好談何易，下筆毋忘避俗凡。

〔註 2〕陳慶煌：〈竹潭詩因漁叔、作梅而漸入佳境，以忘貧而造極〉《心月樓詩話‧辛丑卷》，2021 年 4 月 23 日。

〔註 3〕2021 年 4 月 20 日，至黃鶴仁的三重自強路住家，請教討論。

沙灣風月足追懷，最憶傳經靜寄齋，

漢老九原應可慰，諸生詩譽滿江涯。

註：漢老謂靜寄齋主人呂漢生先生，諸生指邱天來、王前等。

缺韻基津久寂寥，網珊復旦已潛消，

人言海上詩人眾，又見新軍一幟飄。（《竹潭詩稿》卷一，頁 20～21。）

〈基隆市詩學會七週年感賦〉

轉眼流光已七年，最欣舊學得薪傳，

愧余老鈍隨人後，輸彼英髦得句先。（《竹潭詩稿》卷一，頁 35。）

　　由此兩首詩可見周植夫，在此班級，費盡心思教學，也感受學員非常認真，詩學能夠薪傳有人。周植夫仙逝後，由鄭水同授課，後因腳傷由林正三理事長代課六個月。

二、西田社漢文班

　　國立臺灣大學陳金次教授（史丹佛數學博士）、李鴻禧（臺大法律系榮譽教授）、楊維哲（臺大數學系榮譽教授）等臺大教授推動成立西田社，是臺灣第一個關懷布袋戲的團體。邀請周植夫在臺大校園數學館，授課漢文班，自 1986 年 6 月 18 日至 1995 年 9 月 20 日。教授歷代詩評註、清詩評註、蘇軾詩集。茲將班級人員名單列出（陳金次、葉金全提供）：

林秋蓮	黃末惠	簡文富	陳明彬	洪滿珠
王福順	溫慶聯	李建勳	林春池	陳勝德
黃天賜	陳淑瑩	葉金全	陳淑嬪	林俊良
張瀛堂	周美容	葉怡君	吳蓁蓁	孫森焱
陳金次	若文法師	廖成元夫婦	溫兆遠夫婦	李玉香

　　在周植夫先生逝世的第五年（1999 年），昔日同學夜聚臺大教室，緬懷先師，亦有詩作（刊載〈西田社・會訊〉第三十六期，1999 年 10 月 1 日）：（民國八十八年十月十六日下午二時假臺灣大學視聽小劇場舉辦命名為〈憶故人──懷師恩〉的「詩人周植夫先生逝世第五年紀念會」。同期第一、二版）。

〈民國八十八年八月廿五日，昔日同學，夜聚臺大教室，緬懷先師，有感而作〉

陳金次

杜鵑花盡太匆匆，椰影風搖碎碧空。

唧唧秋蟬歌夜曲，沈沈桃李念春風。

寂窗殘照瑩珠雨，古道關山馳小蓬。

海角天涯秋一色，共看明月此心同。〈植夫先生逝世第五年有感〉

〔註4〕

陳兆康

已伴漁洋去，悠悠五載長。

吟因猶彷彿，道貌憶慈祥。

鶯沛春風足，鯤瀛斗望揚。

竹潭詩稿在，一讀一迴腸。

周植夫授課期間，葉金全（1934～2021）全程錄音，十年後改成 CD，並將其隨堂書寫筆記列印成冊，林正三為此也有序文：

〈植夫夫子教學碟片序〉

竹潭周夫子自民國八十四年教師節下世，迄今已逾十有一載矣。而其往日之音聲笑貌，猶存於諸多門弟子心中，未嘗一日或忘，此蓋夫子在日「溫良恭儉」及熱心於故有文化之傳承有以致之也。顧夫子於臺大西田社授課十餘年間，由葉金全學兄隨堂錄製之教學錄音帶凡五百餘卷，其嘉惠同學以為溫故知新之用，實功非淺鮮。今也，又慮卡帶因日久受潮而損毀，爰重行翻製為碟片（CD），以期保有較長時間，而成夫子永世之業，揆其用心，實所感佩。

周師卡帶內容，內含清人王文濡氏評註之古詩、唐詩、宋元明詩、清詩諸讀本，專集部分則有蘇軾之《東坡詩集》。其於讀音與釋義之精，頗能引人入勝，實為有志於古典詩學者最佳之有聲讀物也。

金全兄於翻製之初，曾諮詢於僕，僕原有意略獻綿薄，將卡帶稍事剪輯，刪其重複及音效不佳者。然因忙於教務，且《臺灣古典詩學》、《臺灣漢詩三百首》諸書正在加緊撰寫。又《歷代詩話精華》、《臺灣百年詩話輯》、《清詩話精華》等，亦正輯選校對期間，加以社務繁忙而不遑肆力。此乃僕愧對於周師及有負同學之雅望者。

于今葉兄重製工作業以告竣，邀余為弁一言。叨在同學、同社之誼，

〔註4〕2021 年 4 月 15 日與陳金次教授，再次電話聯繫討論校稿。

固不敢以不文辭,僅略述其梗概以應所命。〔註5〕

以上為在西田社授課,其逝世後多年,學生們舉辦追思會,並將其授課錄音轉成 CD 書,付梓於世。可見先生深受學生景仰器重。

三、中原正音班

在基隆仁愛國小「中原正音」班授課,(林正三提供)學員名單如下:

中原正音學員名單

吳瑞牲	釋誠融	李克忠	顧萃香	謝媽喜	吳日美
黃玉里	簡美玲	吳麗琴	李進安	呂伶俐	陳純
王雪	王仁君	王瑞玲	李春梅	林美雅	林榮芳
林慧娥	周春禎	周明義	許國次	林文棋	林秀魚
蔡文麟	王順福	陳彥宇	陳炳坤	陳天鵬	陳官玉
張陽鳳	張瀛堂	楊麗珠	雷鳴蘭	賴連成	許桂魚
許媽喜	游叔娥	陳美	蔣金玉	洪瑞坤	方靖傾
丁海僑	吳有	釋誠融	簡美玲	陳文玲	蘇郁評

蔡文麟當時曾任基隆市建設局局長、民政局局長等要職,也都來上課。可見講課精彩,吸引各方人士參與。(授課期間數年,謝世後由林正三接替。每星期四晚上),王仁君校長著有《中原正音》一書,林正三為其作序:

> ……王校長仁君先生,憑藉其精深之之語言學素養(校長主修英文,而於國、台、日語及各種原住民語言無不涉獵)及傳承鄉土文化之熱誠,於公於私,靡不致力於鄉土語言之重建與傳播……敦聘詩學大老周植夫老師講授河洛古音及唐詩。每週四假基隆仁愛國小(後轉信義國小)開班,並躬親主持班務。更時時舉辦觀摩會,以期帶動鄉土文化之蓬勃發展……。〔註6〕

學員班長王仁君,時任基隆成功國中校長,辦學非常成功,為基隆明星學校之一。2021 年 4 月 10 日林正三再提供補充說明:

> 基隆仁愛國小一班,據當時曾受訓之學員林榮芳口述,乃是由教育

〔註5〕林正三:《惜餘齋續稿》(臺北:林正三發行,2016 年 8 月),頁 161。葉金全裝訂:〈林正三·序〉《周植夫老師上課錄音帶讀本》(台北:志文裝訂行,2007年元月)。

〔註6〕王仁君:《中原正音·林正三序》(基隆:王仁君,1997 年 3 月)。

局主辦，目的在招訓基隆市各級學校（自幼稚園至高中）之漢文（閩南語）種子教師。自民國七十九年起，至八十四年周氏下世為止。班務由當時任教於成功國中之王仁君校長主持，因王氏對閩南語之中原古音極感興趣，（王校長令兄王仁祿先生亦是國立中興大學之中文系教授，於聲韻學素所精通。）開班時乃是借用教育局設於該校（仁愛國小）之辦公室上課，規定每校僅能推薦一名學員。其後，經周師建議，始允許非教師而有興趣者旁聽，故而林氏自八十年才得以去聽講。而周師去世後，王校長轉聘林正三繼續教學，上課地點改至信義國小，兩年後方始結束。

四、同勵詩會班

「同勵詩會」在黃篤生書法教室（新生南路一段）授課，（林正三提供）學員名單如下：

同勵詩會會員名單

陳福	謝世澤	林正三	李嘉欽	張壇爐	蘇澄君
吳麗玲	林碧珠	楊素卿	黃慧蘭	林麗珠	蔡麗鳳
施麗鳳	釋禪徹	釋照昌	劉中	戴輝源	游裕敏
林天泉					

同勵詩會是周植夫的業師王子清創立，取名「同勵」，為共同勉礪之意。周植夫也是延續薪火，繼續授課。

五、臺灣歌仔學會唐詩班

臺灣歌仔戲，最初是從宜蘭開始，是臺灣最興盛的傳統戲曲之一，參雜白話閩南語、古典漢詩、文言文的戲曲。早期是農村農業社會一般民眾的消遣娛樂活動之一。臺灣日據時期，實行皇民化運動，禁絕歌仔戲等漢人傳統戲曲演出。藝人只能穿和服演出、唱日本軍歌，宣揚日本的政策。日本戰敗後，國民政府在 1947 年，開始推行國語運動，臺灣省行政長官公署宣傳委員會有限度准許演出劇目。1950 年代由於極力推展反共政策，要求戲劇改良，禁絕許多劇目，准演劇目多數強調忠孝節義、反共劇目等，1980 年代，臺灣本土意識逐漸蓬勃，歌仔戲開始有所謂的舞臺歌仔戲。歌仔戲團進入國家戲劇院、各縣市的文化中心表演。

聘請周植夫教授唐詩，莫月娥教授吟唱。在長安西路，中山市場活動中心。傳遞歌仔戲文化於民間，上課時間為星期六下午 3：00～5：00。周師去世後，由林正三接續授課數年。以下為 1995 年春季班學員名冊（林正三提供）：

周明文	黃天賜	袁志仕	黃羽姞	林本欽	陳勝德
陳文樹	紀文傑	賴玫燕	邱秀雄	林根樹	林美娥
陳秉澤	張寶珠	簡和美	呂慶元	邱麗繡	李定山
李寶彩	姚孝彥	高棟梁	徐月喜	陳貴美	

其中學員高棟梁（1952～）本為淡江大學系保險系主任，目前已退休。（2021 年 4 月 9 日）電話訪談，仍在淡江大學有兼課。

六、曾安田書家班

另外受其指導詩學的書家曾安田（1940～），時任新莊市公所主秘，邀集好詩者共請周植夫，傳授詩學。1991～1994 大約三年時間，在新莊市公所會議室，每週二 16：00～17：00。張玉盆口述成員約有 15 位。但由於年代久遠，僅將其記憶之名單提供如下：

曾安田書家班（張玉盆提供）

曾安田	莫惠玲	黃麗華	陳美雯	周銘福	何美純	鄭秀芬	吳明月
李素卿	張玉盆	楊惠淼	土良華	陳玉璇	劉金萍	蔡如寶	

筆者於 2021 年 4 月 9 日中午與曾安田老師及張玉盆女士，相談甚歡，勾起無限回憶，曾安田老師沒多久即作詩乙首傳來以示留念：

一千春日映心池，追憶慈音教學詩。

二十七年思典範，殷勤自惕志無移。

2021 年 4 月 9 日孫園老師有高弟俞棟祥詩友過訪書齋，意欲為周師植夫集錄生前各處教導生徒學詩踪跡，相談甚歡，俞別後一真偶得七絕憶周師感作。

由此可知周植夫與曾安田書家，師生情誼之深。

七、心太平室周植夫詩詞研究班

丁錦泉邀集好詩詞者，在李普同書法名家長安東路「心太平室」書法教

室，敦聘周植夫指導詩學，教授《歷代詩評註》、《王漁洋精華錄》、《蘇軾詩集》《劍南詩鈔》，上課間，應學員要求並教授吟唱。2021 年 3 月 23 日，筆者請託陳慶煌教授，引介曾與周植夫學詩之弟子，李宏健會計師請教其上課心得，李會計師對周植夫之評價：

> 1. 君子固窮、2. 好學不倦、3. 博覽群詩、4. 尤好王士禎、5. 謙謙君子、6. 溫良恭儉讓、7. 淡泊名利、8. 誨人不倦，教學不厭、9. 典型的君子，10. 真正詩人、11. 輕財好義、12. 記憶超強、13. 孝順父母。〔註7〕

以上為李宏健之言，特以寫出。由於年代久遠，僅將其所記憶一起上課學員提供如下：

李普同書家班名單：「陳文生（輔仁大學教授）李宏健（台北市詩詞學會名譽理事長、武漢大學客座教授）共同提供」。

| 丁錦泉 | 陳嘉子 | 薛平南 | 陳文生 | 李宏健 | 李建勳 |

後來丁錦泉再補充說明有陳淑瑩、林興邦等二十餘名學員。由於年代久遠，有的學員，已漫無記憶。目前只提供如此。

八、正心書會班

正心書會是由鄭百福（1923～2013）書法家創立，門徒不少，親率好詩者之學員，自任班長，延聘周植夫於南榮路基隆詩學會，每週一晚上，研讀王文濡評註：《評註宋元明詩》〔註8〕。（1994～1995）約十一個月。學員名單由鄭百福之子鄭定昀提供。

鄭百福正心書會班學員名單

鄭百福	郭朝鐘	黃漢欅	李蘭香	曹伯祥	洪瑞坤
張聖宗	陳貞伶	梁棟堅	李進安	陳秋松	劉瑞瑛
董玲蘭	王華寶	徐國榮	鄭定昀	俞棟祥	

鄭百福書法家並常叮囑學員：「書法要好，欲須精詩，才能融會貫通」。筆者沒學書法，但是跟在此班學詩。所以周植夫是筆者的詩學啟蒙老師。周

〔註7〕2021 年 3 月 23 日，筆者請託陳慶煌教授，引介曾與周植夫學詩之弟子，李宏健會計師請教其上課心得。於 2021 年 4 月 28 日，再次於電話中校稿。
〔註8〕王文濡評註：《評註宋元明詩》（臺北：廣文書局有限公司，1981 年 12 月）。

植夫仙逝後，此班解散。筆者因緣際會，亦曾短暫在基隆詩學會班級學習，林正三理事長曾代課六個月期間，授課以《音韻闡微》傳授台語聲韻學。旋後筆者與林正三連袂赴師大中文系，旁聽陳新雄教授的聲韻學、訓詁學，筆者有幸再旁聽伯元師，在研究所授課東坡詩學。

周植夫為各大詩、書社爭相羅聘為師，奔走於北基兩地之間。傳遞中華詩學，雖然往返奔波，但是仍樂此不疲。

第二節　薪傳有後

後來的瀛社社友成員，和他有關係的弟子也不在少數。續修臺灣瀛社志：

> 在 80 年代之後開始轉變，由社員自述的簡歷來看，其開始創作古典詩，多半由於自身興趣，進而主動學習。學習管道或是自修，或是跟隨詩學老師，而這之後的許多「瀛社」社員加入，就多半和老師帶領有關，形成另一股維繫「瀛社」裡的師承關係，茲以表格陳列如下：

「瀛社」裡的師承關係表格〔註9〕

詩學老師	門下弟子
周植夫	林正三、黃鶴仁、高丁貴、鄭水同、林春煌、張塤爐、王前、葉金全、蔣孟樑、林麗珠、許又云
林正三	吳契憲、吳茂盛、張耀仁、林禎輝、游振鏗、駱金榜、吳國風、楊志堅、林惠如、張民選、陳麗華、張建華、李珮騏、余雪敏、吳秀真、陳麗卿、廖碧華、甄寶玉、陳保琳、洪淑珍、林建鏢
曹容	張塤爐、蔣孟樑
黃鷗波	許文彬、賴添雲、王錫圳、吳裕仁、（蔡柏棟、張耀仁、甄寶玉）〔註10〕
李春榮	吳契憲、吳茂盛、張耀仁、林禎輝、吳國風、游振鏗、駱金榜、林振盛、林惠如、陳麗卿、許又云、陳保琳、洪淑珍
姚德昌	楊阿本、陳針銅、李正村
傅秋鏞	楊振福

〔註 9〕林正三：《續修臺灣瀛社志》，頁 525～526。
〔註10〕據黃鷗波之子黃承志（長流美術館董事長）云：蔡柏棟、張耀仁、甄寶玉等亦是黃鷗波門生。

楊振福	歐陽開代、姚啟甲、陳妧姈、陳碧霞、張民選、陳麗華、洪淑珍介紹入社：蔡葉成
林錫麟	鄞強、施勝龍
陳榮岠	姚啟甲、陳妧姈、陳碧霞、陳麗華、許又云
黃天賜	許又云、廖碧華、甄寶玉、李佩玉
洪淑珍	余雪敏、吳秀真
林彥助	廖碧華、甄寶玉
許漢卿	駱金榜
李有泉	鄞強
陳焙焜	洪淑珍
劉清河	張建華
邱天來	許欽南
陳兆康	許欽南
林錫麟	鄞強
張高懷	鄞強
翁正雄	邱進丁介紹入社：李正村
受吳國風夫婦影響	李珮騏
李珮琪引介	余雪敏
葉昌嶽引介	高銘貴
蔡秋金引介	蘇心絃
許哲雄引介	朱自立
魏壬貴引介	李宗波
林文彬引介	康濟時

　　上述的表格，可推知 80 年代以後，周植夫的學生林正三（瀛社理事長），黃鶴仁、高丁貴、鄭水同、林春煌、張壇爐、王前、葉金全、蔣孟樑、林麗珠、許又云及林正三的學生洪淑珍，所指導的學生，加入瀛社人數，不在少數。這種師生的影響力，不止在瀛社發揚，而且開枝散葉，繁衍無數。茲舉例其弟子如下：

一、王前（1931～）

　　「字祈民，別號古槐軒主，世居安樂區，為已故耆儒呂漢生之門生，善

擊鉢，工閒詠，性豪邁，廣交遊，事親至孝，梓里咸欽。詩學會總幹事。〔註11〕」也曾借張明萊的工作室（山波書房）基隆復興路設帳授徒教詩學。

二、蔣孟樑（1936～）

「字夢龍，號心廣齋主，祖籍福建惠安，其先君子萬益先生，早歲來臺，為石雕名家，幼侍父側，其藝精湛，少長拜名師曹秋圃門下，勤研八法，精入各體，尤見顏體，平整峻峭，深厚雄健，氣勢磅礴，而馳名藝苑。先生嗜詩，苦學以致，秉性忠厚，詩清意深，尤以基隆懷古詩句，清雋可誦，氣韻醇厚，古意盎然。〔註12〕」在基隆詩學會、海東書會擔任指導老師。

三、黃天賜（1939～2014）

黃天賜（1939～2014），台北市人，擅古風，不喜擊鉢，不逐名利，嗜老莊、易學。自號「無悔翁」。從周植夫學詩數載。2001年獲「教育部文藝創作古典詩獎」、「乾坤詩刊十五週年詩獎」。晚年指導「長安詩社」多年。著有《無悔翁詩集》。周植夫嫡傳弟子林正三（瀛社理事長）為其書作序：

> 同社黃天賜詞兄下世迄今將屆二載，其門人謀梓《無悔翁詩集》，初稿既竟，邀序於余。顧余與天賜兄之論交，源自民國八十年左右，黃氏組「臺灣歌仔學會唐詩班」於中山市場活動中心，歷聘莫月娥女史及先師周植夫先生等主講。嗣八十四年九月先師捐館，閱二年，黃氏邀余前往講授「閩南語聲韻學」及「詩詞創作」，遂相論交。其後，余任瀛社總幹事、社長，每週六於民安里區民活動中心主持瀛社詩學研習班，天賜兄則於接續時段主持長安詩社研習班，故而多有接觸……。

> 自述所云：「以其可以馳騁天地，出入古今，得自然之順，去雕琢之痕……」在此全臺詞客競以近體詩為務，專意於擊鉢的氛圍下，而能秉此信念勇往而不懈者，蓋亦鮮矣。放眼當下吾臺詩壇，於古風作者之中，鮮有能出其右者，此乃緣其不規規於音律之繩墨所致。綜觀《無悔翁詩集》全輯，大都為友朋交接酬應之作，然皆有為而

〔註11〕許財利總纂，陶一經編纂：《基隆市志卷六·文教志藝文篇》（基隆：基隆市政府2003年4月），頁5。

〔註12〕同註10，頁50。

為，非泛作也。讀其詩可窺見其畢生經歷與交遊。至其「寫詩要真，
學問要豐，見識要廣，立意要高，行筆要清，韻腳要穩，造句要奇，
氣勢要暢」之立論，可謂「旨哉，斯言也」……。〔註13〕

四、曾安田（1940～）

　　明道大學講座陳維德教授在《鸞舞龍翔：2020曾安田八十書法個展作品
集》，〈成己成物德藝雙馨的文化推手——曾安田八秩書法展弁言〉文中：

　　曾安田先生，字稼臣、號適廬、又號一真，別署無礙樓主。1940年
　　9月生，臺灣新北市人。1957年即入澹廬師事名書法家曹容（秋圃）
　　先生研習詩文書法，書歷已近63年，為澹廬曹門嫡傳弟子之一。服
　　務新莊市公所期間連續策辦十屆新莊書畫展推廣文化活動，並協助
　　順利興建新莊文化藝術中心，以供愛好藝文人士使用，對於宏揚文
　　化頗著貢獻。1997年為傳承曹先師遺志乃提前退休，相繼成立雲龍
　　書道會及新莊書畫會，並任首屆會長，大力協助政府及各單位舉辦
　　文化活動，故新莊文化風氣興盛名聞遐邇。曾任澹廬書會理事長、
　　中國書法學會副理事長，現任中國書法學會顧問，澹廬書會諮詢委
　　員，中華國際藝文推廣交流協會名譽理事長等，舉辦個展13次，參
　　與國內外書法交流展數十次，作品刻碑於大陸長城及濰坊風景區碑
　　林、臺灣法鼓山法華鐘樓、中台禪寺菩提文藝道、佛光山佛陀紀念
　　館，書刻詩或聯於其他名園寺廟多處，為當前望重藝林的書法
　　家……。〔註14〕
　　註：曾安田書家云「加此次2020年八十個展，為第十四次個展」

　　已年屆八十，目前教室設於泰山明志路，每週二晚和週三下午，教授書
法為主，並教詩學。雖有糖尿病宿疾，少出席外界活動，不招新生，但仍教學
不輟，傳遞薪火。

五、李宏健（1940～）

　　2021年3月23日，陳慶煌教授引介曾與周植夫學詩之弟子，李宏健會

〔註13〕黃天賜：《無悔翁詩集》（臺北市：黃柏梁，2017年元月），頁1～2。
〔註14〕曾安田：《鸞舞龍翔：2020曾安田八十書法個展作品集》（新北市：曾安田，
　　　　2020年10月），前言。

計師口述：

> 台中市大甲區人。政治大學企業管理研究所畢業。公費留學威斯康
> 新大學、美利堅大學。曾任中華民國管理會計學會理事長、名譽理
> 事長、台北市詩詞學會第一、二任理事長、名譽理事長。西安交通
> 大學、武漢大學、吉林大學、暨南大學客座教授。著有《現代管理
> 會計（第十版）》、《歷代詠花詩選》、《歷代竹枝詞選注》、《夜讀清詩
> 偶摭》等。〔註15〕

目前開班在台北市大龍峒孔子廟大成殿前，上課時間為每週六下午二時
至四時，名稱為「台北市孔子廟詩學研究所」，在台北市政府社會局登記有案。
另在彰化市大埔路，借用一貫道道場，道場免費提供教室，每週日上午 9：30
～11：30 研究中原古音，詩詞、古文、及宏揚固有文化為宗旨，傳承周植夫
之精神。

六、林正三（1943～）字立夫，自署「惜餘齋主人」

> 原籍新北市。中年始入竹潭植夫周夫子之門。曾於松山慈惠堂，基
> 隆仁愛國小社教班，臺北覺修宮，彰化鹿港社大，臺北中山社大任
> 詩文、聲韻講習多年。曾任中華民國傳統詩學會理事，瀛社總幹事、
> 副社長、社長，臺灣瀛社詩學會理事長，《乾坤》詩刊社顧問。2014
> 年或資深青商總會全球中華文化藝術傳薪獎——中華文藝獎，2015
> 年獲湖北轟紺弩詩學評論獎。著有《詩學概要》、《閩南語聲韻學》、
> 《松山地區之古老詩社——松社》、《惜餘齋詩稿》、《臺灣古典詩
> 學》、《輯釋臺灣漢詩三百首》、《千字文閩南語音讀》有聲書、〈瀛社
> 社史之整理纂修與研究〉論文、《瀛社叢書》、《音韻闡微之校正與閩
> 南語之音讀》、《新北市灘音吟社社志》、《古雅之閩南語音讀》、惜餘
> 齋剖稿》、《惜餘齋續稿》等。〔註16〕

林正三（瀛社理事長）目前在臺北松山社大傳授詩學。日前已近八十之
齡，兩年內取得中文碩士學位。好學不倦，誨人無數。光大周植夫之詩學，並
且精益求精，後出轉精，更上一層樓。

〔註15〕2021 年 3 月 23 日，筆者請託陳慶煌教授，引介曾與周植夫學詩之弟子，李
　　　　宏健會計師請教其上課心得。
〔註16〕林正三：《續修臺灣灣瀛社志》，頁 491。

七、張明萊（1948～）

張明萊中文系科班畢業，李普同書家之嫡傳弟子，曾在中原正音班，從遊周植夫，學習詩學。亦為瀛社社友：

> 宜蘭出生，基隆長大，筆名張璞，號畊夫，樗士。玄奘大學中國文學研究所碩士，曾任稻江科技暨管理學院助理教授、基隆書道會理事長，現為中國書法學會諮詢委員、中國標準草書學會評議委員、臺灣書法家協會顧問、基隆青溪文藝學會指導委員、基隆詩學會研究會會員。著作有《初唐敦煌佛經寫卷書法》、《多少翰事》、與《張明萊書法作品集》、以及期刊論文、國際學術研討會論文等多篇，目前專事文史工作研究及書法教學。〔註17〕

也在其自己工作室（山波書房）基隆復興路設帳授徒。教授詩、書。經常跟學員說：「老師只是教方法，書法要好、要勤讀詩書、勤學勤練自有心得。」相談甚歡之後，作詩乙首〈感懷〉「稀齡居半隱，遇事不關心。書廢身衰老，世塵風雨侵。」自我生活寫照的心懷。

八、鄭水同（1949～）

鄭水同出生臺灣省基隆市，基隆市詩學研究會創會理事，曾受業於周植夫先生。詩詞均有深厚造詣。〔註18〕據余忠孟提供資料：

> 鄭水同老師於周植夫老師仙逝後，接下南榮路的班授課，民國96年6月移至七堵區東新街，成立「長興讀書會授課」至今，課程上過《竹潭詩稿》，栖堂禪師《山居詩》，楚石大師《西齋淨土詩》，鄭水同《心經注釋》，目前授李炳南居士《雪廬詩集》，課堂上常引用佛學理論深入淺出與同學分享。〔註19〕

鄭水同在與周植夫學習詩學時，已被公認為，最有才氣的高徒。為人非常謙虛、低調。目前授課時，詩與禪論並進。

〔註17〕2021年3月17日，與張明萊在其山波書房見面訪談。林正三：《續修臺灣灣瀛社志》，頁380。張明萊：《張明萊書法作品集》（基隆：張明萊出版2019年12月），頁85。2021年4月18日討論校稿。

〔註18〕許財利總纂，陶一經編纂：《基隆市志卷六・文教志藝文篇》，頁53。林正三：《續修臺灣灣瀛社志》，頁499。

〔註19〕據余忠孟2021年4月23日提供資料。

九、丁錦泉（1952～）

　　丁錦泉（1952～）也是詩、書界名流，字玉淵，號弘文。沉浸於琴、棋、畫、武術、歧黃等生活藝術。為台北技術學院、銘傳大學、世界新聞大學等書法老師。曾獲1971年新生報舉辦臺灣省及台北市書法比賽第一名、耕莘文教院舉辦書法比賽第一名。

　　臺灣省嘉義市人。古典詩歌師承周植夫，書法師承李普同，為于右任再傳弟子:書畫師承王靜芝。1999年獲全球中華文化藝術薪傳獎，著有《臺灣詩百首》，係用三年時光行遍全台，擇取一百個最具代表性景點，以七言絕句，及行書字體，描寫臺灣在地人文風物。〔註20〕

周植夫也曾為其書展作序：

〈丁錦泉作品集序〉民國第二庚午初秋（1990年）

……青年書家丁錦泉君師事李普同先生。學書二十餘年。為入室高弟。初以魏晉六朝楷書為根柢。而後進入唐賢諸家。朝夕臨摹冥會神契。於真行草隸篆皆工。就中行書穠纖瘦勁。靡不合度。落筆痛快沈著。風神散逸。爽朗多姿。內含剛柔。鈎指運筆。皆入古人法度中。名書家王靜芝先生序其作品集。稱其書挺拔妍美。渾圓清秀。蓋丁君天資穎異。虛心壹志。留神翰墨。窮搜博究。於射陵子所論書學皆能含味其旨。故其成就並非偶然也。頃者。丁君將近作裒為一集以饗同好。屬余為序……。（《竹潭詩稿》，頁149～151。）

　　丁錦泉在教導學員時嘗云:「讀書是寫字的四倍時間，臺灣詩社，有人只拿本《詩韻集成》，其他，如經、史、子、及，潛研者甚鮮，若再加上琴、棋、畫、武術、歧黃等生活藝術的學習。時間根本是不夠用。周植夫有時沒講學時，讀書時間，一天會超過16小時研讀。」〔註21〕

　　丁錦泉的書法門徒陳錫章教授，為南華大學文學系系主任，周植夫曾為其作：

〈竹箑書會簡介〉（壬申年仲秋1990）

竹箑書會會長陳章錫教授副會長何秋妹女史邀其有志於書法者創立該會發揚古學而潛心書藝日臨碑帖鍥而不舍沈浸醲郁駸駸然漸

───────────

〔註20〕丁錦泉:《臺灣詩百首》（台北:蕙風堂筆墨公司，2000年），頁99～100。
〔註21〕2021年3月20日，筆者至其羅斯福路（公館）長談，丁錦泉口述，筆者紀錄。

入古賢之奧且聘青年書家丁君錦泉指導於書法統系條分縷析闡釋
綦詳可謂於初學裨益不鮮其會名蓋慕書聖王逸少法書而名者晉書
王羲之傳載蕺山見一老姥持六角竹扇賣之羲之書其扇各為五字姥
初有慍色因謂姥曰但言是右軍書以求百錢姥如其言人競買云云今
紹興縣蕺山之南有題扇橋相傳即羲之題扇處也該會以竹箋為名即
揚子雲法言所謂睎顏之人亦顏之徒也頃者書會同仁以其近作數十
幅將在中山藝廊展出以饗同好余喜該會皆為青年才俊而當此世風
日下之際能好古力學如此特為之介。(《竹潭詩稿》,頁 155。)

十、黃鶴仁(1961～),字壽峰,號南山子

東吳大學中文博士畢業,目前剛卸任瀛社理事長,有開班授徒,傳授詩
學。

> 彰工鑄工科畢業即從警於北臺金瓜石,初從基隆書道會理事長鄭天
> 益習書,以業師因緣、復從周植夫讀書。警官學校畢業、從梁乃予
> 學印藝……。作品曾獲教育部文藝創作獎古典詩組第三名,88 年佳
> 作,90 年第三名。素不喜擊鉢詩,平時亦少作。由出入境管理局警
> 政組員、晉移民署編審科長。2005 年秋,以同事介紹,往東吳中碩
> 專,著有《李漁叔《花延年室詩》研究》。

104 年 3 月開始指導瀛社「古典詩文研習與吟唱推廣班」(第九期),下午
三點到五點的研習部分,至民國一百年為第十五期,教室在大同區昌吉街,
講解古典詩文與創作。

十一、一德書會之門徒

一德書會曾邀周植夫講授詩學,周植夫曾作:

〈一德書會作品集〉

> ……一德書會會長傅君迪之。彬彬君子。精詣書法。嘗邀集同志受
> 學於名書家小山樓黃子金陵之門。於民國七十一年元月創立一德書
> 會。大都青年才俊。學有根柢。黽勉相勵。嗜古不倦。而於書法諸
> 體各有擅長。譬之精金美玉。光耀奪目。語有之。採珠於澤。攻玉
> 於山。臺員雖孤懸海上之小島。俊乂挺生。其亦珠玉之淵海與。自
> 澹廬曹秋圃先生力倡書道以復興中華文化為已任。設帳授徒以還而
> 一脈相承。書風為之大振。而黃子為傳澹廬之衣鉢者。其書法循規

蹈矩。恬淡高潔。不墮蹊徑。才清氣茂、謙抑學古。曾獲中山文藝獎。飲譽藝林。可謂吉士矣。而一德書會同仁得其名師之指授。乘此日力。挾銳氣以追前賢而窮其奧。異日成就豈可限量哉。茲將展出作品彙為一集以作紀念。傅君不棄余迂疏譾陋。以序相屬。余誠少而好書。顧以俗冗蝟集無暇學書。故于臨池之道淺矣。乃引前賢所書法之規矩以相勗勉。而期採珠於澤。攻玉於山。其於問學鑕礪之道或有少補焉。(《竹潭詩稿》，頁 145～146。)

　　一德書會的第二任會長謝淑珍（1939～），字子真，號玥樓。時任一德書會總幹事，邀集一德書會成員，好詩者約十餘餘名，在台北市愛國東路中華電信警衛室，拜師周植夫學詩（1989～1991）每週四下午 19：00～21：00。由於年代久遠，謝淑珍謹將所記憶，提供名單陳列於下。

| 謝季芸（原名淑珍） | 傅啟富（創會會長） | 蔡玉雪（現任會長） | 吳新助 |
| 鄧金枝 | 李鍊珠 | 陳思靜 | 陳昌平 |

　　民國八十年（1991）辛末初春，辦書法作品展，周植夫為其作〈謝淑珍書法作品集序〉：

　　……。一德書會總幹事謝淑珍女史。為名書家黃子金陵之入室高弟。天姿秀出。婉嬺閒雅。有林下風。醉心碑帖。心摹手追。幾近二十年。所居樓上特增築一樓。闢為書室。玉窗棐几。一塵不染。闃如深山空谷。曲欄滿種蘭花。幽香撲鼻。晨夕坐其中臨池讀書。輒至雞鳴。可謂勤矣。於真行草隸篆皆能得古人精蘊。擷其指趣。鎔入毫端。揮灑自如。其行草風捲雲舒。逼之若將飛動。有怒猊抉石。渴驥奔泉之態。不類婦人所書。楷書自成一體。波撇遒麗。端莊有致。自云曾臨顏魯公與潘齡皋而遂成此體。可謂新創作也。頃者將其近作裒為一集。以作紀念。而囑余為序。余以其書法得小山樓真傳。且就余學詩多年。潛心詩學。才氣橫溢。時有佳什可傳。吾知異日成就。將為道韞之亞。而光映藝林者。故樂為書之簡端。(《竹潭詩稿》，頁 152～153。)

　　謝季芸（原名淑珍）1939 年生于臺灣省臺南市，字子真，號玥樓。年邁古稀，又號餘叟（字詩：荏苒三餘及時逐，如歸老叟不蹉跎）。1977 年遇恩師黃金陵先生（曹容先生弟子），或嚴格指導，全力埋

首「兼墨人生」。1996 年提前退休。開始翰墨人生……舉辦個人書
法展七次，印刷個人書法作品及三冊。2018 年出版「墨寫心經」七
種書體書。〔註22〕

目前除了在中和秀峰街玥樓書畫室開班授徒，也被禮聘每週四在台北市
信義路工業局會議室 12：00～13：30，台北市中正紀念堂 14：00～16:00 教
授書法。他說周植夫云：「學書法，必須勤讀詩書，也要會寫詩，才能成為書
法家。」

一德書會是書法家曹秋圃（容）嫡傳弟子黃金陵（1940～）先生，別名
瑤光、一燈。1982 年創辦，擔任指導老師。迄今運作正常，且發揚光大。經
首任會長傅啟富（迪之）（1982～2002）。第二任會長謝淑珍（現改名謝季芸，
2003～2010），第三任會長郭先倫（2011～2018），現任會長蔡玉雲（2019 至
今）及會員努力之下。舉辦各種書展無數次。足跡遍及全省各地、金門，也遠
至日本橫濱、沖繩等地，與當地書道會交流聯展。

十二、鄭百福正心書會

鄭百福創立正心書會，取名「正心」乃法書法家柳公權「用筆在心，心
正則筆正」之名言，期許門生正心誠意以書道修身。親率學員，自任班長，
師事周植夫。正心書會目前也繼續傳承詩、書，並經常四處參展，歷任會長
蔡秋雄、陳國忠、黃漢櫸、劉瑞瑛、陳淑芬、郭朝宗、席秀月，現任會長徐
國榮，及全體會員戮力匪懈，致力推廣發揚中華文化。列舉其中之一的會
長。

陳淑芬（1962～），別號悠墨女。故名詩稿曰《悠墨女詩稿》，早年亦曾
學詩于周植夫。

> 游藝詩、書、印近 40 載，書法曾獲 43 屆全省美展入選，雞籠美展
> 連續 3 年第 2 名。民國 69 年（1970 年）入基隆詩學研究會，雖曾
> 因習書中斷，然詩書一家，悠遊墨海之餘，近年也著墨於詩詞，99
> 年入會。曾任正心書會會長，瀛社副秘書長，臺灣女書法家學會及
> 澹盧書會理事。教授書法於基隆、內湖、鶯歌等地。〔註23〕

〔註22〕2021 年 3 月 15 日，至謝季芸新北市中和區秀峰街書法教室，訪談交流其口
　　　述討論記錄。蕭惠幸主編：《傳燈－德書會書法作品集 11》（新北市：一德書
　　　會 2015 年 12 月），頁 32。2021 年 4 月 17 日，與謝季芸電話再次討論校稿。
〔註23〕林正三：《續修臺灣灣瀛社志》，頁 513。

十三、林正三之門生洪淑珍、吳秀真

　　林正三之學生洪淑珍（1954～），字璧如。也有指導數個班級的老師，在大同區昌吉街週六下午兩點到三點，洪淑珍教古典吟唱。也是社教單位吟唱講師。吳秀真（1960～），字韋軍，又字懷真，號雲夢幻影。在台北松山社大及其它社教單位詩詞吟唱教師。在吟界也是首屈一指……。

　　周植夫，以一己之力，宛如當代「私塾」夫子，到處講學，傳播傳統詩學於民間。雖已仙逝。但其種子延續開花結果，並且綿綿不斷。

第三節　流芳後世

　　臺灣的寺廟文化，早在三百多年前，先民渡海來台篳路藍縷，開疆拓土時，就已建立的民間藝術文化。寺廟的建立，與臺灣早期民眾的生活息息相關。其中楹聯，是寺廟內外立柱，形狀方圓皆有。講究聲韻、對仗工整。是中華文化獨特的文學。是集文學、書法、雕刻文藝於一體，且其文字亦有教化、醒世的功能。大部分被邀請題聯者，不外乎是當地首長、什紳、鴻儒……。周植夫在基隆後期修葺的寺廟，有題聯數處，記載於《基隆寺廟巡禮》書中：

　　浮雲寺

　　正殿楹柱（1960 年代）　　周植夫撰‧黃寶珠書
　　浮出白蓮華自是一塵不染
　　雲生綠楊柳悟來萬法皆空

　　正殿楹柱（1960 年代）　　周植夫撰‧李純甫書
　　浮影須臾法相應如江月色
　　雲頭示見天流時送海潮音

　　正殿楹聯　　周植夫撰‧王朝祈書
　　浮磬遙聞喚醒沉迷修淨業
　　雲槎廣渡尋音解脫仰慈光

　　浮雲寺現址，原系社寮天后宮舊址，民國三十八年（1949 年）實施土地重劃，拓寬平一路，拆除大半，遂遷至和一路四十八巷和平國小之邊，留下由信眾釀資修建為浮雲寺，祀觀音佛祖，大多為新建，

佔地雖狹，仍極精緻。〔註24〕

浮雲寺地址：基隆市平一路12號，主祀神明：觀世音菩薩。

安德宮

川門楹柱

安渡汪洋海上耕耘成寶島

德齊穹昊雲西煙水接湄洲

川門楹柱

安如峭壁懸海峽雲濤千葉穩

德渥滄溟闊臺疆香火萬家春

暖暖係「娜娜」社原住民諧音命名，清道光年間，泉州安溪人墾拓，漢人稱此地謂「港口」。可自淡水溯河而上之帆船停泊裝卸貨物，故商賈甚為發達與基隆街相埒。奉鄉土神保儀大夫、清水祖師為守護神。清嘉慶六年建宮，因從事海上貿易，亦祀天上聖母。當年建廟時石木雕裝飾，祭器保存甚多，煥發古樸之美，追懷昔日風光事物特多。〔註25〕

安德宮地址：基隆市暖暖區暖暖里暖暖街63號，主祀神明：天上聖母。

奠濟宮

川殿廊廡（四）（1965）　周植夫撰‧蔣夢龍書

奠定閩中崇勳炳著開漳邑

濟兼海外遺澤涵濡及鱟江

基隆街漳州移民居多，景慕開漳聖王之威德，奉為守護神，建奠濟宮於田仔尾現址，乃光緒元年（1875年），之前在外木山之建有木造廟宇，故祀奉逾一百三十年。因居民大多從事漁撈或海上商貿，在後殿祀水仙尊王，號曰清寧宮，實一體也，詳細來歷及建廟緣由，聯對中充分表達，請鑑賞〔註26〕。

奠濟宮地址：基隆市仁愛區仁三路27之二號。主祀神明：開漳聖王。

大佛禪院

〔註24〕洪連成撰文，陳青松等編審：《基隆寺廟巡禮》（基隆：基隆市政府，2001年4月），頁85～86。

〔註25〕林正三：《續修臺灣灣瀛社志》，頁106。陳青松：《基隆古典文學史》（基隆：基隆文化局2010年12月），頁307～308。

〔註26〕洪連成撰文，陳青松等編審：《基隆寺廟巡禮》，頁108～109頁。

山門　周植夫撰

大開眼界但覺塵寰何多擾攘，

佛在心頭欲修淨業只要精誠。

開山普觀法師，自幼隨母出家，天賦聰穎，加虔信佛法，光復後鬧街設佛教講堂度眾，以兼善天下，建造人間佛教，大發宏願，擇地中正公園壽山之巔，公塑七十四台尺觀音大士聖像，五十八年（1969年）冬工程完成，翌年雄偉琳宮，繼之竣工。應選入基隆八景之首，曰：中正慈光，成為觀光景點，亦為海空航標，屬意外收穫，參訪遊客絡繹不輟。普觀法師圓寂後，由前市長蘇德良居士繼任董事長，八十七年（1998年）蘇董事長又昇西，眾推黃文榮居士總董大佛院，乃即展猷，塑十八羅漢像圍繞大士周圍，並為紀念二千年，建長壽樓懸巨鐘曰：千禧鐘，朝夕驚醒迷津，錄其楹聯，望能鑑賞。〔註27〕

曾安田提供周植夫在艋舺青山宮有對楹聯：

青山宮　周植夫撰，曾安田書

凌虛玉闕高負載群生謳帝德

宵漢金繩界挲萌萬物見天心

艋舺青山宮現址：位於臺灣臺北市萬華區貴陽街2段218號，現列中華民國直轄市定古蹟。主祀神明：青山靈安尊王。

青山宮，淡水廳志未載，依臺北市政府民政局民國七十四年六月編印之臺北市寺廟概覽記載，為清咸豐四年（公元1854年），福建惠安漁民奉其故鄉青山廟靈安尊王神像至艋舺，由大溪口登岸，途經舊街（今西園路），神輿不能舉，公議就地建廟安靈。時值瘟疫流行，死亡診籍，凡至廟祈求庇佑者皆得免，故善信日增，微廟小不能跪拜，街董倡議改建……後經數次改建修築，現殿宇則大多重建於光復之後。〔註28〕

寺廟的建立，在中國的傳統社會，是有極大的功能，是人們信仰的中心，有時也是私塾、義塾傳播教育的地方。臺灣經過了日據時代皇民化的摧殘，

〔註27〕林正三：《續修臺灣瀛社志》，頁83～85。陳青松：《基隆古典文學史》（基隆：基隆文化局2010年12月），頁307。

〔註28〕曾迺碩總纂：《臺北市志卷八‧文化志勝蹟篇》（臺北：臺北市政府，1988年6月），頁58～59。

幸賴有寺廟的保存忠孝節義，及傳統倫理道德觀念。國民政府遷台後，能夠迅速建立秩序，寺廟無形的力量功不可沒。

另外在史籍中，基隆市志有記載：

> 周植夫，民國七年生，早年曾隨王子清習文，旋即就業從事土木建築至四十歲，因母親逝世及對營造事業與志向不合而棄商從教，教授中原音韻學，台大詩詞研習，工作之餘並積極提倡傳統音樂：北管，曾擔任靈義郡藝大隊長為本省絃名手兼名詩人，對詩詞和戲曲文化貢獻良多。〔註29〕

在基隆市志第四章文藝篇有記載 25 位人物，周植夫能位列其中，載於史籍，流芳百世。

〔註29〕林正三：《續修臺灣灜社志》，頁 39。

第六章　結　論

　　臺灣的文學史要建構完整時，臺灣古典文學是不可不重視的一環。臺灣古典文學始於明末遺老沈光文先生在康熙二十四年（1685），創立的第一個詩社「東吟社」，從此傳統文學在臺灣落地生根，在臺灣的土地上，逐步的成長茁壯，興盛於清朝末年。但是由於政權的移轉，受到日本政府的統治之下，對臺灣的傳統文學，是一個不可抹滅的重創打擊時期。賴於當時的傳統文人，藉由詩社的創作與交流，才得以在日據時期，臺灣能夠保留傳統文學的精髓。傳統古典詩學沒有消失，並為未來文學或現代文學，向前邁進墊下了良好基礎。

　　考述周植夫生平、交遊及詩作等，得到以下之結果：

　　一、家世及生平：乃祖籍福建同安，父李必勝公，和尚洲人，嘗與乙未抗日之役，後匿跡從商，亡其室，後贅入周家娶唐氏，生兩子，周植夫為次兒。臺灣戰後重要傳統詩人。六歲失怙，由母親扶養成人，八歲入暖暖公學校（今暖暖國民小學），家貧無法繼續求學，賴母氏以洗衣幫傭，供給學費，十四歲隨王子清習漢學，十六歲習北管。成年之後，從事土木營造工作。

　　二、年屆耳順之後，以教授傳統詩與閩南語音讀、講解詩意，詩歌作法。往來於北基兩地之間，並以此為悅，樂此不疲。仙逝後，其門徒王前、林正三、蔣孟樑等整理其詩作，編為《竹潭詩稿》流傳後世。其交遊出入各大詩社，大多為文學友人，但以瀛社社友最多。

　　本論文是以《竹潭詩稿》為底本，在研讀了此書後，依其作品的內容，分為三大題材來分析：一、抒情感懷詩，主要以親情、師長和朋友情作為探析的主軸。從作品中可看出周植夫真摯的情懷。二為寫景紀遊詩，欣賞其故

鄉基隆之美，遊覽臺灣寶島時的作品，可見其真性情，在遊覽之餘，總會留下詩句，同時在作品中，可以讓我們跟他同喜、同樂，了解他的內心情感世界。三為詠物詩，分成詠時令、節令，詠花草、樹，詠天文等的吟詠。從對詠物詩，可以知道詩作的蘊涵，寄託在詠物詩的形象，將其性情、節操、性格與心靈世界呈現而出。

　　另外再將其詩稿內容，用創作特色來探討。一、為其詩歌藝術特色方面：《竹潭詩稿》詩歌創作七絕 248 首，七律 192 首，五律 83 首，五絕 30 首的近體詩為主要創作題材。然而其五七古體詩也有 8 首。所以其創作是兼涉各體。為其藝術特色之一。再則，近體詩律絕的規定嚴格，字數有所限制，有時無法表達詩人複雜的情緒、意境。所以吳濁流（1900～1976），當時在詩壇上提出，主張以一篇數首的聯章詩來補救律絕字數限制的缺憾。因應日益複雜的思想〔註1〕。《竹潭詩稿》詩歌，藉此連章詩之創作特色，擺脫字數的限制，將其詩作的思想、意指更加清楚、適切的表達。第三個創作藝術特色，為採用長篇詩題、詩中夾註等來加強詩的敘述，在此形式下，使其作品更具特色，也提供多樣性的補充，讓詩作更加珍貴。二、《竹潭詩稿》在詩歌的表手法特典：以古典詩的體裁形式風格，結合新時代的語言及內容來表現新思想、新潮流。使人耳目一新。其次視頻用疊字的特色，透過疊字的運用，使詩作在描寫聲音、情感、動作等增色不少。再者為對偶精巧，有方位對、數目對、有無對、顏色對、典故對等，在其詩作顯露頗多。黃永武在其《中國詩學‧鑑賞篇》提到：「典故不是直接搬用就好，像寫四六駢文那樣，一句一典，是令人生厭的。類書辭典如此多，多用典並不能炫耀博學，詩中其實也忌諱用僻典，僻典令詩句生澀，拒人千里，又如何共鳴呢？妙的用典是以常用的典故，別生巧思，借用原典、翻用原典、活用原典，已達到化桑成絲，釀花為蜜的境地。」〔註2〕《竹潭詩稿》中「引成辭以明理」、「據事以類義」。大多能忠於原典且活用原典，且別生巧思，表達其思想與感情。用典故的啟發聯想與暗

〔註 1〕吳濁流：〈漢詩必須革新〉，《濁流詩草》（台北：臺灣文藝雜誌社，1973 年），頁 346。「律絕因為規矩嚴格，不下工夫，不容意吟詠，律絕之中，絕詩最難，絕詩的長處，乃在句絕而意不絕，是漢詩之精華。但絕詩，僅僅二十或二十八字，在此形式上，內容難免限制，在此限字內，可容之思想、感情，雖有能者巧妙運用，發揮最大功效，也難免有所不足。況人類之思想，愈來愈複雜，在此限制的形式下，更覺不能發揮其真價。所以我主張，用絕詩之形式，一篇聯數首來補救其缺點。」

〔註 2〕黃永武：《中國詩學‧鑑賞篇》（台北：巨流圖書公司，2008 年 7 月），頁 119。

示下，讓讀者引起共鳴。更能領會詩人所要表達的深意。所以藉由對典故的善加利用，讓詩人的作品更有深度。《竹潭詩稿》裡的詩作，對「意象」的運用，易使其詩歌增色不少，在內心與現實世界衝突之際，藉由典故、視覺、聽覺等等意象的詩作技巧，讓其詩歌得以抒發。增加其詩作的張力，讓詩人心靈世界，藉意象的融入，增添詩作的特色。另外再析論周植夫崇尚神韻說的特色。舉例說明王漁洋與周植夫的詩作神韻，和他們的環境背景作一對比。

另外《竹潭詩稿》中，筆者將其提到授課的班級，竭盡所能的一一拜訪其門生，發覺周植夫影響後世甚多。感謝西田社的臺人數學系陳金次教授、班長葉金全提供資料。基隆詩學會的王前、蔣孟樑等的指導，其得意門生林正三（瀛社理事長），曾於周植夫仙逝後，代課其幾個班級，更提供了寶貴的資訊，並利用各種機會，走訪可聯絡的，或曾授課的各大書家地方，雖有年歲已大，部分凋零，但是有的仍有門生繼續傳承者，也盡量去了解，其目前的狀況，慶幸周植夫詩傳有後，仍有不少門生、再傳弟子們，繼續發揚他的精神。

茲感謝陳慶煌教授對筆者的期許。在〈周植夫《竹潭詩稿》輯佚〉一文中（詳見附錄二），筆者節錄如下：

> 俞君贈我周氏詩稿之前，在網路上我亦嘗拜覽約半，今獲窺全豹，遂上樓覓出蠹餘之《中華詩苑》合訂本二大冊，逐一核對，發現尚有十六首詩、一副聯語未收入。
>
> 憶三十年前曾霽虹考試委員將移民美邦時，以一大箱墨客必備之秘籍相贈，余初不願受，聞彼亦長輩所貽乃取之，惜不善維護，頂樓多次颱風水漫，藏書蟻蛀，丟棄約三分之一。連羅尚轉贈之《東寧擊缽吟前後集》，亦同遭此厄。若無衣魚之患，更從《詩文之友》、《中華藝苑》及《中華詩學》月刊、季刊蒐尋，則今日所輯周氏佚詩，當不下百首。
>
> 因三十多年前與周氏在指南宮雅集有一面之緣，而其傳人俞君必將為詩界之千里駒，特先分別題贈一詩，然後公布輯佚成果，聊補己愆云耳。

〈題周植夫《竹潭詩稿》〉　　陳慶煌冠甫 2021/3/16
竹含宿雨沐清風，潭映晴空貫彩虹。
詩韻入唐兼宋理，稿成爭賞海西東。

〈贈詩人俞棟祥〉　陳慶煌冠甫 2021/3/26

雲翔翰墨騁才思，巷弄民生疾苦知。

一向千金然諾重，昌詩淑世倩同期。

　　另外筆者也從《歷屆詩題便覽》找出周植夫在瀛社掄元詩作 33 首，含掄雙元四首（列在附錄三），以後筆者有機會仍會繼續輯佚周植夫之遺作。在研究學問上，更加倍努力。周植夫雖然一生艱苦，才命相妨，但是桃李滿天下，文章傳世，被稱譽為「民間大詩翁」。陳慶煌教授一讀再讀《竹潭詩稿》，不禁再云：

〈追贈竹潭詩翁一首有序〉

　　晨覽南宋・許棐《樵談》云：「畫工數筆，術者片言，僧道一經半呪，動得千金，文士刳精鉥心，不博人一笑，吁！士也賤，何獨在茲！」內心深有所感焉。彼等不學有術，動輒獲尊為大師，吾輩詩人，在昔如缺科名，居今若無專職，日夜苦吟，難脫困貧。雖窮後也許詩能工，於政客當權，斯文掃地之末世，足以養家活口乎！爰賦一首，以慰竹潭詩翁在天之靈。詩曰：

傍依顯貴憫姜吳，輸與畫工僧道徒。

鏤月裁雲心血盡，伴隨仙聖在天乎！〔註3〕　陳慶煌冠甫 2021/4/24

　　在現今功利主義盛行之際，全球工商、電腦科技無遠弗屆時代。文學的功用，到底是何定位？莫言在（2012 年 12 月 10 日）諾貝爾文學獎晚宴致辭的一句獲獎感言：

　　與科學相比較，文學是沒有用處的。但我想，文學最大的用處也許就是它沒有用處。〔註4〕

　　最後，《竹潭詩稿》對於文字的拿捏、詞彙、修辭、章法的運用，自有周植夫的特色。對於學文學詩的後學，提供我們學習的典範，我們不僅欣賞詩的美，希望筆者此論文的書寫，能夠將周植夫之精神，傳遞後世。

〔註3〕陳慶煌：《心月樓詩話・辛丑卷》，2021 年 4 月 24 日。

〔註4〕莫言：《聖典・諾貝爾獎晚宴致辭》（臺北：遠見天下文化，2013 年 8 月），頁164。

引用文獻

一、周植夫作品

1. 《竹潭吟彙》，周植夫，周植夫治喪委員會編纂，基隆：周植夫遺眷，1995年10月。

2. 《竹潭詩稿》，周植夫，基隆市詩學會編輯，基隆：財團法人基隆市文化基金會，1997年4月。

3. 《竹潭詩稿》，周植夫，收錄於《臺灣先賢詩文集彙刊》第五輯，板橋：龍文出版有限公司，2006年6月。

二、專書

1. 《庸社風義錄》，莊幼岳等編校著，台北：莊幼岳，1958年。

2. 《臺灣省通志稿》，陶文輝等纂修，臺北：臺灣省政府府印刷廠，1959年6月。

3. 《臺北市志》，陳君玉等纂修，臺北市文獻委員會編印，1962年。

4. 《一霞瑣稿》，張作梅，台北：中華藝苑，1964年。

5. 《臺灣省通志》，監修張炳楠、主修李汝河，臺灣省文獻委員會印行，1971年6月。

6. 《花延年室詩》，李漁叔，台北：文史哲出版社，1972年3月。

7. 《濁流詩草》，吳濁流，台北：臺灣文藝雜誌社，1973年。

8. 《三國志》，陳壽，臺北：鼎文書局，1977年2月。

9. 《陶淵明集》，逯欽立校注，北京：中華書局，1979 年 5 月。

10. 《駱香林全集》，駱香林撰，王彥主編，花蓮：花蓮文獻委員會，1980 年。

11. 《青紅造白》，蕭水順，臺北：故鄉出版社，1982 年。

12. 《南瀛雜俎》，陳昌言，台南縣政府民政局，1982 年 4 月。

13. 《新校本幽夢影》，張心齋著，王名稱校，台北：漢京文化公司，1982 年。

14. 《臺灣抗日史》，王國璠編著，臺北市文獻委員會，1982 年。

15. 《曹容秋圃先生九秩嵩壽紀念集》，謝健輝，台北：澹盧書會，1983 年 9 月 28 日。

16. 《增補六臣著文選古迂書院刊本》，〔梁〕蕭統編，〔唐〕李善等六人注，台北：漢經文化公司，1983 年。

17. 《滄浪詩話》，嚴羽著，黃景進撰述，臺北：今楓出版公司，1986 年 12 月。

18. 《文學改良芻議》，胡適，臺北：遠流出版公司，1986 年。

19. 《臺北市志》，曾迺碩總纂，臺北：臺北市政府，1988 年 6 月。

20. 《詩歌分類學》，古遠清，高雄，復文出版社，1991 年 9 月。

21. 《杜甫詠懷詩學研究》，林麗娟，高雄：高雄文化出版社，1991 年。

22. 《懷德樓文稿》，陳其寅，基隆：財團法人基隆市文化基金會，1992 年 6 月。

23. 《耆宿懷雞籠》，廖穗華主編，基隆：基隆市文化中心，1992 年 6 月。

24. 《詩品》，鍾嶸著，徐達譯注，臺北：地球出版社，1994 年 5 月。

25. 《神韻詩史研究》，王小舒，臺北：文津出版社，1994 年 6 月。

26. 《重修臺灣省通志》，臺灣省文獻委員會，南投：臺灣省文獻會，1994 年。

27. 《基隆市暖暖》，洪連成等編，基隆市政府，1995 年 5 月。

28. 《過盡千帆話新莊——新莊傳統行業暨藝文人士調查專輯》，新莊文史工作室，台北縣：新莊市公所，1996 年 4 月。

29. 《中國詩學——設計篇》，黃永武，台北：巨流圖書公司，1996 年。

30. 《中國詩學——鑑賞篇》，黃永武，臺北：巨流圖書公司，2008 年 7 月。

31. 《中國詩學——考據篇》，黃永武，台北：巨流圖書公司，2008 年 9 月。

32. 《毛詩注疏》，〔唐〕孔穎達疏，收錄於《十三經注疏》，台北：藝文印書館，1997 年。

33. 《尚書》，〔唐〕孔穎達疏，收錄於《十三經注疏》，台北：藝文印書館，1997 年。

34. 《親山近水》，譚旺樹主編，臺北縣貢寮鄉公所，1997 年 10 月。

35. 《古典詩的形式結構》，張夢機，板橋：駱駝出版社，1997 年。

36. 《概論文學》，黃忠慎，板橋：駱駝出版社，1997 年。

37. 《嘉義地區古典文學發展史》，江寶釵，嘉義：嘉義市立文化中心，1998 年 6 月。

38. 《臺灣心臺灣魂》，杜正勝，高雄：河畔出版社，1998 年。

39. 《枕肱室詩草》，吳夢周著，吳瑞雲等編，臺北：臺北大稻埕，1998 校勘本。

40. 《基隆文化休閒導覽手冊》，余燧賓主編，基隆市立文化中心發行，1999 年 2 月。

41. 《臺灣詩史》，廖一瑾（雪蘭），台北：文史哲出版社，1999 年 3 月。

42. 《臺灣古典詩面面觀》，江寶釵，台北：巨流圖書有限公司，1999 年。

43. 《日據時期臺灣新文學運動研究》，梁明雄，台北：文史哲出版社，2000 年 5 月。

44. 《基隆采風藝文錄》，陳青松，基隆：基隆市文化中心，2000 年 7 月。

45. 《古典詩入門》，吳魚稿，台南：大孚書局，2000 年。

46. 《臺灣詩百首》，丁錦泉，台北：蕙風堂筆墨公司，2000 年。

47. 《基隆寺廟巡禮》，洪連成撰文，陳青松等編審，基隆：基隆市政府，2001 年 4 月。

48. 《基隆市志》，鄭俊彬編纂，基隆：基隆市政府 2001 年 7 月。

49. 《羅東鎮志》，游榮華主修，游永富監修，宜蘭：羅東鎮公所，2002 年 6 月。

50. 《藝術薪火相傳——鄭百福八秩書法回顧展》，許梅貞主編，基隆：財團法人基隆市文化基金會，2002 年 9 月。

51. 《北投地方史》，洪德俊總編輯，財團法人台北市北投文化基金會，2002 年 11 月。

52. 《基隆市志》，許財利總纂，陶一經編纂，基隆：基隆市政府，2003 年 4 月。

53.《文心雕龍讀本全二冊》，劉勰著，王更生注譯，台北：文史哲出版社，2004 年 10 月。

54.《史記會注考證》，瀧川龜太郎，臺北：唐山出版社，2007 年 9 月。

55.《極珍：洪祥麟先生百歲紀念全國書法名家專輯》，洪祥麟等作，高雄：涵韻書會 2008 年 3 月。

56.《歷屆詩題便覽》，林正三，許惠玟主編，臺北：文史哲出版社，2008 年 10 月。

57.《基隆古典文學史》，陳青松，基隆：基隆文化局，2010 年 12 月。

58.《紅梅山館詩草》，莊幼岳，新北市：龍文出版社，2011 年 5 月。

59.《聖典‧諾貝爾獎晚宴致辭》，莫言，臺北：遠見天下文化，2013 年 8 月。

60.《臺灣古典詩選、詩集、詩社與詩人》，廖一瑾，台北：文津出版社有限公司，2013 年 9 月。

61.《滄浪詩話》，〔宋〕嚴羽著，普慧、孫尚勇、楊遇青評注，北京：中華書局，2014 年 4 月。

62.《傳燈——德書會書法作品集 11》，蕭惠幸主編，新北市：一德書會，2015 年 12 月。

63.《司空圖二十四詩品解析》，吳航斌，臺北：致知學術出版社，2016 年 4 月。

64.《惜餘齋續稿》，林正三，臺北：林正三發行，2016 年 8 月。

65.《無悔翁詩集》，黃天賜，臺北市：黃柏梁，2017 年元月。

66.《宛署雜記》，（明）沈榜，北京：北京出版社，2018 年 2 月。

三、學位論文

1.《臺灣詩社之研究》，王文顏，台北：政治大學臺灣文學研究所碩士論文，1979 年。

2.《杜甫連章詩研究》，廖美玉，臺中：東海大學中文所，1979 年。

3.《日據時代櫟社研究》，鍾美芳，臺中：東海大學歷史研究所碩士論文，1985 年。

4.《清代臺灣詩所反映的漢人社會》，施懿琳，國立師範大學國文研究所博士論文，1991 年。

5. 《臺灣光復以來文學理論探究》，周慶華，中國文化大學中國文學研究所博士論文，1995 年。

6. 《許南英及其詩詞研究》，楊明珠，台北：文化大學中文所碩士論文，1999年。

7. 《清代竹塹地區傳統文學發展史》，黃美娥，輔仁大學中文所博士論文，1999 年。

8. 《清代八景與八景詩》，劉麗卿，臺中：國立中興大學中文研究所碩士論文，2000 年。

9. 《臺灣南投地區傳統詩研究》，張淑玲，台北：中國文化大學中文所碩士論文，2003 年。

10. 《臺灣基隆地區古典詩歌研究》，吳淑娟，台北：中國文化大學中文所碩士論文，2004 年。

11. 《張達修及其詩研究──以《醉草園詩集》為例》，張滿花，彰化：國立彰化師範大學國文學系碩士論文，2004 年。

四、期刊論文

1. 〈古今臺灣詩文社一〉，賴子清，《臺灣文獻》十卷一期，1959 年 9 月。

2. 〈日據時代臺灣書房教育之再檢討〉，吳文星，《思與言》第 26 卷第一期，1988 年。

3. 〈日據時期臺灣古典詩的抗議精神與比興諷諭傳統〉，施懿琳，收錄於《古典文學》第十二集，台北：學生書局，1992 年 10 月。

4. 〈臺灣漢詩初探〉，陳國威，(《壢商學報》第二卷，1994 年 5 月)。

5. 〈辭格的區分與交集〉，黃慶萱，收錄於《修辭論叢第一集》，台北：洪葉文化有限公司，1999 年 8 月初版一刷。

6. 〈詩人周植夫先生逝世第五年紀念會〉，《臺灣大學西田社·會訊》第三十六期，1999 年 10 月 1 日。

7. 〈賴和創作中新舊文學並存的意義〉，黃美玲，《臺南女子技術學院學報》第十九期，2000 年。

8. 〈周植夫《竹潭詩稿》輯佚〉，陳慶煌，《閩南文化研究會訊》第五期，2021 年 3 月 29 日刊行。

附錄一：周植夫年譜

	年齡	事　蹟	時事、紀事
1918 大正 7 年 戊午	1	出生	6.1 孫中山抵台，6.2 離台。 6.6 臺灣第七任總督，陸軍中將明石元二郎就職。 臺中縣蔡惠如、陳基六，等邀集人士創立鰲西吟社。
1919 大正 8 年 己未	2		雲林西螺黃文陶、廖學昆等成立芸社，次年改為葵社。 發行《臺灣文藝叢詩》創刊號。 日本政府在臺灣頒布「教育令」推動日語普及化。 10.29 第八任臺灣首任文官總督田健治郎到任，用同化政策治臺。
1920 大正 9 年 庚申	3		1.28 林獻堂、蔡惠如等組織「新民會」、並創立「臺灣青年會」。 12.28 東京召開大會，以「臺灣議會設置」議決為共同目標。 嘉義朴子鎮楊近橋邀集人士成立「朴雅吟社」。 台南市陳璧如邀集許子文、林連卿等創立「西山吟社」。 高雄市陳梅峰率其門生等創「旗津吟社」隔二年又集女弟子創「蓮社」。
1921 大正 10 年 辛酉	4		基隆市張一泓、蔡痴雲等創「小鳴吟社」。後改組為「網珊吟社」。 台北市林述三邀集門人創「天籟吟社」後其社員繼創「劍潭吟社」、「松鶴吟社」。

			林獻堂等第一次向日本提出「臺灣議會設置請願書」。 第一屆全省詩人大會召開。
1922 大正 11 年 壬戌	5		第二次向日本提出「臺灣議會設置請願書」。 5 月新任臺中州知事常吉壽德，始取締台中州請願大本營。 8 月總督府開始鎮壓臺灣議會請願活動。 陳梅峰集門下女弟子蔡旨禪、蔡月華等十二人，創「蓮社」，為本省最早設立的閨秀詩社。
1923 大正 12 年 癸亥	6	六歲失怙，母親獨力扶養。	林景仁、林熊祥等創「台北鐘社」 1.8 總督府實施「治安警察法」 1.16 申請結社「臺灣議會期成同盟」，以違反「治警法」第八條第二項禁之。 2.23 第三次提出「臺灣議會設置請願書」。
1924 大正 13 年 甲子	7		周步蟾設「雙溪吟社」於雙溪鄉。 周步蟾設「平溪吟社」於平溪鄉。
1925 大正 14 年 乙丑	8	入暖暖公學校（今暖暖國民小學）	新竹縣鄭香圃等創「青蓮吟社」。 南投縣張玉書等創「南陔吟社」。 雲林縣林庚宿等創「雲峰吟社」。
1926 昭和元年 丙寅	9		賴和主編文藝欄《臺灣民報》。 「臺灣農民組合」成立。 基隆市張一泓、蔡痴雲等改組「小鳴吟社」為「網珊吟社」。 基隆市顏受謙原「網珊吟社」社員，另成立「復旦吟社」。
1927 昭和 2 年 丁卯	10		1.19 第八次提出「臺灣議會設置請願書」。 5.29 蔣渭水等組「臺灣革新黨」，後又改稱「臺灣民黨」之政治結社。 7.10「臺灣民眾黨」於台中成立。 瑞芳鎮洪夢華等創「寄盧吟社」。 汐止鎮陳定國等創「灘音吟社」。 雙溪鄉張廷魁等創「貂山吟社」。 台北市陳復禮成立「松社」。台北市陳復禮成立「松社」。
1928 昭和 3 年 戊辰	11		4.25 第九次提出「臺灣議會設置請願書」。 台北帝國大學成立。 樹林黃得時等創「樹林吟社」，時與「天籟吟社」聯吟。

			基隆張一泓與瑞芳蔡清揚等共社「鐘亭」，專作詩鐘，兩年後又成立「大同吟社」。
1929 昭和4年 己巳	12		2.16第十次提出「臺灣議會設置請願書」。 台北大龍峒聖廟黃贊鈞倡設「猗蘭吟社」。
1930 昭和5年 庚午	13		4.28第十一次提出「臺灣議會設置請願書」。 台南石儷玉、蔡碧吟等創「秀英吟社」與高雄「蓮社」為全省僅二之女性會員吟社。
1931 昭和6年 辛末	14	十四歲隨王子清習漢學。	2.12第十二次提出「臺灣議會設置請願書」。 2.18總督府下令解散「臺灣民眾黨」、民眾黨因此分裂。右派人士另組「「臺灣地方自治聯盟大會」 基隆張一泓等創「大同吟社」時與瑞芳、暖暖、四腳亭之詩人聯吟。
1932 昭和7年 壬申	15		5.26「臺灣地方自治聯盟大會」召開理事大會，決議向總督等請求臺灣全面實施自治制度。 6.3第十三次提出「臺灣議會設置請願書」。 總督府令下禁開漢書房，台民不能公開學習中國語文。 新竹縣鳳崗人曾秋濤，及其門人創「來儀吟社」，鳳凰來儀之意。
1933 昭和8年 癸酉	16	十六歲習北管。	1.31第十四次提出「臺灣議會設置請願書」。 3.29頒布「米穀統制法」。 「臺灣文藝協會」成立。 七堵王子清等，成立「同勵吟社」。取「共同勉勵」之意。
1934 昭和9年 甲戌	17		2.6第十五次提出「臺灣議會設置請願書」。 臺灣文藝協會創刊。 江夢華等，羅東鎮成立「東明吟社」。
1935 昭和10年 乙亥	18		11.12臺灣總督府公布實施改正臺灣地方自治制度，並舉行臺灣「第一屆市會及街庄協議會」選舉。 楊逵、葉陶創辦《臺灣新文學》。 淡水鄭水龍等，於自宅創「滬江吟社」
1936 昭和11年 丙子	19		10月總督小林躋造，宣布治台原則為「皇民化、工業化及南進基地」，效忠天皇，並推行日語為國語、改日本姓名。 貂山吟社、奎山吟社、基隆大同吟社合組成立「鼎社」，其後頭城登瀛吟社亦來聯

			盟，春由大同、夏值貂山、秋為奎山、東屬登瀛。輪流主辦。
1937 昭和12年 丁丑	20		4.1 臺灣總督令下廢除漢文報紙版，全面實行皇民化。 7月盧溝橋事變，中日開戰，臺灣人民亦被日本政府，動員參戰送至中國戰場。 7.15「臺灣地方自治聯盟」、「臺灣議會設置請願書」被迫結束。 《風月報》創刊。 台中林幼春、傅鶴亭等創「中洲敦風吟會」，社員皆為詩壇名流。
1938 昭和13年 戊寅	21		瑞芳蕭水秀創「萍聚吟社」，因金瓜石產金，淘金者四面而來，聚散如萍，乃取此名。
1939 昭和14年 己卯	22	娶陳氏	九月第二次世界大戰歐戰爆發，美國逐漸援助中方對日作戰。 臺灣詩人協會成立。 九月陳滿盈、賴和在彰化成立「應社」。
1940 昭和15年 庚辰	23	長子陳明仁出生	1月台日文人組成「臺灣文藝家協會」。西川滿為主編，創刊《文藝臺灣》。 莊幼岳、許一鷗等在鹿港創「洛江吟社」。
1941 昭和16年 辛巳	24		美國正式參戰，國民政府正式對日宣戰。 12.8 賴和被捕入獄，五十多天後，因病情嚴重出獄。 台北《臺灣新民報》更名為《新南新聞》。
1942 昭和17年 壬午	25	次男周明義生 陳氏往生 作〈祭亡妻陳氏〉	10月《文藝臺灣》、《臺灣文學》同時廢刊。 「文學奉公會」刊行《臺灣文藝》，文學變成謳歌侵略戰爭之宣傳工具。 《新建設》、《綠草》創刊。 由於戰事影響，新竹各詩社瀕臨瓦解，乃倡議合組「新竹朔望吟會」每月聯吟。 吳子宏、方國琛等成立「台南市詩會」：是「延平詩社」之前身。
1943 昭和18年 癸未	26		1.31 賴和病逝，享壽五十。 8月海軍志願軍徵集。 12.1 日本政府強調學生入伍。 吳濁流始作《亞細亞孤兒》，描寫臺灣人的危機。 賴惠川、賴柏舟、譚瑞貞等在嘉義市創立「小題吟會」。

1944 昭和19年 甲申	27		3.26 總督府將島內各報併為《臺灣新報》統一言論。 10 月臺灣被轟炸死傷慘烈。 《臺灣文藝》在台北創刊，臺灣文學奉公會發行。
1945 昭和20年 乙酉	28	續弦林氏 三男周明禮出生	1.3 盟軍轟炸臺灣。 4.11 盟軍轟炸高、南、竹。 5.30 盟軍轟炸台北市。 都市居民「疏開」到鄉村。 8.15 美軍原子彈炸廣島、長崎、日本宣布無條件投降。 10 月臺灣行政長官陳儀抵台，「臺灣建設協會」成立，林獻堂為會長，林熊徵為副會長。「臺灣文化協進會」成立。 12.29 各地物價暴漲為戰爭結束時的十倍。 《民報》、《臺灣新生報》、《前鋒》創刊。
1946 民國35年 丙戌	29		國民大會在南京三讀通過《中華民國憲法》。 1 月臺灣警備總部通令檢舉漢奸，31 日發布漢奸被檢舉有三百多件。 《中華日報》、《臺灣月刊》、《臺灣文化》發刊。
1947 民國36年 丁亥	30		2 月 27 日爆發二二八事變。 2.28 警備總部發佈臨時戒嚴令。 5.16 臺灣省政府成立，省政府為魏道明擔任。 《自立晚報》《南方週報》創刊。
1948 民國37年 戊子	31	長女芙蓉出生	第一屆立法委員及國民代表選舉。 12.2 臺灣銀行發行一萬元卷。 曾今可主編《建國月刊》將《臺灣詩學》附在月刊之後。 10.10 在北斗創刊《臺灣詩學》。
1949 民國38年 己丑	32		1.1《臺灣詩報》創刊，《臺灣詩壇》即為其前身。 1.5 陳誠為臺灣省政府主席，蔣介石下野，李宗仁代理總統。 6 月韓戰爆發，國民政府改革幣制，舊臺幣四萬元，兌換新台幣一元。 10.1 中華人民共和國成立。 11 月重慶棄守，李宗仁遠走美國。 12 月國民政府撤退來台。

1950 民國39年 庚寅	33	四男周明智出生 作〈庚寅秋蘭陽車中見太平洋海風颶颶怒濤洶湧時值韓戰爆發，回憶太平洋戰爭感賦四首〉	頒佈「臺灣省各縣市實施地方自治綱要」。全面禁用日文。 3.1 蔣介石復行總統視事，任陳誠為行政院長。 6.13 頒布「戡亂時期匪諜檢舉條例」。 8.10 宣佈禁止新聞刊物日文版。 「中國文藝協會」創立。
1951 民國40年 辛卯	34		《臺灣風物》創刊。 《文藝創作》月刊創刊發行。 「南社」被納入「延平詩社」。
1952 民國41年 壬辰	35	五男周明信出生	《新文藝》、《中國文藝》創刊。 《雲林文獻》創刊，周朝宗、黃傳心等擔任編輯委員。
1953 民國42年 癸巳	36		《詩文之友》創刊。 《臺灣詩梅》出刊。 西螺大橋落成通車。
1954 民國43年 甲午	37	六男周明謙出生 在瀛社以〈竹聲〉之題搶右元。	《幼獅文藝》出刊。 「鹿港吟社」、「半閒吟社」合併為「鹿港聯吟會」。
1955 民國44年 乙未	38	擔任《中華詩苑》編輯。	《中華詩苑》刊行，後改名為《中華藝苑》。 「臺灣婦女寫作協會」創立。
1956 民國45年 丙申	39	七男周明道出生	曾今可、陳皆興於鳳山創刊《鯤南詩苑》。 《南北笛》、《文學雜誌》創刊。
1957 民國46年 丁酉	40	作〈次韻寒香室主人「丁酉中秋同作梅、幼岳作」並簡進東、泰山〉	《文星》創刊。
1958 民國47年 戊戌	41		八二三炮戰。
1959 民國48年 己亥	42		八七水災。
1960 民國49年 庚子	43		《中華詩苑》改名《中華藝苑》，直至1967年4月停刊。賈景德（1880～1960）詩壇盟主於台北病逝。時任中國詩人大會會長。著有《韜園詩集》。《現代文學》、《中國詩友》創刊。

1961 民國50年 辛丑	44		於台南市舉行「鄭成功三百週年紀念國詩人大會」。 《藍星》季刊發行。《中國新詩》發行。
1962 民國51年 壬寅	45		《野人》、《仙人掌》、《傳記文學》創刊。 「櫟社」創立六十週年。
1963 民國52年 癸卯	46	在瀛社以〈理想夫人〉之題掄右元。 在瀛社以〈義方居榮獲總統頒匾〉之題掄左元。	《詩文之友》發行周定山主編之《臺灣擊缽詩選》。
1964 民國53年 甲辰	47	在瀛社以〈征塵〉之題掄左元。 在瀛社以〈合卺酒〉之題掄左元。 在瀛社以〈商戰〉之題掄右元。	11.10 于右任（1879～1964），原名伯循，字騷心，號髯翁，晚號太平老人。民國二十年始任監察院長，長達三十餘年。為草書大家。也是臺灣詩壇指導級人物。著有《右任詩存初二集》、右任近十年詩存》。 「笠翁社」創立。 《中國新詩》《笠》詩刊創立。《中國新詩》《笠》詩刊創立。
1965 民國54年 乙巳	48	在瀛社以〈延年菊〉之題掄右元。 在瀛社以〈迎春〉之題掄右元。 54.12.26 在冬季覺修宮舉行。	3.8 越南戰爭：美國海軍陸戰隊登陸，南越蜆港，象徵著美軍開始直接參戰。 10.9 蔣廷黻（1895～1965）病逝。湖南寶慶人，為中國近代史學家及著名外交家，著有《中國近代史綱》等書。 11.10 姚文元的文章〈評新編歷史劇〈海瑞罷官〉〉，上海《文匯報》發表。拉開文化大革命的序幕。
1966 民國55年 丙午	49	在瀛社以〈新燕〉之題掄左元。55.03.06 在志三居舉行。 在瀛社以〈蔗漿〉之題掄雙元。 在瀛社以〈錄音機〉之題掄右元。 在瀛社以〈星期日〉之題掄右元。55.12.25 冬季會在瑞三大樓舉行。	雲林縣詩人聯吟臨時大會，推洪大川為臨時會長。 第一屆「臺灣文學獎」頒獎。 中山文藝獎創立。 《文學季刊》創刊。《文學季刊》創刊。
1967 民國56年 丁未	50	在瀛社以〈漁笛〉之題掄左元。56.11.12 在淡水祖師廟舉行。	中國大陸內部權力鬥爭日益劇烈，陷入混亂，「紅衛兵」以造反為號召，破壞傳統文化。

			11.12 定國父誕辰為中華文化復興節，展開中華文化復興。 「中國新詩學會」成立。 全國詩人大會於鳳山舉行。 《純文學》創刊。
1968 民國57年 戊申	51	在瀛社以〈廉泉〉之題掄右元。57.01.14在北投松吟閣舉行。 在瀛社以〈愚園晚眺〉之題掄左元。在北投碧瑤旅社會議室。 在瀛社以〈瑞三介壽堂雅集〉之題掄右元。	全國詩人大會於二林鎮公所舉行。 九年國民教育實施。 《中國時報》創刊。
1969 民國58年 己酉	52	〈壽黃湘老六十〉（己酉九月）	瀛社創立六十週年，舉辦全國詩人聯吟大會。 端午節，全國詩人大會於岡山舉辦。
1970 民國59年 庚戌	53	在瀛社以〈北投冬曉〉之題掄左元。 在瀛社以〈屯山踏雪〉之題掄左元。 在瀛社以〈蕉雨〉之題掄左元。在59.05.10萬華王精波眼科舉行。 在瀛社以〈博浪椎〉之題掄左元。（中秋例會）。	全國詩人聯吟大會於鳳山舉辦。
1971 民國60年 辛亥	54	在瀛社以〈旗亭話舊〉之題掄雙元。	聯合國2758號決議文：「中國」代表權由「中華人民共和國」取代。
1972 民國61年 壬子	55	在瀛社以〈老松〉之題掄右元。	5.20蔣中正就任第五任總統，嚴家淦為副總統。 《中外文學》創刊。 9.29日本與中華人民共和國建交，同時與中華民國斷交。
1973 民國62年 癸丑	56	在瀛社以〈劍潭懷古〉之題掄右元。（冬季吟會） 在瀛社以〈老鶴〉之題掄雙元。	鹿港全國詩人大會在天后宮舉辦。

1974 民國 63 年 甲寅	57		壽豐詩社主辦，甲寅全國詩人大會在高雄中學舉行。
1975 民國 64 年 乙卯	58	在瀛社以〈旗亭鬥句〉之題掄左元。	蔣中正逝世，嚴家淦接任。蔣經國為行政院長。 國家文藝獎創立，是中華民國一個重要文藝獎項。
1976 民國 65 年 丙辰	59		1 月，周恩來逝世。 7 月，朱德逝世。 9 月，毛澤東逝世。 第二屆增額立委選舉。第二屆增額立委選舉。
1977 民國 66 年 丁巳	60	作〈丁巳端午〉（詩人大會於新竹），作〈丁巳秋日卦山覽勝〉，作〈正言月刊輯印序〉	颱風「賽洛瑪」7 月底席捲中南部地區，造成 37 死 298 傷 12 失蹤。當時被形容為「造成二戰以來臺灣最大的破壞事件」。 11 月 19 日第八屆縣市長選舉，而引發「中壢事件」。選舉結果在桃園縣、臺中市、臺南市、高雄縣創下 4 席由無黨籍人士取得紀錄。
1978 民國 67 年 戊午	61	作〈戊午東墩秋集〉 作〈戊午慶祝光復節暨松社五十週年〉 作〈行天宮圖書館祝蔣經國就任總統〉	1 月成立吳三連文藝獎，為「財團法人吳三連先生文藝獎基金會」底下所設置的獎項，分文學獎、藝術獎兩類，逐年輪流頒發。 3 月 21 日蔣經國當選第六任總統。
1979 民國 68 年 己未	62	在瀛社以〈茶煙〉之題掄左元。 基隆詩學會成立敦聘周植夫為詩學指導老師。 在瀛社以〈每逢佳節倍思親〉之題掄左元。 作〈基隆市詩學研究會成立賦此奉賀五首〉 作〈六十八年　國父誕辰〉	1 月 1 日美國宣布與中共建交。美國與中華民國斷交。
1980 民國 69 年 庚申	63	5.21 心太平室詩詞班授課，每週四晚上。（丁錦泉、李宏健口述紀錄）	世界衛生組織宣布天花滅絕。 吳三連文藝獎第三屆得獎名單分別為：文學獎黃春明、田原，藝術獎林懷民、馬水龍。
1981 民國 70 年 辛酉	64	在瀛社以〈北投春浴〉之題掄雙元。（建國七十年花朝吟會）	2 月 1 日北迴鐵路全線通車。 2 月 26 日桃園中正國際機場正式啟用。

		作〈北鐵通車頌德政〉，作〈辛酉仲冬祝鄭添益令郎文江君與瓊尹小姐嘉禮〉	
1982 民國71年 壬戌	65	台北同勵詩會授課二年。 新生詩苑任校對二年半。 作〈東寧臨池會八周年紀念集序〉	陳逢源（1893～1982）逝世，企業家、詩人。曾任《自立晚報》常務董事、臺灣省合會儲蓄事業協會理事長。
1983 民國72年 癸亥	66	作〈曹容秋圃先生九秩嵩壽紀念集序〉	
1984 民國73年 甲子	67	作〈蘇公連于先生暨德配張夫人神道碑〉	《聯合文學》創刊
1985 民國74年 乙丑	68	作〈乙丑仲春賀懷英先生家惠小姐嘉禮〉 作〈乙丑初秋智賢大國手夢秋山莊落成誌喜〉，作〈乙丑春集〉	張大千（1899～1985），國際聞名的國畫大師因心臟病去世，享年85歲。
1986 民國75年 丙寅	69	1986年6月18日至1995年9月20日。在臺大校園西田社授課漢文班。 作〈基隆市詩學會七週年感賦〉	9月28日在戒嚴令之下（解嚴之前），臺灣第一個反對黨「民主進步黨」創黨。 12月上旬至翌年初，中共上海、北京、天津、武漢等地各高校相繼發生學潮，即「八六學潮」，要求政府進行民主化改革，導致時任中央總書記胡耀邦下臺。
1987 民國76年 丁卯	70	作〈東勢林場賞梅〉 作〈蔡辰洲先生在板橋病院診治，余曾往問疾，詎意纏閱月餘，竟成永訣，今將奉靈骨於北投曼陀寺，忍淚賦輓詩以弔之〉（丁卯端陽後三日） 作〈葉潤青書法集序〉 作〈一德書會作品集〉	7月15日，戒嚴令解除，開放大陸探親。大陸探親。
1988 民國77年 戊辰	71		蔣經國（1978～1988）逝世。 李登輝為中華民國總統。 臺北文學獎開辦，係為鼓勵文學創作、增進寫作風氣而設置

1989 民國78年 己巳	72	作〈陳春松書法作品集序〉 作〈曾安田書法作品集序〉 作〈瀛社八十周年慶〉	1989年起「吳三連文藝獎」改名為「吳三連獎」，增加自然科學獎、醫學獎、社會服務獎、人文社會科學獎、實業獎等新獎項。
1990 民國79年 庚午	73	指導「中原正韻班」詩學。 作〈丁錦泉作品集序〉	李登輝經國民大會選舉為中華民國第八任總統。
1991 民國80年 辛未	74	1991～1994 大約三年時間，曾安田書家在新莊市公所會議室，禮聘為師。 作〈謝淑珍書法作品集序〉	4月28日中華民國政府海峽交流基金會首次派員訪問北京。
1992 民國81年 壬申	75	臺北木柵指南宮舉辦全國詩人大會。擔任詞宗。（丁錦泉提供） 頭城開成寺徵求楹聯，由左詞宗莊幼岳·右詞宗周植夫進行評選。 作〈祥龍書會作品集序〉 作〈竹箎書會簡介〉	1月12日自1980年開始建造的南迴鐵路試營運。
1993 民國82年 癸酉	76	作〈李鍊珠書法作品集序〉	3月27日江澤民當選中華人民共和國主席、中華人民共和國軍事委員會主席。 11月1日歐洲聯盟正式立。
1994 民國83年 甲戌	77	（1994～1995）約十一個月。正心書會延聘周植夫於南榮路基隆詩學會授課。 作〈吳新助書法作品集序〉	6月12日，高雄市立美術館開館。 7月1日，「民視」開播。國立東華大學成立。 12月3日，全面實行地方自治。選舉結果，國民黨的宋楚瑜當選臺灣省長，民進黨的陳水扁當選臺北市長，國民黨的吳敦義當選高雄市長。
1995 民國84年 乙亥	78	周植夫9月28日教師節清晨逝世。	李登輝經首次總統直接選舉當選中華民國第九任總統。
1997 民國86年 丁丑		周植夫:《竹潭詩稿》基隆市詩學會編輯（基隆：財團法人基隆市文化基金會，1997年4月出版）。	3月28日台北捷運的淡水線與新北投支線通車。 11月19日陳進興闖入南非大使館武官卓懋琪官邸挾持，最終棄械投降落網，白曉燕命案落幕。

1999 民國88年 己卯		十月十六日下午二時 假臺灣大學視聽小劇 場舉辦命名為〈憶故人 ──懷師恩〉的「詩人 周植夫先生逝世第五 年紀念會」。	3 月 30 日省縣自治法廢止。 7 月 9 日中華民國總統李登輝於接受德國 之聲專訪時表示兩岸是「特殊的國與國關 係」。 9 月 21 日凌晨一點四十七分，震央集集發 生規模高達 7.3 級烈震，當時媒體報導稱 為集集大地震（後來稱為「921 大地震」）， 造成在台中、南投地區損失慘重，全台死 亡人數超過兩千人。
2006 民國95年 丙戌		周植夫：《竹潭詩稿》， 收錄於呂興昌審訂，黃 哲永主編：《臺灣先賢 詩文集彙刊》（台北縣： 龍文出版社 2006 年 6 月出版）	7 月 1 日青藏鐵路正式通車。 8 月 12 日起臺灣百萬人民倒扁運動。

附錄二：周植夫《竹潭詩稿》輯佚

陳慶煌冠甫

　　民紀第二庚子夏，中華詩學研究會在臺北天成大飯店召開年會，席間廖一瑾教授慎重舉薦俞君棟祥之詩才，彼真有感必吟，有吟必錄，乍見其手機所載存者，如入山陰道上，應接不暇。

　　日後經數次電話長談，方知渠早歲畢業於國立海洋大學，經商有成，於風雅之道特為情鍾，遂拜周植夫為師，又至臺師大旁聽陳新雄教授之古音學與東坡詩，刻正在文化大學攻讀碩士學位，並以周師《竹潭詩稿》作為研究主軸。

　　俞君贈我周氏詩稿之前，在網路上我亦嘗拜覽約半，今獲窺全豹，遂上樓覓出蠹餘之《中華詩苑》合訂本二大冊，逐一核對，發現尚有十六首詩、一副聯語未收入。

　　憶三十年前曾霽虹考試委員將移民美邦時，以一大箱墨客必備之秘籍相贈，余初不願受，聞彼亦長輩所貽乃取之，惜不善維護，頂樓多次颱風水漫，藏書蟻蛀，丟棄約三分之一。連羅尚轉贈之《東寧擊缽吟前後集》，亦同遭此厄。若無衣魚之患，更從《詩文之友》、《中華藝苑》及《中華詩學》月刊、季刊蒐尋，則今日所輯周氏佚詩，當不下百首。

　　因三十多年前與周氏在指南宮雅集有一面之緣，而其傳人俞君必將為詩界之千里駒，特先分別題贈一詩，然後公布輯佚成果，聊補己愆云耳。

　　〈題周植夫《竹潭詩稿》〉　陳慶煌冠甫 2021/3/16
　　竹含宿雨沐清風，潭映晴空貫彩虹。

詩韻入唐兼宋理，稿成爭賞海西東。

〈贈詩人俞棟祥〉　陳慶煌冠甫 2021/3/26

雲翔翰墨騁才思，巷弄民生疾苦知。

一向千金然諾重，昌詩淑世倩同期。

《竹潭詩稿》輯佚

1. 《中華詩苑》第 2 卷第 1 期・總號 7・第 54 頁（44 年 8 月 16 日出版）【乙未詩人節蘇澳主辦詩人大會】載有周植夫〈五日蘇津觀潮〉：「澳分南北水悠悠，年節驚濤吼未休。氣捲千山如有恨，聲驅萬騎尚含愁。沅湘人去空潭冷，鄢郢魂歸故國秋。此日憑欄多感慨，忍看奔浪撼江樓。」左右皆十七名（左詞宗倪登玉・右詞宗陳金波）

2. 《中華詩苑》第 2 卷第 3 期・總號 9・第 19～20 頁（44 年 10 月 16 日出版）載有周植夫〈次春亭詞長六一書懷韻〉二律：「小隱蠔江歲月遷，籌添幾度海成田。詩鳴白社推前輩，老陟青山邁少年。沽酒留賓情自切，拈花供佛意尤虔。枌榆多少諸鄰老，羨爾夫妻福壽圓。」「屋角蛛絲吐晚晴，寂然深巷閉柴荊。校書每到三更靜，落筆曾教四座驚。性比寒花秋冷淡，人如古柏歲崢嶸。清閒似爾誰能得，只有鳧鷗識此情。」

3. 《中華詩苑》第 2 卷第 3 期・總號 9・第 65～66 頁（44 年 10 月 16 日出版）【大同吟社春季擊缽會】載有周植夫〈雨港春晴〉：「東風十里拂青郊，雨港探幽俗慮拋。遷木嬌鶯初出谷，銜泥乳燕未歸巢。新詩競賦如珠玉，舊侶相逢似漆膠。絕好元龍樓上望，夕陽猶掛柳枝梢。」右元、左九（左詞宗李碧山・右詞宗陳泰山）

4. 《中華詩苑》第 2 卷第 4 期・總號 10・第 56 頁（44 年 11 月 16 日出版）【大同吟社】擊缽吟・載有周植夫〈竹潭晚釣〉：「竹風潭影夕陽斜，有客垂綸傍水涯。久狎鷺鷗忘歲月，慣攜簑笠嘯煙霞。避囂我愛拋香餌，逭暑人來泛短槎。好是暖溪溪外路，閒情一段託蘆花。」左元（左詞宗李遂初・右詞宗李碧山）

5. 《中華詩苑》第 2 卷第 5 期・總號 11・第 14 頁（44 年 12 月 16 日出版）載有周植夫〈次韻作梅夕吹〉：「橫吹淒清感慨仍，頹雲千里雁孤淩。秋風絕島猶淹客，落日空山記訪僧。擊楫何年情未已，憑欄此際意難勝。教人

最是銷魂處，楊柳條疏月半稜。」

6. 《中華詩苑》第 2 卷第 5 期・總號 11・第 64 頁（44 年 12 月 16 日出版）
【大同吟社擊缽吟】為同社春亭先生六一壽辰祝嘏・載有周植夫〈壽椿〉：
「鬱鬱椿株拂太清，春秋萬六配長庚。根盤但覺風霜古，枝苦渾忘歲月更。
壽算居然邁彭老，篇章獨自記莊生。金萱此日欣同茂，日永蠔江一樹榮。」
右元、左十一（左詞宗杜仰山・右詞宗應俠民）

7. 《中華詩苑》第 2 卷第 6 期・總號 12・第 13 頁（45 年元月 16 日出版）載
有周植夫〈壽椿亭先生六秩晉一〉：「椿翁自壽有詩無，六一韶華過隙駒・
天與遐齡扶大雅，人欽碩德繼先儒。月明獅嶺經三卷，霜落蠔江酒百壺。
最喜滿樓皆墨客，梅花香裏慶懸弧。」

8. 《中華詩苑》第 5 卷第 4 期・總號 28・第 6 頁（46 年 4 月出版）載有周植
夫〈漢傑先生有詩見寄次答〉：「數載西風雁影賒，新詩到眼興無涯。暮雲
千里空相憶，夜雨孤燈祇獨嗟。贏得江湖身尚健，虛隨歲月鬢將華。暖溪
醉蟹君應記，殘照籬邊看晚花。」

9. 《中華詩苑》第 6 卷第 4 期・總號 34・第 5 頁（46 年 10 月出版）載有周
植夫〈壽靜寄書齋主人六十〉：「昔日征南客，而今六十翁。鑄人心獨苦，
摩劍氣猶雄。靜寄孤雲外，閒消一盞中。純陽真訣在，行看老還童。」

10. 《中華詩苑》第 6 卷第 5 期・總號 35・第 57 頁（46 年 11 月出版）【庸社
風義錄】載有植夫〈初好〉詩鐘六唱：「茶香短榻沉初夢；月白空庭琢好
詞。」〔註 1〕

11. 《中華詩苑》第 6 卷第 6 期・總號 36・第 50 頁（46 年 12 月出版）【大同
吟社】擊缽吟：載有周植夫〈基津秋色〉：「依舊沙灣一水澄，微霜楓樹感
難勝。西風曲岸帆初泊，落日危樓客獨登。葉下鱟江紅片片，雲橫獅嶺碧
層層。劇憐蔓草煙迷處，古壘荒涼閱廢興。」左元、右花（左詞宗張鶴年・
右詞宗陳泰山）

12. 《中華詩苑》第 7 卷第 1 期・總號 37・第 63 頁（47 年 1 月出版）【庸社風
義錄】載有植夫〈柳線〉：「裊裊東風裏，柔條拂不停。纏綿牽萬里，攀折

〔註 1〕10.《中華詩苑》第 6 卷第 5 期・總號 35・第 57 頁（46 年 11 月出版）。【庸
社風義錄】載有植夫〈初好〉詩鐘六唱：「茶香短榻沉初夢；月白空庭琢好詞。」
據筆者翻閱：莊幼岳等編校著：《庸社風義錄・竹潭吟稿》（台北：莊幼岳，
1958 年），頁 207～211。無此首〈初好〉詩鐘六唱之作。應是《中華詩苑》
第 6 卷第 5 期，未收入此本《庸社風義錄》書內。

別長亭。學舞腰猶細，窺人眼獨青。曾撩樓上婦，春日感伶仃。」

13.《中華詩苑》第 7 卷第 1 期・總號 37・第 63 頁（47 年 1 月出版）【庸社風義錄】載有周植夫〈葡萄酒〉:「年來飲興未曾刪，紫乳香浮破醉顏。我愛大宛傳異種，夜光杯裏好消閒。」

14.《中華詩苑》第 7 卷第 2 期・總 38 號・第 59 頁（47 年 2 月出版）【庸社風義錄】載有植夫〈郊行〉:「十里溪村路，煙光遠樹籠。笛聲牛背上，春色馬蹄中。灘急疑飛弩，橋懸似斷虹。悠然生野趣，鞭影夕陽紅。」

15.《中華詩苑》第 7 卷第 4 期・總號 40・第 8 頁（47 年 4 月出版）載有周植夫〈次韻曉齋詞長遊大覺寺〉:「不負看山約，靈峰策杖臨。雲生騷客屐，風送木魚音。鑿翠開精舍，棲禪養道心。聽經忘坐久，林壑晚煙深。」

16.《中華詩苑》第 7 卷第 5 期・總號 41・第 63 頁（47 年 5 月出版）【大同吟社戊戌春季例會・假瑞芳李建和寓邸義園】載有周植夫〈義園觀櫻〉:「義園春色雨中看，一樹朱櫻壓短欄。豔比桃腮初映日，瘦如梅影欲生寒。攜樽共醉香盈袖，劈紙爭題筆有瀾。彷彿置身金谷裏，徘徊不覺夕陽殘。」左二右五（左詞宗林義德・右詞宗張作梅）

【註】《中華詩苑》發行於 1955 年 2 月，張作梅任發行人兼編輯，梁寒操任社長，李漁叔、王觀漁為副社長。1960 年 7 月，增加金石、書畫等藝術篇章，改名《中華藝苑》，直至 1967 年 4 月停刊。

〈周植夫其人其詩〉 陳慶煌冠甫 2021/3/24

周植夫（1918～1995）諱孫園，以字行。其父姓李，為和尚洲人，贅基隆暖暖周家，生兩兒，次即植夫也。六歲而孤，日據公學校卒業，賴母氏浣衣傭資充束脩，習漢學於王子清門下。

先生喜吟詠，於臺北謀生時，嘗為《中華藝苑》編輯二年，與張作梅切磋，詩功日晉。加入大同吟社、瀛社、庸社，詩作漸多。先於臺北同勵詩會授課二年，又任《新生詩苑》校對二載餘。粗具規模，聲譽鵲起，獲中華學術院詩學研究所聘為研究委員。

民國六十八年十一月，基隆市詩學研究會迎為顧問兼塾師，而臺灣大學數學系等好唐詩之教授及書家李普同心太平室門人等，亦分別敦請為師，由是往來北基間，以扢揚風雅為樂。八十四年孔誕往生，享壽七十八，有《竹潭詩稿》傳世。

先生詩以神韻派為宗，其〈臺大校園即景〉：「曲池疏柳石橋斜，天冷無人到水涯。夜靜波心棲小鴨，如開一朵白蓮花。」結尾極有韻致。〈中秋夜懷母有作〉：「盡日清溪作雨聲，小庭人靜近三更。依然明月中秋夜，無復慈親坐月明。」其恆念母氏劬勞之孝思，純屬自然流露，而非刻意用典者。〈題墓石〉：「渺渺重泉隔，思親暗自悲。墳前一杯酒，何似在生時。」詩人母歿，晨興首務，無間於風雨世務，必先登壟追思，僅此二十字，已勝過他人千言萬語。〈旗亭話舊〉頷聯：「酒伴漸稀人向老，詩情未減夢猶香。」〈每逢佳節倍思親〉頷聯：「春暉寸草空遺恨，令節他鄉倍愴神。」對仗工整而自然，不愧斲輪老手。

倘若大作〈「侍」家母赴二林至社頭驛待車〉：「一鉤殘月影微明，異地人來萬里情。『並』坐驛中春夜冷，迷濛霧裏度雞聲。」能將「『侍』家母」改為「『奉』家母」，「『並』坐」易作「『侍』坐」，論情究理，當更圓融。於癸亥初春，六十六歲時所作〈贈葉潤青書家〉古風發調：「蘭陽人物多俊異，『溪流』清泚接洙泗。」詩雖有無理而妙，以奇趣為宗，但反常也須合道，能將「溪流」訂正為「道統」，庶幾免於句中自相矛盾。

愚以為：詩能窮人，亦能達人。窮僅窮於一時之物質生活，才情特豐者，其精神生活並不窮，達則達其身後萬世之名也。本此理念，特以五四七言體〈新十六字令〉概括周氏其人其詩如下云：

> 李猷嘗引介，指南詩會，猴山擊缽留嘉話。
> 卅餘年別後，君詩刊就，知人論世生平究。
> 家貧恆力學，秉性純樸，唐音天籟詩吟卓。
> 母浣王師裘，以充束脩，子清傳授邁時流。
> 詩尚王漁洋，秋柳和章，亦步亦趨神韻揚。
> 中華藝苑編，字斟如鐫，漁叔作梅益友賢。
> 顧曲繼周郎，激越昂揚，北管拉絃挪羽商。
> 民間講學勤，臺大班聞，碩博拜師來若雲。
> 最愛詩與琴，學貴七心，書家求序珍若金。
> 休明鼓吹許，中華詩所，華岡雅集煙霞侶。
> 蘭邑開成寺，廟門題字，擴建徵聯君品次。
> 平生文贍富，江山羅袖，作嫁為人多句秀。
> 詩中歸有光，紅白鄉邦，人情世故滿篇章。

窮達一肩扛，才命相妨，格局念轉自堂堂。

其人雖命窮，斯文獨工，民間講學大詩翁。

【註】　陳兆康〈周植夫先生傳〉：「先生教學認真……曾謂：『治學之道，貴在信心、耐心、決心、恒心、專心、潛心、虛心。』」

【中華閩南文化研究會《閩南文化研究會訊》第五期，2021 年 3 月 29 日刊行】

附錄三：周孫園（植夫）在臺灣瀛社掄元之作

期 刊	詩 題	詞宗	掄元者	詩 作
詩文之友 2-4 期 43.03	竹聲〔註1〕	高楊柳	陳其寅	幾竿颯颯響朝暉，入耳蕭騷興不違。 已報平安傳吉訊，還將妙舞伴萊衣。
		張鶴年	周植夫	鳳尾迎風響四圍，幾疑吟嘯化龍飛。 愛君簌簌悠揚韻，渾似仁人佈德威。
中華藝苑 17-2 期 52.02	理想夫人〔註2〕	張晴川	黃得時	相敬如賓客，千秋重母儀。 治家傳懿德，教子有良規。 甘苦心同受，窮通志不移。 白頭情更篤，形影永追隨。
		張鶴年	周植夫	賴爾持中饋，辛勤守婦規。 酸鹹調自適，內外理尤宜。 服侍能迎意，梳妝不畫眉。 君真賢且淑，於我復何期。

〔註1〕刊載於《詩文之友》第2-4號。「祝林金標先生六秩華誕，瀛社、北臺吟會、灘音吟社、大同吟社聯吟」，作者有：陳其寅、周植夫、陳泰山、王秋煌、蔡良修、魏潤庵、林金標、劉春亭、李榕廬、陳川廣、林洪園、簡穆如、高惠然、駱子珊。

〔註2〕刊載於《中華藝苑》第17-2號。作者有：黃得時、周植夫、張鶴年、李世昌、陳友梅、鄭雲從、魏壬貴。

中華藝苑 18-2 期 52.08	義方居榮獲總 統頒匾〔註3〕 瀛社、大同吟 社聯吟	李嘯庵	周植夫	御匾鴻頒豈偶然，宸題孝友世爭傳。 一門高譽令人羨，數頃名園為國捐。 佳節賦詩來遠客，畫堂觀典萃時賢。 李侯此日真榮寵，甲第光生棣萼聯。
		陳曉齋	李嘯庵	元戎頒匾義方懸，無限光榮感萬千。 大孝以身能作則，當仁有志每爭光。 宗風聲價推元禮，家學淵源羨謫仙。 且喜今朝開盛典，滿堂吟友獻詩篇。
中華藝苑 20-2 期 53.08	征塵〔註4〕	張鶴年	周植夫	轉蓬踪跡嘆羈孤，僕僕繁埃老鬢鬚。 萬斛隨風飄驛路，十年作客滯江湖。 沾衣遠較煙痕細，撲面時同雨點麤。 最是軟紅飛不斷，馬蹄聲裡感馳驅。
		周植夫	黃湘屏	收拾行踪起壯圖，不辭霜露在江湖。 愁生旅雁家山遠，夢醒荒雞野店孤。 客裡回思餘悵惘，燈前檢點總模糊。 風沙萬里歸來日，一拂征衣認故吾。
中華藝苑 20-2 期 53.08	合卺酒〔註5〕	陳泰山	周植夫	喜溢華堂鳳燭明，酒香瓊盞笑相傾。 結褵恰值重三節，一醉今宵好夢成。
		蘇鴻飛	劉春亭	鴛鴦聯盞玉雕成，花燭良宵賦定情。 一飲心同山海固，百年琴瑟永和鳴。
中華藝苑 20-4 期 53.10	商戰〔註6〕	林杏蓀	張晴川	貿易年來伏戰機，持籌握算競精微。 商場臨陣揮戈日，家國興衰重起飛。
		林光炯	周植夫	持籌闤闠極知機，操勝居奇似突圍。 貿易于今多格智，蠅頭蝸角鬥纖微。

〔註3〕刊載於《中華藝苑》第 19-6 號。作者有：周植夫、李嘯庵、劉春亭、張雨村、
　　　陳曉齋、陳泰山、鄭雲從、張鶴年、魏壬貴、李遂初、陳焙焜、張季眉、周枝
　　　萬、簡穆如；亦載於《詩文之友》第 20-2 期。作者多出：何亞季、陳友梅、
　　　顏懋昌、黃得時、張廷魁。

〔註4〕刊載於《中華藝苑》第 20-2 號。作者有：周植夫、黃湘屏、張晴川、鄭晃炎、
　　　張鶴年、陳友梅、李遂初、陳焙焜、鄭雲從、杜逈祥、魏壬貴、林光炯、卓夢
　　　庵、葉蘊藍、駱子珊；亦載於《詩文之友》20-6 期。作者同上。

〔註5〕瀛社、大同吟社聯吟擊缽，祝李建興先生令外孫黃世樞新婚。刊載於《中華
　　　藝苑》第 20-2 號。作者有：周植夫、劉春亭、陳泰山、葉蘊藍、駱子珊、陳
　　　焙焜、李遂初、周禮成、蘇鴻飛、周枝萬、張雨村；亦刊載於《詩文之友》第
　　　20-2 期。作者有：周植夫、劉春亭、陳泰山、葉蘊藍、駱子珊、陳焙焜、李
　　　遂初、周禮成、蘇鴻飛、周枝萬、張雨村、張鶴年、黃得時、林耀西、陳友
　　　梅、魏壬貴、陳曉齋、杜逈祥、劉春亭、鄭雲從、張庭魁、何亞季。

〔註6〕刊載於《中華藝苑》第 20-4 號。作者有：張晴川、周植夫、卓夢庵、黃湘屏、
　　　魏壬貴、李神義、葉蘊藍、許劍亭、李遂初、黃得時、林杏蓀、杜逈祥、林子
　　　惠、林光炯、陳焙焜；亦載於《詩文之友》第 20-6 期。作者同上。

中華藝苑 21-2.3 期 54.02.	春郊訪勝〔註 7〕	陳皆興	周植夫	出郭逢新霽，東風萬物蘇。 劍潭尋古蹟，貝塚賞名區。 撲蝶花千樹，聽鶯酒一壺。 春光人易醉，詩思滿平蕪。
		林杏蓀	林韓堂	初出都門外，川原似畫圖。 尋幽迷曲徑，覓翠踏平蕪。 陌上花千朵，筇頭酒一壺。 韶華舒錦繡，助我事清娛。
中華藝苑 21-6 期 54.12	延年菊〔註 8〕	李嘯庵	李紹唐	老圃勤難盡，延年百歲芬。 枝鍾天地氣，葉潤古今雲。 作對聯歡客，吟詩祝壽群。 華封九十載，種德好斯文。
		張鶴年	周植夫	花放東籬晚，凌霜獨不群。 色徵嵩嶽壽，淡似網溪雲。 隱逸持高節，幽清絕俗氛。 祇宜松作友，歲歲異香聞。
中華藝苑 22-2 期 55.02	迎春〔註 9〕 54.12.26 冬季覽修宮	阜夢庵	莊幼岳	眾卉經冬冷弗堪，殷期淑氣早回驂。 嶺梅備迓東皇駕，先向南枝綻兩三。
		張鶴年	周植夫	早儲椒酒與黃柑，為迓東皇一醉酣。 已見梅花先獻頌，熙和氣象滿瀛南。
中華藝苑 22-6 期 55.06	新燕〔註 10〕 55.03.06 志三居	陳友梅	周植夫	飛飛猶自翦紅霞，社日初看到海涯。 燕子似知人事改，銜泥無復覓王家。
		張晴川	魏壬貴	社日初來積善家，呢喃對語興無涯。 願君莫棄思源念，報效應師反哺鴉。

〔註 7〕刊載於《中華藝苑》第 21-2.3 號。作者有：周植夫、林韓堂、蘇鴻飛、林光炯、施學樵、張鶴年、鄞強、鄭晃炎、張季眉、李遂初、魏壬貴、李浩如、駱子珊、黃湘屏、張晴川。

〔註 8〕祝網溪楊嘯霞先生九秩大慶。刊載於《中華藝苑》第 21-6 號。作者有：李紹唐、周植夫、黃湘屏、林光炯、駱子珊、李嘯庵、蘇鴻飛、何亞季、林玉珊、林杏蓀、張晴川、李詩全、陳友梅、李遂初、林翰堂、鄭鴻音。

〔註 9〕刊載於《中華藝苑》第 22-2 號。作者有：莊幼岳、周植夫、許劍亭、林光炯、黃得時、李紹唐、何亞季、鄭晃炎、魏壬貴、蘇鴻飛、李嘯庵、黃湘屏、陳焙焜、林子惠；亦刊載於《詩文之友 23-5 期》，作者同上；何木火《亞季詩集》，民國 70 年 1 月 20 日，大立出版社，頁 161。

〔註 10〕刊載於《中華藝苑》第 22-6 號。作者有：周植夫、魏壬貴、張鶴年、李遂初、李神義、何亞季、蘇鴻飛、鄭晃炎、黃湘屏、陳友梅、李添福、杜迺祥、李詩全、李德和、鄞耀南、任博悟、李榕廬；亦載於《詩文之友》第 24-1 期。作者多出：林子惠、張振聲、鄭鴻音、曾慶豐、黃得時、黃啟棠、林韓堂、鄭雲從；何木火《亞季詩集》，民國 70 年 1 月 20 日，大立出版社，頁 160。

中華藝苑 23-4 期	蔗漿〔註11〕	陳友梅 鄭晃炎	周植夫 雙元	玉液如脂出蔗林，消炎盛夏見功深。一杯解渴思何已，老境彌甘共此心。
詩文之友 25-5 期 56.03.01	錄音機〔註12〕	張晴川	黃湘屏	巧設如天造，機靈韻最清。真音堪引證，偽辯豈能爭。已適傳宏論，還宜寄遠情。人間添此器，利賴佈新聲。
		張鶴年	周植夫	一卷留音在，能傳萬里情。匠心真巧妙，側耳甚分明。帶裡藏君話，天涯寄友聲。依稀如晤面，獨播到深更。
詩文之友 25-5 期 56.03.01	星期日〔註13〕 55.12.25 冬季會 瑞三大樓	林子惠	張晴川	普天七曜定干支，休息讀書正及時。自古星期稱密日，身心調濟兩相宜。
		鄭雲從	周植夫	人道耶穌安息日，我欣騷客醉吟時。一年五十匆匆過，不是看花便作詩。
詩文之友 27-3 期 57.01	漁笛〔註14〕 （次唱） 56.11.12 淡水祖師廟	張鶴年	周植夫	蒲篷泊處夕陽西，橫吹隨風度石隄。羨汝江頭老漁隱，數聲催月上東溪。
		張晴川	鄭鴻音	橫吹一曲與雲齊，恰似簫聲引鳳兮。三弄江天隨浪去，雄心直欲釣鯨鯢。
詩文之友 28-1 期 57.05	廉泉〔註15〕 （次唱） 57.01.14	葉蘊藍	林笑岩	涓涓石髓有餘寒，潔白長流下急湍。飲馬投錢千載事，至今人尚說清官。

〔註11〕夏季例會。刊載於《中華藝苑》第23-4號。作者有：周植夫、張鶴年、李神義、李紹唐、李浩如、蘇鴻飛、陳友梅、林萬榮、陳焙焜、曾慶豐、黃湘屏、鄭晃炎、林子惠、鄭雲從、陳綽然、卓夢庵；亦載於《詩文之友》第24-6號。作者同上。

〔註12〕刊載於《詩文之友》25-5期，作者有：黃湘屏、周植夫、黃春亮、李紹唐、張振聲、李少庵、楊君潛、蔡慧明、江紫元、鄞強、許寶亭、何亞季、李詩全、林光炯、蘇鴻飛、林子惠、卓夢庵；亦刊載於《中華藝苑》第23-6號。作者同上。

〔註13〕刊載於《詩文之友》25-5期，作者有：張晴川、周植夫、鄞強、張鶴年、許寶亭、陳友梅、林韓堂、黃啟棠、林義德、林光炯、陳綽然、楊君潛、張晴川、黃春亮、蔡慧明、蘇鴻飛；何木火《亞季詩集》，民國70年1月20日，大立出版社，頁152。

〔註14〕刊載於《詩文之友》第27-3期。作者有：周植夫、鄭鴻音、黃湘屏、葉蘊藍、鄭雲從、張鶴年、林玉山、詹吉辰、林韓堂、許劍亭、陳泰山、莊幼岳、黃鷗波、楊君潛、倪登玉、李紹唐；何木火《亞季詩集》，民國70年1月20日，大立出版社，頁141。

〔註15〕刊載於《詩文之友》第28-1期。作者有：林笑岩、周植夫、倪登玉、魏壬貴、蘇鴻飛、蔡慧明、張鶴年、李浩如、鄭雲從、陳綽然、駱子珊、林杏蓀、何

	北投松吟閣	張高懷	周植夫	一泓寒碧出層巒，澄澈依稀鏡裡看。 我愛官清同此水，投錢飲馬古今歡。
詩文之友 28-2 期 57.06	愚園晚眺〔註16〕 （次唱） 北投碧瑤旅社 會議室	李遂初	周植夫	主人風雅又謙虛，自闢愚園築石廬。 最愛憑欄吟望處，夕陽帆影去徐徐。
		倪登玉	劉萬傳	踏入愚園一望初，斜陽底事落徐徐。 蒼天有愛留春色，欲待騷人老眼舒。
詩文之友 28-3 期 57.07	瑞三介壽堂雅 集〔註17〕	賴子清	李遂初	繼起山陰醉玉觴，天教瑞氣萃基陽。 鏗鏘逸韻沖南極，磅礴金禧繞畫堂。 家教有經傳五子，清平無敵賦三章。 草山碑與元戎區，榮譽千秋說義方。
		陳曉齋	周植夫	百花生日啟華堂，輪奐真堪賦一章。 騷客風流追汐社，主人忠孝重珂鄉。 地名猴硐雲呈瑞，溪接龍潭水自芳。 更喜春晴冠蓋集，頌聲高並鉢聲揚。
詩文之友 29-4 期 58.02	促進淡水築港 〔註18〕	林義德	周植夫	海防廳設此名區，舊港凄涼長荻蘆。 合為重開勤浚渫，莫教深塞任荒蕪。 大洋北去通三島，公路東迴近上都。 寄語梧棲休並論，滬江形勝冠蓬壺。
		陳泰山	鄞強	為容船舶及時須，淡水端宜建港都。 萬國觀光航寶島，群黎沾澤樂方壺。 通商外匯充經濟，大業中興利運輸， 勝景堪期繁貿易，艨艟千艘任馳驅。

亞季、劉萬傳；何木火《亞季詩集》，民國 70 年 1 月 20 日，大立出版社，頁140。

〔註16〕刊載於《詩文之友》第 28-2 期。作者有：周植夫、劉萬傳、鄭晃炎、張振聲、蘇清林、張晴川、林笑岩、李添福、黃湘屏、莊幼岳、魏壬貴、李詩全、卓夢庵、陳友梅、鄞強、林韓堂、李神義、黃自修；何木火《亞季詩集》，民國70 年 1 月 20 日，大立出版社，頁 134。

〔註17〕刊載於《詩文之友》第 28-3 期。作者有：李遂初、周植夫、葉蘊藍、李嘯庵、賴子清、黃鷗波、張鶴年、李添福、魏壬貴、李本、黃得時、詹吉辰、黃自修、何崧甫、林金標、姚德昌、周維明、卓夢庵、魏經龍、李神義、張高懷、鄭晃炎、張季眉、陳綽然、林玉山、淡如、倪登玉、洪寶昆、曾慶豐、林子惠、駱子珊、蘇鴻飛、蔡惠明、張振聲。

〔註18〕刊載於《詩文之友》29-4 期。作者有：周植夫、鄞強、葉蘊藍、鄭雲從、林韓堂、莊幼岳、吳英林、黃春亮、李添福、李紹唐、許劍亭、蘇鴻飛、倪登玉、張鶴年、江紫元。

詩文之友 29-6 期 58.04	芝山岩懷古 〔註19〕 （首唱）	李乾三	周植夫	指點芝岩路，寒林尚鬱蒼。 日祠餘蔓草，古廟閱滄桑。 勝地遺碑在，春帆舊恨長。 客來尋往跡，無語弔斜陽。
		周植夫	張鶴年	六氏人皆渺，芝岩草又香。 難忘稗史在，漫說義民狂。 日寇身寧免，春祠跡已荒。 山川歸漢旬，酹酒拜元光。
詩文之友 31-4 期 59.02	北投冬曉 〔註20〕 （首唱）	倪登玉	周植夫	遠山初日吐還吞，一碧微茫認大屯。 霜氣侵時林影瘦，礦煙起處水聲喧。 尋詩客早寒猶重，買醉人多夢尚溫。 樓閣參差燈漸滅，不勝吟思入孤村。
		蘇鴻飛	鄭晃炎	北投勝地尚冬溫，草木青蒼鳥噪園。 丹鳳山峰煙霧鎖，法藏寺院鼓鐘喧。 雞聲叫曙沉寒月，人跡步虛趁曉暾。 別有小春新氣象，詩家獨得一乾坤。
詩文之友 31-5 期 59.03	屯山踏雪 〔註21〕	洪寶昆	鄭晃炎	雪積屯峰麗，扶筇趁好辰。 三千銀界現，十二玉樓真。 耐凍看梅早，衝寒覓句新。 翻山留屐齒，腳健老吟身。
		張鶴年	周植夫	冒寒攀邐嶺，到處似鋪銀。 杖底冰聲脆，林端霽色新。 尋梅羞白髮，詠絮羨朱脣。 鴻爪他年認，登臨近立春。
詩文之友 32-3 期 59.07	蕉雨〔註22〕 （次唱） 59.05.10	簡竹村	王精波	淅瀝聲中鹿夢殘，鄉心滴碎影形單。 明朝若許開晴霽，鳳尾先書一字安。

〔註19〕刊載於《詩文之友》第29-6 期。作者有：周植夫、張鶴年、林耀西、魏壬貴、李遂初、李普同、張晴川、黃春亮、陳友梅、卓夢庵、劉萬傳、蔡慧明、李紹唐、許劍亭、李神義、黃鷗波、黃自修、施勝隆、李詩全、葉蘊藍、楊君潛、林杏蓀、李添福、陳焙焜、李遂初。

〔註20〕刊載於《詩文之友》第31-4 期。作者有：周植夫、鄭晃炎、魏壬貴、張高懷、林光炯、林耀西、張晴川、張鶴年、鄭雲從、李添福、廖心育、劉萬傳、鄭鴻音、簡竹村、張振聲、陳友梅、陳焙焜、黃自修、李神義、卓夢庵、余冠英、李天鷺、施勝隆、蘇鴻飛、蘇水木、蔡秋金、江紫元。

〔註21〕刊載於《詩文之友》第31-5 期。作者有：鄭晃炎、周植夫、江紫元、陳焙焜、黃鷗波、葉蘊藍、張晴川、林有喬、林杏蓀、李嘯庵、陳友梅、鄭鴻音、李天鷺、張鶴年、蔡慧明、黃得時。

〔註22〕刊載於《詩文之友》第32-3 期。作者有：王精波、周植夫、陳友梅、倪登玉、

	萬華 王精波眼科	劉萬傳	周植夫	綠雲舒捲覆檐端，葉溜聲聲客夜寒。 鄉夢不成心易碎，那堪和淚滴更殘。
詩文之友 33-2 期 59.12	博浪椎 〔註23〕 中秋例會	張晴川	卓夢庵	一椎聲震祖龍聾，天使強秦兩世終。 漫道報韓無偉績，卻教扶漢建奇功。 空餘莽莽浪沙地，共恨蕭蕭易水風。 莫把圯橋呼孺子，留侯畢竟是英雄。
		張鶴年	周植夫	鐵椎揮處氣如虹，誓復韓仇不計功。 誤中副車關運數，更除苛政撥鴻濛。 圯橋有老呼孺子，戎幕何人輔沛公。 秦社動搖憑一擊，留侯畢竟是英雄。
詩文之友 34-6 期 60.10	旗亭話舊 〔註24〕	張鶴年	周植夫 雙元	半生牢落醉為鄉，又約登樓共舉觴。 酒伴漸稀人向老，詩情未減夢猶香。 談心白社知音少，回首紅窗寄意長。 誰唱黃河之渙句，至今韻事說三唐。
		江紫元		
詩文之友 36-2 期 61.06	老松〔註25〕 （首唱）	李嘯庵	張晴川	千載盤根志節堅，大夫百丈勢擎天。 雪深鱗甲搖山嶽，風冷岩霜響石泉。 耄耋孤翁添鶴壽，古稀四老享龜年。 他時梁棟成材器，歷漏滄桑萬世傳。
		王省三	周植夫	五株鐵榦勢摩天，挺立山中不記年。 飽閱滄桑身愈健，慣凌霜雪節彌堅。 風吹虬鬣龍吟起，月映虯枝鶴夢圓。 惟有靈椿堪伯仲，遐齡應過古彭籛。

葉蘊藍、蔡慧明、鄭鴻音、許劍亭、林笑岩、鄭雲從、李添福、鄞強、張鶴年、魏壬貴；何木火《亞季詩集》，民國70年1月20日，大立出版社，頁179。

〔註23〕刊載於《詩文之友》第33-2期。作者分別有33-2號：卓夢庵、周植夫、劉萬傳、林笑岩、蔡秋金、陳焙焜、鄭晃炎、黃鷗波、江耕雨、李天驚、施勝隆、劉斌峰、林杏蓀、葉蘊藍、張高懷。

〔註24〕首唱，孟夏例會。刊載於《詩文之友》第34-6期。作者有：周植夫、李添福、簡竹村、江紫元、黃湘屏、陳綽然、蘇鴻飛、張高懷、李嘯庵、蔡秋金、黃自修、林笑岩、倪登玉、張鶴年、陳友梅、鄞強、張晴川、李紹唐、陳焙焜、張振聲、葉蘊藍、林玉山。

〔註25〕花朝吟會，藉祝李嘯庵詞長八十華誕，簡竹村、鄭鴻音、林笑岩、張鶴年諸社兄古稀揆辰。刊載於《詩文之友》第36-2期。作者有：張晴川、周植夫、何亞季、張高懷、吳鏡村、李添福、魏壬貴、江耕雨、廖心育、蔡秋金、黃鷗波、黃得時、魏經龍、林笑岩、鄭鴻音、劉萬傳、陳焙焜、倪登玉、林韓堂、陳根泉、劉斌峰、鄞強、簡竹村、李嘯庵、張振聲、蘇水木、鄭晃炎、蔡慧明、王省三、蘇鴻飛。

詩文之友 36-2 期 61.06	春酒〔註26〕 （次唱）	簡竹村	廖心育	醇醪味熱值春溫，首向東皇晉一樽。 更喜盍簪詩頌壽，干霄筆氣壯乾坤。
		鄭鴻音	周植夫	甕頭香透酒初溫，又趁花朝壽一樽。 髣髴當年桃李宴，醉餘題句記名園。
詩文之友 37-5 期 62.03	劍潭懷古 〔註27〕 冬季吟會	張晴川	蘇鴻飛	劫歷潭無恙，延平霸業餘。 波光騰虎視，劍氣化龍初。 正朔延明祚，英魂護漢居。 騎鯨人去杳，憑弔感唏噓。
		王省三	周植夫	名剎移何處，空潭漾太虛。 劍沉千尺水，樹擁數間廬。 王氣寒風裡，鐘聲夕照餘。 延平今已渺，訪古一欷歔。
詩文之友 38-1 期 62.5	老鶴〔註28〕 癸丑花朝	葉蘊藍	周植夫 雙元	身世閒雲外，喬松是爾家。 雞群難比擬，仙侶自高華。 飽閱滄桑變，渾忘歲月賒。 孤山懷舊隱，長與伴梅花。
		倪登玉		
詩文之友 42-4 期 64.09	旗亭鬥句 〔註29〕 （首唱）	張鶴年	周植夫	賭句浮觴萃勝儔，盛唐諸老太風流。 新詩爭誦臙脂巷，舊事猶傳翡翠樓。 金殿寒鴉宮女怨，玉關楊柳戍人愁。 歌姬終解王郎困，一唱黃河萬古留。
		劉萬傳	林笑岩	旗亭盛會盡名流，乘興吟詩喜唱酬。 之渙佳章傳萬古，昌齡妙句歷千秋。 玉門關外春難渡，羌笛聲中客尚愁。 聽到黃河揚雅調，歌姬畫壁樂悠悠。

〔註26〕刊載於《詩文之友》第 36-2 期。作者有：廖心育、周植夫、李紹唐、劉萬傳、張高懷、王省三、陳根泉、李嘯庵、魏壬貴、蔡慧明、姚德昌、李天鷟、楊君潛、吳鏡村、王精波、林光炯、張晴川、蘇水木、賴子清、陳友梅、鄞強、蔡秋金、林笑岩、黃得時、黃鷗波、何亞季、曾慶豐、余冠英、陳綽然、蘇鴻飛。

〔註27〕刊載於《詩文之友》第 37-5 期。作者有：蘇鴻飛、周植夫、鍾淵木、張鶴年、張高懷、林笑岩、簡竹村、蘇水木、蔡秋金、張晴川、葉蘊藍、鄭鴻音、姚德昌、黃自修、張高懷。

〔註28〕並祝林占鰲同社八秩華誕。刊載於《詩文之友》第 38-1 期。作者有：周植夫、林耀西、李春榮、姚德昌、黃湘屏、蔡慧明、蘇水木、林韓堂、陳友梅、鄭晃炎、張鶴年、葉蘊藍、李嘯庵、魏壬貴、劉斌峰、卓夢庵、曾慶豐、蘇鴻飛、鍾淵木、張晴川、張振聲、王精波、陳佩坤、劉萬傳、廖心育、江紫元、鄭雲從、鄭鴻音、倪登玉、陳綽然。

〔註29〕刊載於《中國詩文之友》第 42-4 期。作者有：周植夫、林笑岩、李春榮、劉斌峰、蔡秋金、吳鏡村、姚德昌、蔡慧明、林郁卿、張高懷、陳焙焜、鄭晃炎、黃鷗波。

中國詩文 285期 67.11	向日葵 〔註30〕 （次唱）	蘇鴻飛	林韓堂	翻黃吐蕚獨新妍，一朵輕盈映日先。 不讓梅花爭氣節，赤心耿耿耀青天。
		張鶴年	周植夫	色帶鵝黃絕可憐，向陽開處獨鮮妍。 此花畢竟非凡品，傾慕心如鐵石堅。
詩文之友 297期 68.10	茶煙〔註31〕 （次唱）	黃錠明	周植夫	雨後新芽自揀挑，花瓷裊裊異香飄。 最憐輕颺能明目，一縷薰人睡意消。
		陳榮弡	蔡秋金	縷縷清香陣陣飄，客來當酒話寒宵。 遶爐三匝旃檀外，誰比盧仝韻更饒。
詩文之友 299期 68.12	每逢佳節倍思 親〔註32〕 （首唱）	蘇鴻飛	周植夫	時序推移感慨新，而今何處覓慈親。 春暉寸草空遺恨，令節他鄉倍愴神。 身上青衫橫海客，夢中白髮倚閭人。 傷心愧乏烏私報，此際追懷淚滿巾。
		周植夫	黃錠明	卅載南天寄此身，羅裳猶帶舊征塵。 已嗟兄弟秋蓬散，安忍妻兒餓腹頻。 每度新年皆灑淚，未逢佳節亦傷神。 還鄉待看風雷發，誓舉王師滅暴秦。
詩文之友 318期 70.07	北投春浴 〔註33〕 （建國七十年 花朝吟會）	黃鐵松	周植夫 雙元	泉鄉嘉樹碧參差，隱約樓臺見酒旗。 水滑煙輕人試浴，鳥吟風暖客題詩。 塵氛遠隔春流咽，礦氣微侵午夢遲。 儘有茗香醒薄醉，海棠花外夕陽時。
		盧懋青		

〔註30〕刊載於《中國詩文》第285期。作者有：林韓堂、周植夫、蔡慧明、張振聲、魏壬貴、劉萬傳、蘇鴻飛、簡竹村、廖心育、張晴川、高文淵、許哲雄、姚德昌、黃鐵松、江紫元、陳友梅、張鶴年、蔡秋金、鄭雲從、倪登玉、林玉青、陳焙焜、曾慶豐、鄭鴻音、陳榮弡、鄞強、蘇水木、黃得時、黃鷗波。

〔註31〕刊載於《中國詩文》第297期。作者有：周植夫、蔡秋金、王精波、何亞季、陳根泉、鄞強、倪登玉、吳鏡村、黃得時、鄭雲從、陳焙焜、張高懷、林義德、林韓堂、林玉青、黃鷗波、黃錠明。

〔註32〕刊載於《中國詩文》第299期。作者有：周植夫、黃錠明、鄭雲從、蔡秋金、黃春亮、林韓堂、曾慶豐、陳榮弡、黃自修、倪登玉、姚德昌、黃湘屏、蘇鴻飛、黃鐵松。

〔註33〕刊載於《中國詩文之友》第318期。作者有：周植夫、倪登玉、蔡秋金、楊君潛、張振聲、莊幼岳、吳鏡村、曾慶豐、李劍梶、黃得時、黃錠明、林韓堂、劉萬傳、周金土、陳榮弡、許哲雄、鄭晃炎、姚德昌、鄞強、林文彬、鍾淵木、鄭鴻音、張高懷、楊圖南、黃鷗波。

附錄四：文獻書影與照片

圖 1〔註1〕　　　　　　　　圖 2〔註2〕

〔註 1〕圖 1 書影版本為：周植夫仙逝時，他的門生去其家中整理詩作，幫他輯錄了
　　　　《竹潭吟槀》，在告別式時，用為紀念，倉促之間，簡單整理出約 36 頁的周
　　　　植夫紀念集。
〔註 2〕圖 2 書影版本為：基隆市詩學會編輯：《竹潭詩稿》（基隆：財團法人基隆市
　　　　文化基金會，1997 年 4 月）。

周植夫先生

圖 3〔註3〕　　　　　　　　　　圖 4〔註4〕

〔註 3〕圖 3 書影版本為：周植夫：《竹潭詩稿》，收錄於呂興昌審訂，黃哲永主編：
　　　　《臺灣先賢詩文集彙刊》（台北縣：龍文出版社 2006 年 6 月）。

〔註 4〕圖 4 書影出處：周植夫先生玉照。臺北市孔子廟詩學研究製作：《周植夫先生
　　　　吟詩集錦》（臺北市：北市孔廟詩學會，2002 年 9 月），內頁。李宏健提供。

周植夫先生、王靜芝教授、李普同先生合照

左二丁錦泉，左四王靜芝教授，左五李普同先生

左六周植夫先生，左七洪秀柱委員，左九周荃委員

圖 5〔註 5〕

〔註 5〕圖 5 書影出處：周植夫與人合照。臺北市孔子廟詩學研究製作：《周植夫先生
　　吟詩集錦》（臺北市：北市孔廟詩學會，2002 年 9 月），內頁。李宏健提供。

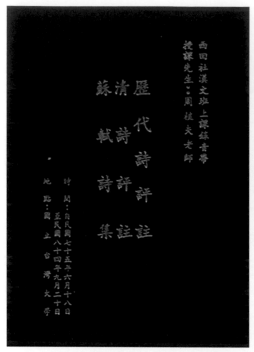 

圖6〔註6〕　　　　　　　　　圖7〔註7〕

〔註 6〕圖 6 書影出處：周植夫在臺灣大學數學館西田社漢文班上課用書。葉金全裝
　　　　訂：《周植夫老師上課錄音帶讀本》（台北：志文裝訂行，2007 年元月）。
〔註 7〕圖 7 書影出處：周植夫在基隆詩學會正心書會班上課用書。王文濡評註：《評
　　　　註宋元明詩》（臺北：廣文書局有限公司，1981 年 12 月）。

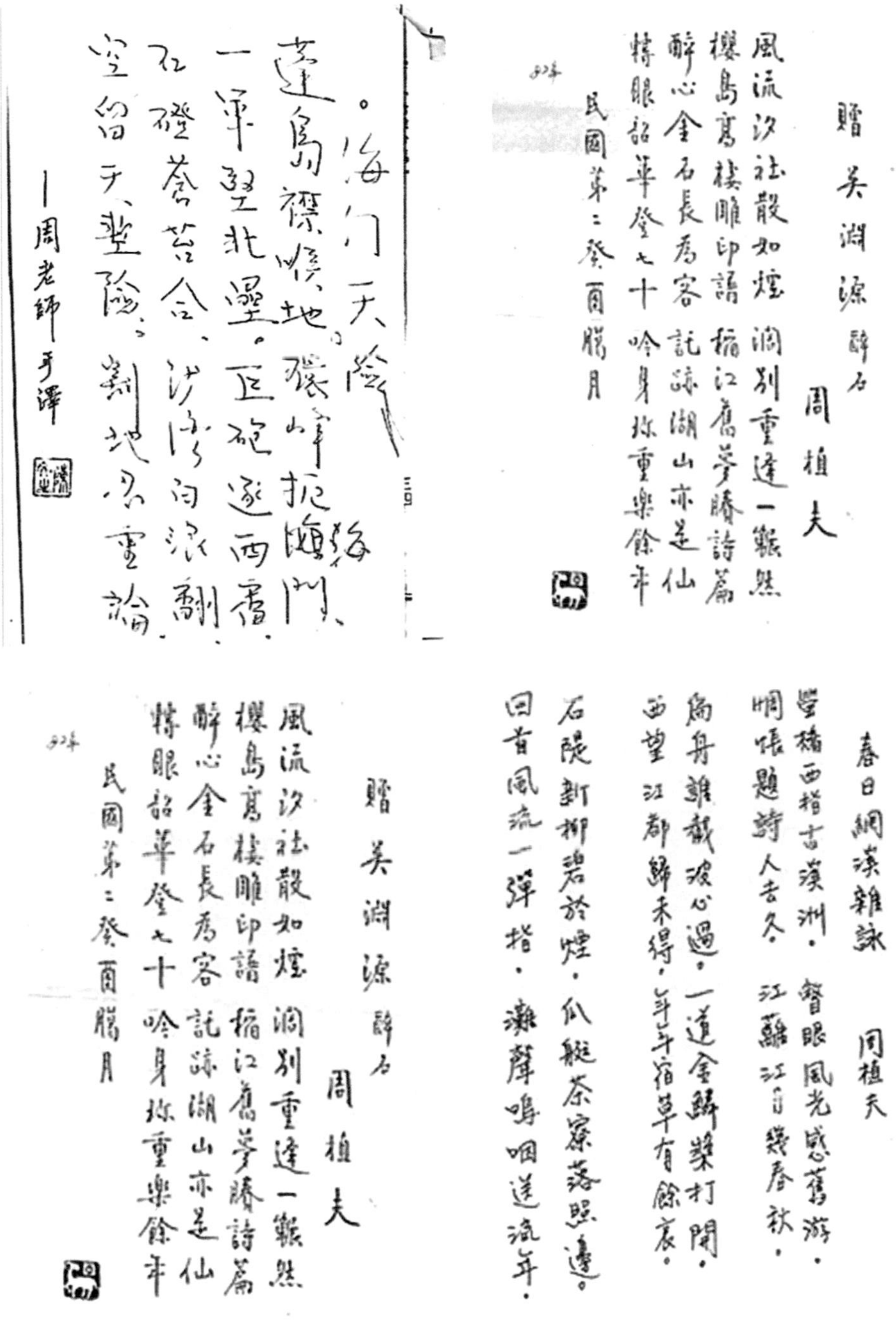

贈吳淵源辭石　周植夫

風流汐社散如煙　淵別重逢一粲然
櫻島高樓雕印語　稻江舊夢賸詩篇
醉心金石長爲客　託跡湖山亦是仙
精眼韶華登七十　吟身猶重樂餘年

民國第二癸酉臘月

——周老師手澤

春日網溪雜詠　周植夫

壁椿西指古溪洲。瞥眼風光感舊遊。
惆悵題詩人去冬，江繇江日幾春秋。
烏舟雖載波心過。一道金鱗槳打開。
西望江都歸未得，年年宿草有餘哀。
石隄新柳碧於煙。瓜艇茶寮落照邊。
回首風流一彈指。灘聲嗚咽送流年。

贈吳淵源辭石　周植夫

風流汐社散如煙　淵別重逢一粲然
櫻島高樓雕印語　稻江舊夢賸詩篇
醉心金石長爲客　託跡湖山亦是仙
精眼韶華登七十　吟身猶重樂餘年

民國第二癸酉臘月

圖 8〔註 8〕

〔註 8〕圖 8 書影出處：周植夫手稿，林正三提供。

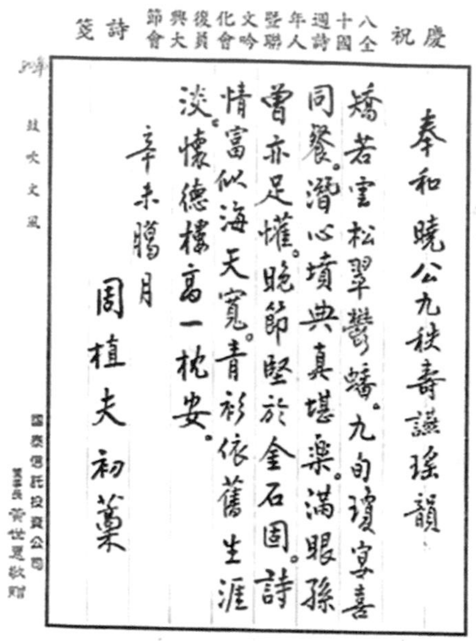

臘八讌集賦似了翁

驪風力振海之濱　禿筆依然漆思新
臘日消寒邀舊侶　網溪卜築隱閒身
曲欄翠映詩情遠　小甕香飄酒味醇
最是水西疏竹外　紅梅先報一枝春

辛未臘月
周植夫

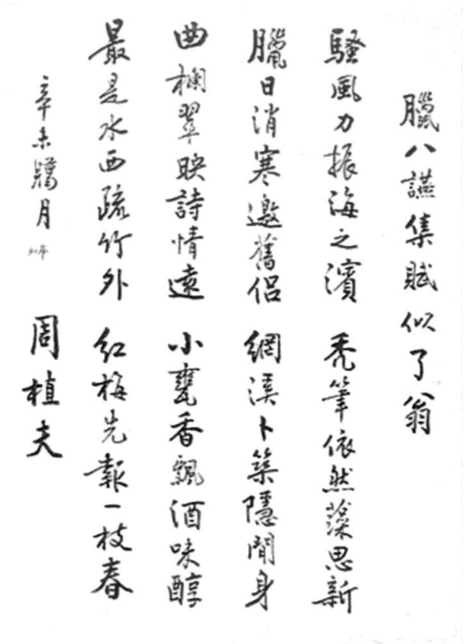

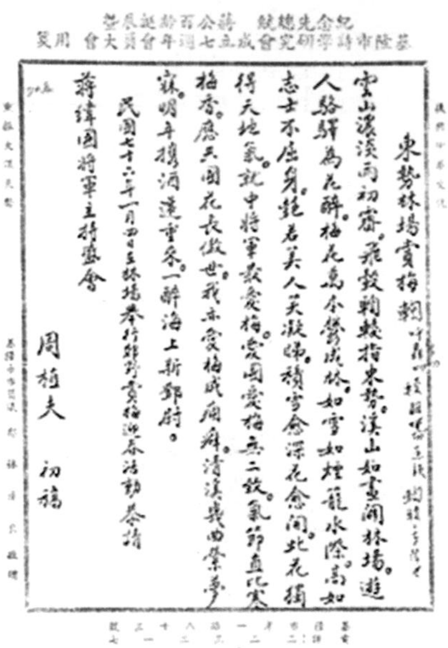

慶祝全國詩聯人暨年週十八文化復興大員會吟詩會節
詩箋
鼓吹文風

奉和曉公九秩壽讌瑤韻

矯若雲松翠鬱蟠　九旬讌宴真堪喜
同餐潛心墳典真堪樂滿眼孫
曾亦足懽　晚節堅於金石固　詩
情富似海天寬　青衿依舊生涯
淡懷德樣高一枕安

辛未臘月
周植夫初藁

慶祝全國詩聯人暨年週十八文化復興大員會吟詩會節
詩箋
鼓吹文風

紅梅山館花朝小集賦似幼岳詞長

風骨嶙峋翠柏同　此生高蹈
古城東滿樓書帙香能遠愛
國調章先盍工月夜眠吟追
汐社花辰共醉對鄲簡海隅
詩老今餘幾四百韻華去
太奴

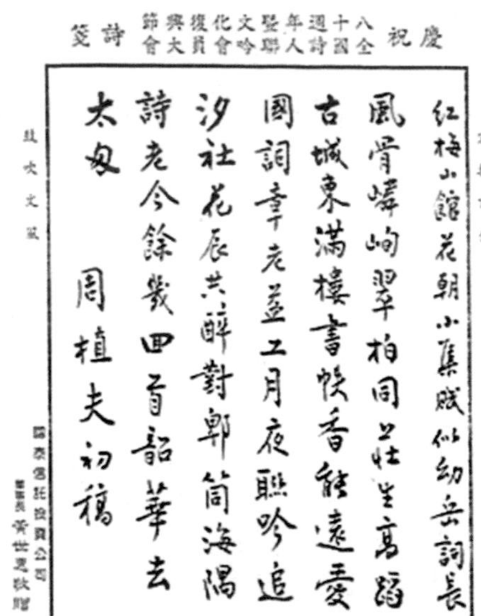

周植夫初稿

東勢林場賞梅翔翰

周植夫　初稿

圖9〔註9〕

〔註9〕圖9書影出處：周植夫手稿，林正三提供。

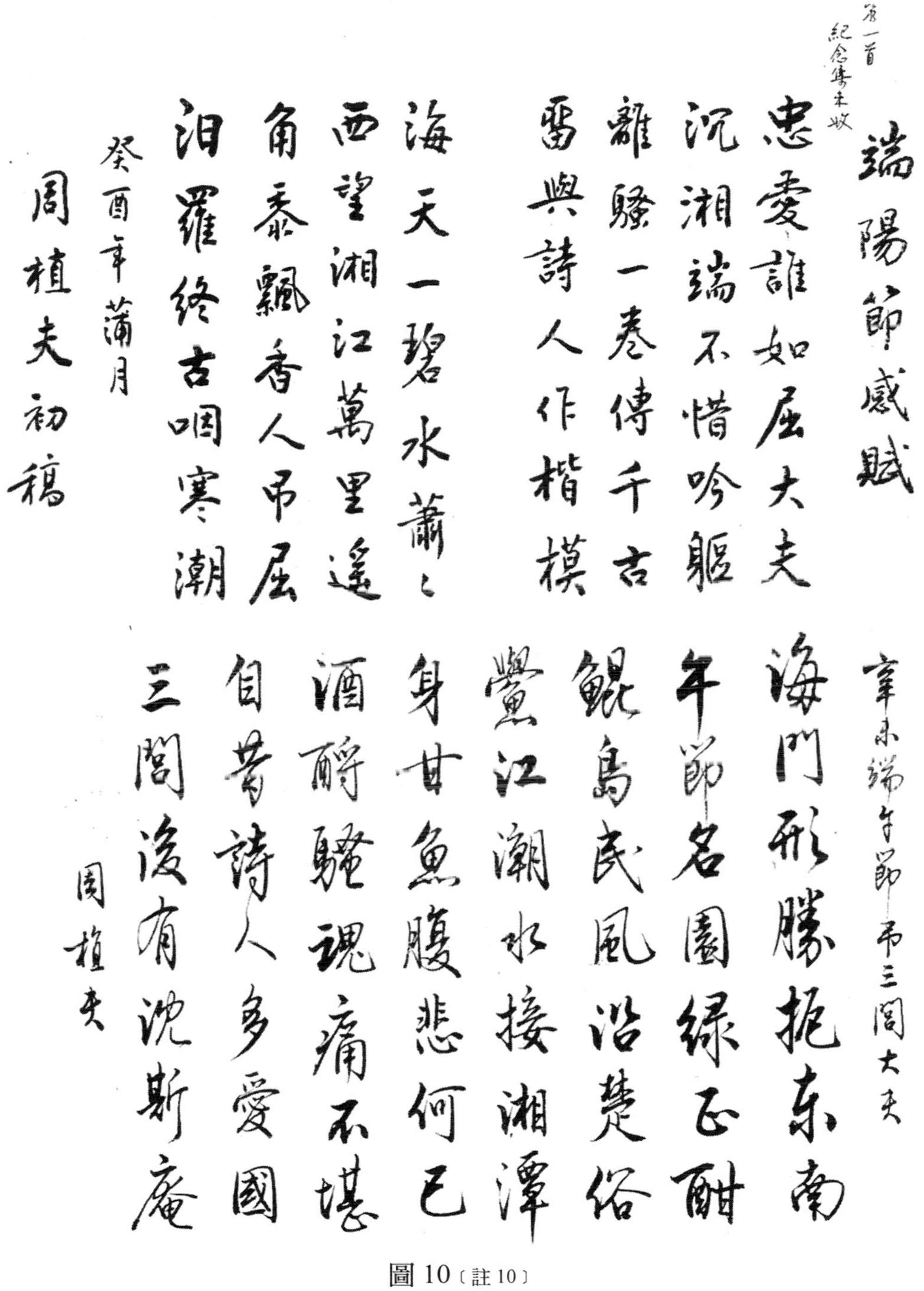

第一首
紀念隻集收

端陽節感賦

忠愛誰如屈大夫
沉湘端不惜吟軀
離騷一卷傳千古
霷與詩人作楷模

辛未端午節 弔三閭大夫

海門形勝扼東南
年節名園綠正酣
鯤島民風沿楚俗
鬱江潮水接湘潭

海天一碧水蕭々
身甘魚腹悲何已
酒醉驪魂痛不堪
自昔詩人多愛國

西望湘江萬里遙
角黍飄香人弔屈
汨羅終古咽寒潮
三閭後有沈斯庵

癸酉年蒲月
周植夫初稿
周植夫

圖 10〔註 10〕

〔註10〕圖 10 書影出處：周植夫手稿，林正三提供。

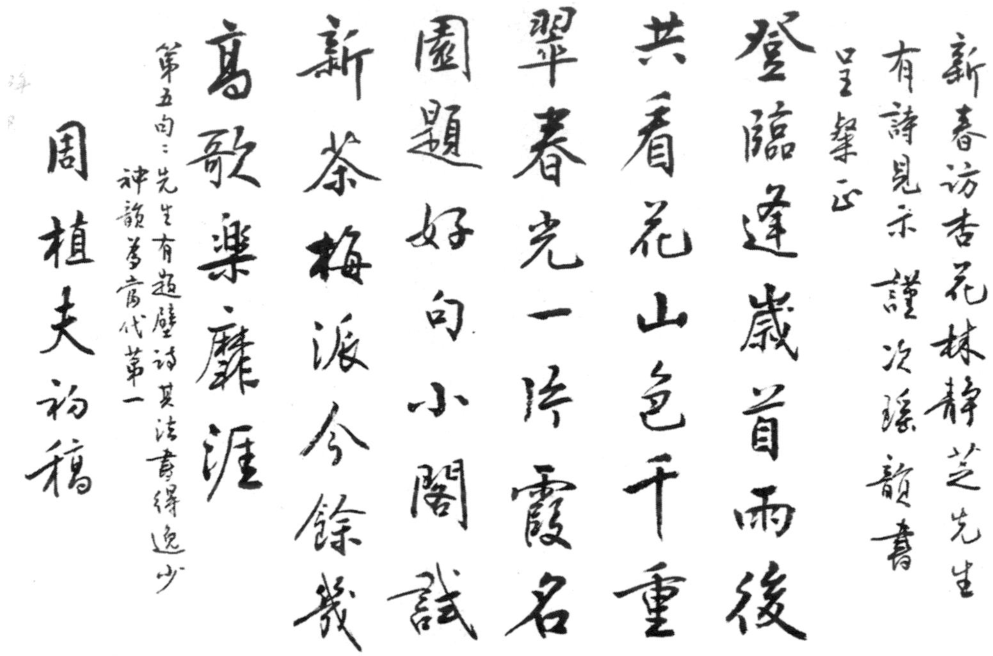

新春訪杏花林靜芝先生
有詩見示　謹次孫韻書
呈鑒正

登臨逢歲首雨後
共看花山色千重
翠春光一片霞名
園題好句小閣試
新茶梅派今餘幾
高歌樂麋涯
周植夫初稿

第五句：先生有趙璧詩其法書得逸少
神韻參當代革一

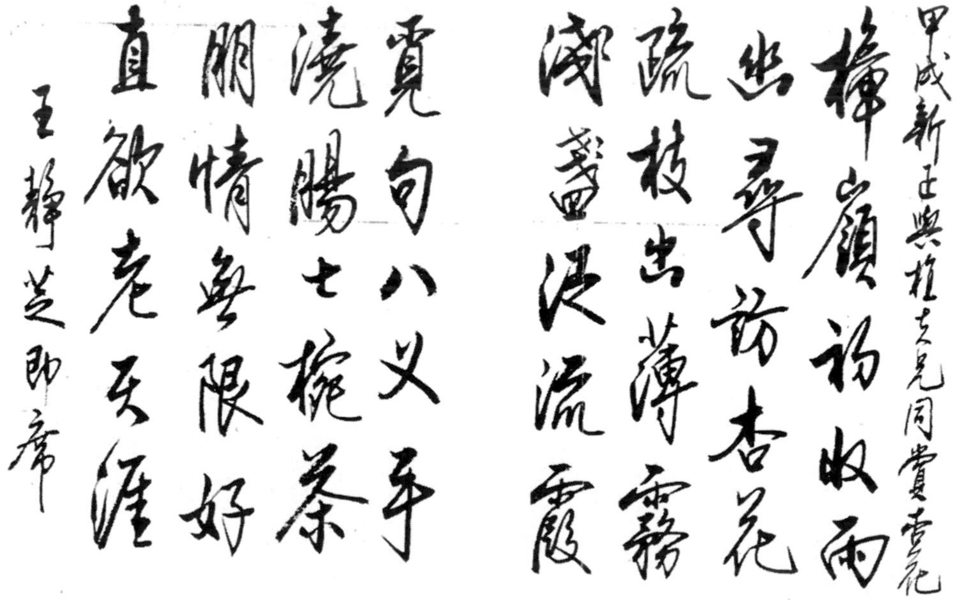

甲戌新正興植夫兄同賞杏花
樽前顧誚收雨
出尋訪杏花
疏枝出薄霧
瀨蟹泛流霞
覓句八叉手
澆腸七椀茶
朋情無限好
直欲老天涯
王靜芝即席

圖 11〔註 11〕

〔註11〕圖 11 書影出處：周植夫手稿。周植夫與王靜芝同遊杏花村唱和之作，丁錦泉
提供。

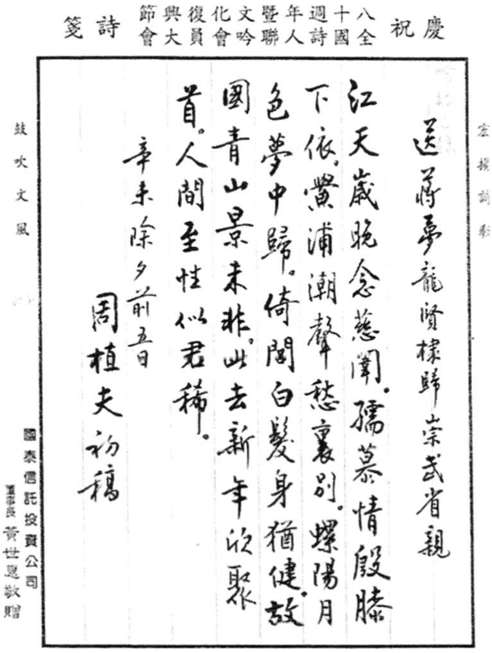

慶祝全國詩人聯吟暨十週年八年暨人詩週十國全慶祝　文化復興會員大會　興大員會　節興會　詩箋

宏揚詞教

送蔣夢龍賢棣歸崇武省親
江天歲晚念慈闈，孺慕情殷膝
下依。黃浦潮聲慈襄別，螺陽月
色夢中歸。倚閭白髮身猶健，故
國青山景未非。此去新年欣似聚
首，人間至性似君稀。
　　辛未除夕前五日
　　　　周植夫初稿

鼓吹文風
國泰信託投資公司
董事長 黃世惠敬贈

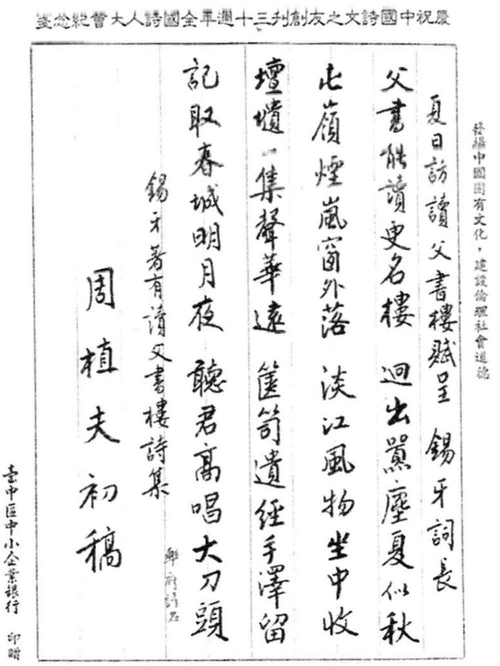

慶祝中國詩文之友創刊三十週年全國詩人大會紀念箋

蓬編中國固有文化，建設倫理社會道德

夏日訪讀父書樓賦呈 錫平詞長
父書能讀史名樓　迴出囂塵夏似秋
此簡煙嵐窗外落　淡江風物坐中收
壇壝一集聲華遠　篋笥遺經手澤留
記取春城明月夜　聽君高唱大刀頭
　　錫平為有讀父書樓詩集
　　　　周植夫初稿

臺中區中小企業銀行 印贈

圖 12〔註12〕

〔註12〕圖 12 書影出處：周植夫手稿，林正三、蔣孟樑提供。

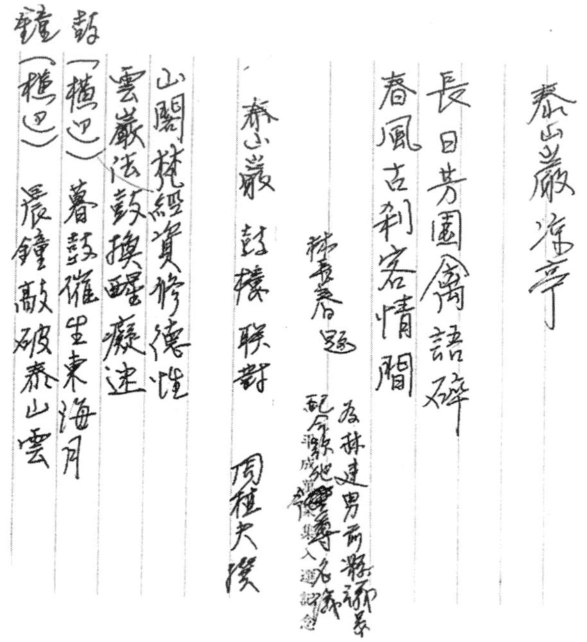

泰山巖凌亭

長日芳園禽語碎
春風古刹客情閒

　泰山巖　題標聯詩　周植夫撰

山關梵經資修德
雲巖法鼓喚醒癡

鼓〔按〕暮鼓催里東海月
鐘〔按〕晨鐘敲破泰山雲

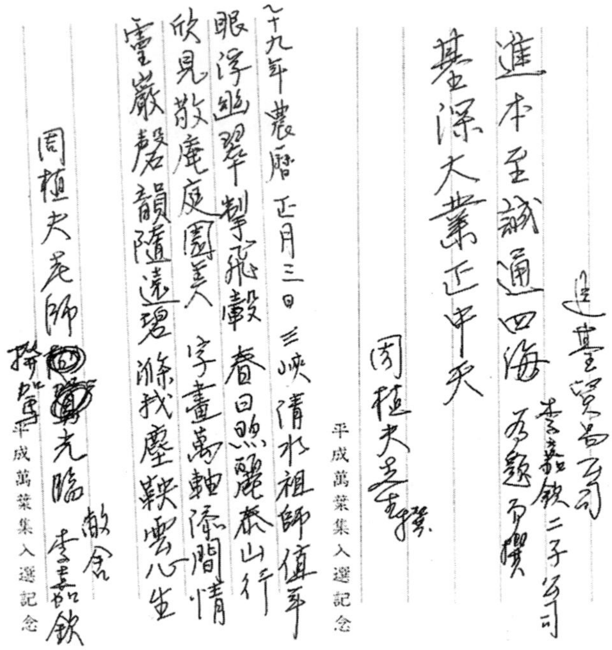

進本至誠通四海
基深大業正中天

眼浮幽翠製飛轂
欣見散塵庭園美

靈巖磬韻隨遠碧

二十九年農曆正月三日三峽清水祖師值年

周植夫老師　敬舍　李韶欽

圖 13 〔註 13〕

〔註13〕圖 13 書影出處：周植夫手稿，林正三提供。

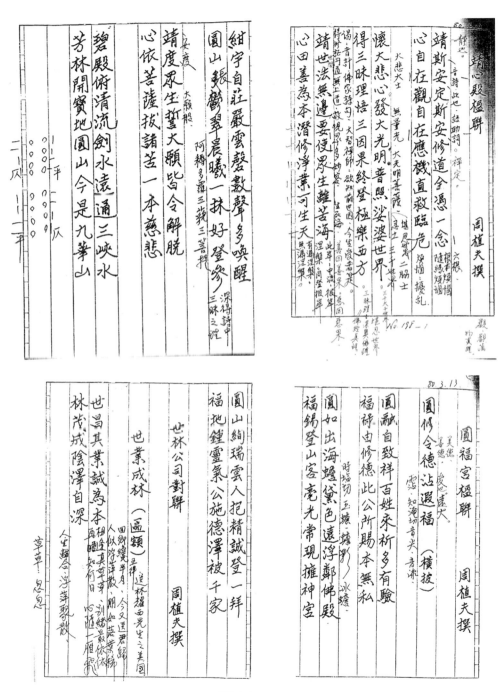

圖 14〔註 14〕

〔註14〕圖 14 書影出處：周植夫手稿，林正三提供。

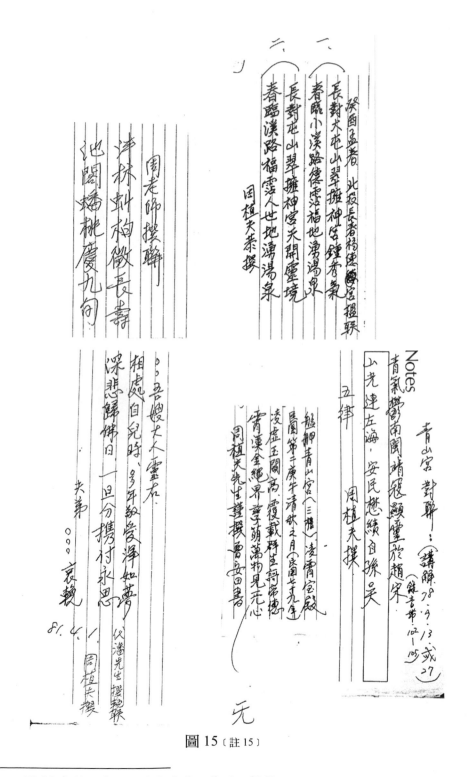

圖 15〔註 15〕

〔註 15〕 圖 15 書影出處：周植夫手稿，林正三提供。

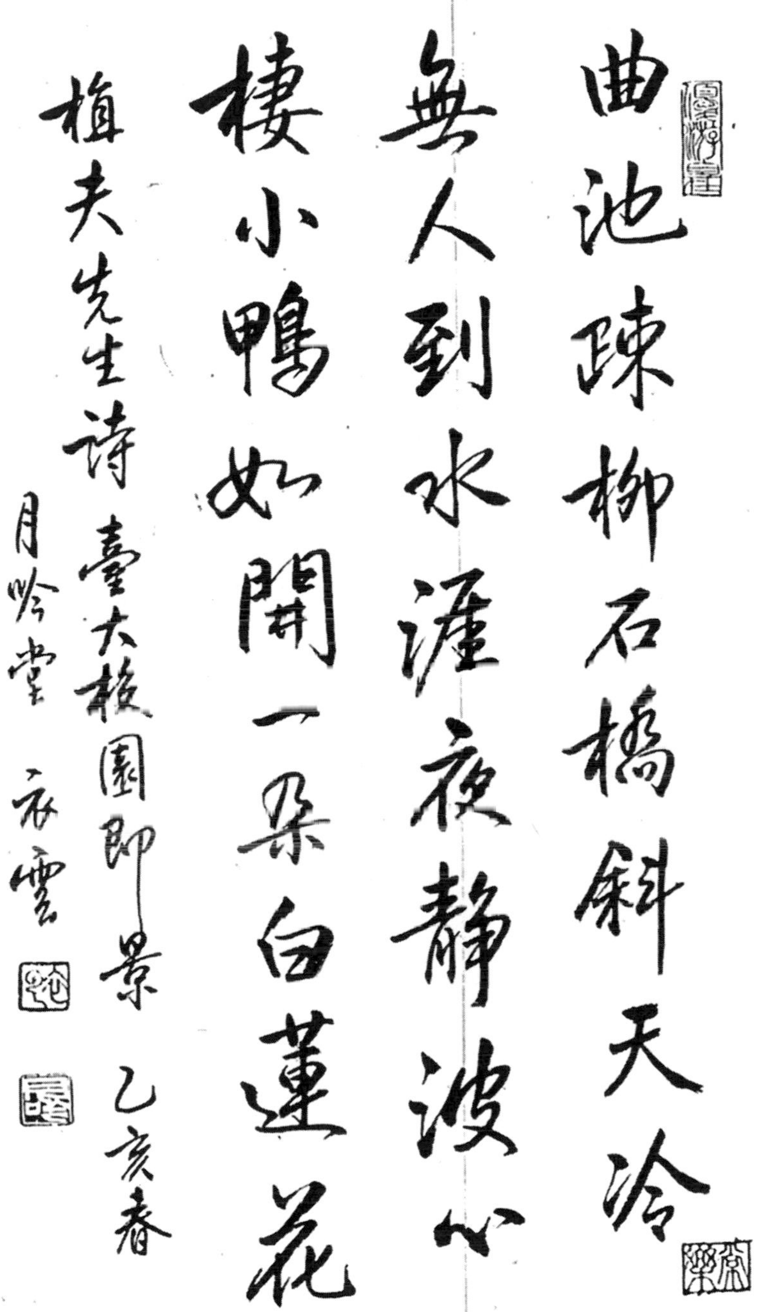

曲池疏柳石橋斜天冷

無人到水涯夜靜波心

樓小鴨如開一朵白蓮花

植夫先生詩　臺大椰園即景　乙亥春

月岑堂　衣雲

圖 16〔註 16〕

〔註16〕圖 16 書影出處：周植夫上課時經常提出的滿意作品，是其自認滿意作之一，
　　　　林正三提供。書家衣雲本名為林美娥，師承：謝茂軒、李普同、王靜芝教授。

—187—

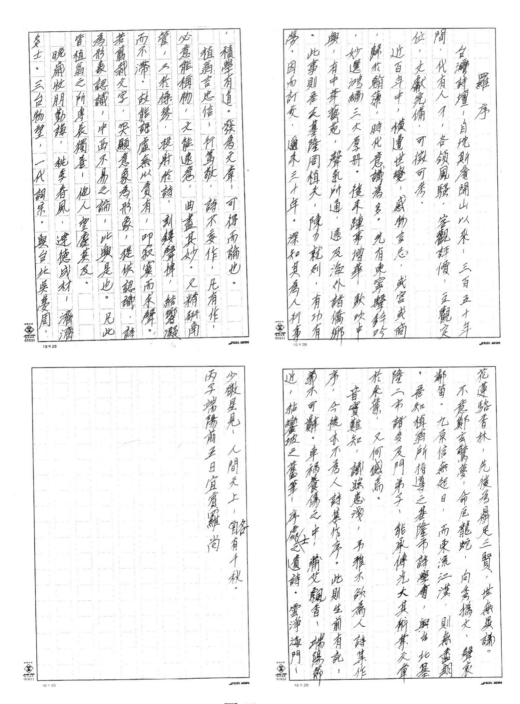

圖 17〔註 17〕

〔註 17〕圖 17 書影出處：羅尚在《竹潭詩稿‧序》的手稿，林正三提供。

圖 18〔註 18〕

〔註 18〕圖 18 書影出處：1995 年 10 月 11 日，中國時報，周植夫長子陳明仁提供。

圖 19 〔註 19〕

圖 20 〔註 20〕

〔註19〕圖 19 書影出處：1995 年 9 月 30 日，中國時報，蔣夢龍（孟樑）提供。
〔註20〕圖 20 書影出處：1995 年 9 月 30 日，新生報，蔣夢龍（孟樑）提供。

基隆國寶級藝文者老周植夫（左）教師節仙逝（記者盧賢秀攝）

「自由時報6頁」

84.9.30

北管者老 周植夫病逝

〔記者盧賢秀／基隆報導〕基隆市名詩人、北管者老周植夫，因腦瘤病變，廿六日教師節當天，病逝於暖暖宅中。

現年七十八歲的周植夫，早年從商、中年後，專心研究傳統詩書及北管舉曲。為國內少數精「漢文」的教授。除專研詩詞外，對中原詩韻學亦有專攻，為現任中華藝術學院詩學研究員及台大詩詞研習班教授。

周植夫雖無正式文憑學歷，但國內許多名詩人、教授等，均為其子弟，並以傳授中原幾千年傳統音韻為職志，深受地方藝文人士尊敬。另周植夫並研究日劇式微的北管戲曲，有時在藝宣大隊時，任職大隊，以重整北管旗鼓。

圖21〔註21〕

寶島回聲 ⊙黃隨

難忘「五心」之教
——好捨不得周老師

看到寶島版十月十一日「基隆永遠的老師——周植夫」，已於今年九月二十八日教師節當天過世，不捨之情，久久難以釋懷。

我曾受教於周老師門下三年有餘，除了研習中原古音漢語（亦即今閩之臺語）外，唐詩經由中原古音的朗誦帶讀與註釋，更使人不禁熱愛古典詩詞。周老師旁徵博引的功夫，可以為一首唐詩中的字或意義，淋漓盡致得讓人質疑不已，他的博學，他的讓賢，在在都是牽動人心，使我即

使再忙，也不捨得缺課的原因。周老師當時以七十六歲的高齡，每個週末中午，就從基隆搭公車到臺北來，又再轉車或走路到當時位於臺北市府旁的長安市場樓上，也就是歌子戲學會暫借來的一塊地址，舟車勞頓之餘，周老師仍有如神清氣爽，精神抖擻的議一群年輕人自嘆不如。有時候，高速公路大塞車，難免免不遲到一點，更使我們從他身上領略讀書人的風味是什麼。

在門下的要求下，熟悉南北管樂器演奏的周老師，一些曾經為聞因政治關係而自卑多時的人恢復了自尊和自信。

霧社事件後，日人建造神社，逼泰雅族人參加紀念日本死難者的法會。（郭相揚／提供）

與學生分享。當時我計著迷於學習歌仔戲的各種樂器鑼鼓，彈指功夫卻是不道地，甚且難以掌握，就此調教周老師如何醫婚而且技藝超群，他的眼神一亮，說道：「我十六歲時，開始學習拉彈等各種北管樂器，個性很執著，非學弊不可，一天之中，往往就拉上好幾個小時了龍休，睡覺和吃飯就龍在一塊了！」他又強調，切何學習也要用心、恆心、耐心、細心、決心，我謹記在心，至今，亦常為我的對象深刻，令我印象深刻。他的「五心」要用心、挫折時的警惕治之。

周植夫老師走了，他廣惜一生的勞像，胸懷中原的心，贏著蓄生命的偶像，淡泊遠避。他堪稱中原古意君子，而多少人反省自問學習的度，曾是多少人反省自問學習的態度，結束後，就會即興的拉個殺仔弦結，胸懷中原的心，贏著蓄生命的終

結束後，就會即興的拉個殺仔弦

84.10.19

圖22〔註22〕

〔註21〕圖21書影出處：1995年9月30日，自由時報，頁6，蔣夢龍（孟樑）提供。
〔註22〕圖22書影出處：1995年10月12日，中國時報，蔣夢龍（孟樑）提供。

中華民國八十八年十月一日　星期五　西田社　【第三版】

周植夫懷思詩文錄

瀛社詩友（瀛社擊鉢選輯錄）

左詞宗：黃鈗明
右詞宗：陳焙焜　選

左元右花　　　　林正三
利名不慕慕風騷，致力傳燈不憚勞，
榮膺詩文稱芷英，詞壇長憶一人豪。

右元左四　　　　蔡秋金
天不留人痛我曾，同郎才調筆刀刃，
君歸獨嘆工詩少，合供春秋一字裏。

左眼右四　　　　駱金梓
竹潭儒者報風騷，牛耳詞壇育俊髦，
植老愧歉高品藻，長摧硯界一文豪。

右眼左十六　　　王前
竹潭遺稿長堪羨，風韻清新格調高，
一世詞名何景仰，追懷德範啓吾曹。

左花右十五　　　黃義君
竹潭軒主本詩家，缺骨憧繁服我身，
歐白抒情推一代，瀛洲騷客盡庭英。

左五右十二　　　施良英
蓬瀛搖挖一詩豪，錦繡珠璣萬里翔，
白杜顏韓尊杜酒，竹潭書屋耀吾曹。

右五左三十　　　林振盛
周老才華筆似刀，難忘同社大詩豪，
滿門桃李皆賢杰，一代文光萬丈高。

左六右十　　　　蔣孟棣
江村消夏憶詩豪，逃矣良師仰節高，
暖水依然流日夜，竹潭餘韻最諂裹。

右六左二十　　　羅德川
竹潭大雅仰詞豪，綿杖晷眉育李枕，
化雨蓬萊千萬士，追思碩德頌騷高。

左七右八　　　　李宗波
江山筆繪一詩豪，栽句霜毫似鍛刀，
夠使君家勛德死，瀛洋才調勛同袍。

右七左廿四　　　洪玉琤
記曾謹　共揮毫，獨仰周翁格調高，
一代詞宗仰仙去，海門潮唁鳥爲號。

左八右九　　　　留錦輝
名聖響港仰詩豪，典範長垂隆李枕，
孔誕朱熹先欲憶，儒風最得後昆英。

左九右三十　　　林青雲
扣舷鳴鼓昔成哀，丕振元晉宜揮豪，
一自騎鯨雲開裹，留存白晝開閣豪。

左十右廿　　　　陳焙焜
詩文教授抵風騷，千參遺篇格調高，
篤學傳經讚莊豪，竹潭追念一賢豪。

左十一右十七　　林萬珠
不墨慮名名自高，泰風終極滿幸老，
竹潭餘韻詢儒杰，遺骨綱絢逞氣豪。

右十一左廿八　　張添財
縈港留品格高，平工半鐘一詩豪，
教養觀如分明緩，人去徒懷念苦勞。

左十二右廿二　　施良英
此京深愛俊名高，惜我無綠作佳燒，
翰墨詩詞道範高，永爲後世師範裏。

左十三　　　　　林慶助
先生怡淡持清振，海宇詩揚萬頃濤，
今日謹門盍弄芽，流風景仰似天高。

右十三左十七　　陳欽明
星微北斗失英豪，繁念周的化宵高，
詩僑竹潭傳國粹，河汾禮樂領風騷。

左十四右廿四　　翁玉維
粲詩教學懷周老，盍教全真屬鳳毛，
一代宗師桃李盈，滿門光耀月輪高。

右十四左十九　　許漢卿
宏揚國粹德詩豪，大筆如椽格調高，
綺被情殷承教誨，竹潭風範尊榮裹。

左十五右廿七　　張耀
素萊神韻號詩豪，絃繁纏梁冠古裹，
每日晨喚多母景，植公大教懷風高。

右十六左廿一　　張慈民
昔聞夫子是詩豪，未識先生品章，
今日為文長憶念，吉祥樓外月輪高。

左十八右廿八　　許又勻
傳經韜略巧一賢豪，綠竹詩風懷志高，
五載芝儀視佳憶，容留詞枕愧德騷。

右十八　　　　　張耀仁
久仰文章一代豪，宏揚國粹風淘淘，
栽培後進登賢士，永念植公詩品高。

右十九　　　　　羅洗靈
植公詞試潤余陶，筆寫江山乾手綻，
德澤騷壇聊五載，追隨七起薪詩豪。

右二十五左卅六　李洵庵
一代詩翁吞筆刀，周師學博姓名高，
榮生藝苑栽桃李，辛勉培育羣英高。

左廿一　　　　　楊振福
竹潭桃李憶詩豪，世慕鴻儒格頌豪，
筆力賢神瘡海晴，星沉五載仰功高。

右廿一左廿七　　許欽雨
風騷壇　仰詩豪，氣骨文章格調高，
一代大師今已杳，長留教澤思哀高。

右廿二左廿兜　　黃鈗明
沖淡如同互綿陶，儒修孝行一詩豪，
人天永隔空悲波，千古基津松竹高。

右廿六左廿九　　蔡達時
遠懷周翁格調高，植夫不慮老詩豪，
先生已逝風微杳，鼓吹羣學學晨豪。

左廿八右廿六　　彭強
大同瀛壯譽文豪，考義隻全志師高，
弟子三千皆俊秀，植夫才學仰榮裹。

懷念詩人周植夫先生

懷詩人周植夫先生
　　　　　　　　陳欽財
逝世周公已五年，莘莘學子夢繞牽，
竹潭詩稿成遺教，國粹傳薪成月延。
懷詩人周植夫先生

　　　　　　　　蔡寶藏
衛道功高日月參，趨衰文運憶開庭，
砥柱管樂栽桃李，典範長留念再三。
懷詩人周植夫先生

與有
竹潭遺稿我深忱，垂世清徽作指南，
衛道傳經幸亦強，揚風設桅苦循甘，
藝術管樂聲名著，學高詩杳志師南，
孝行嘉言成典範，後生獨慕感恩栗。
懷詩人周植夫先生

　　　　　　　　巫金印
白戰培中學八又，琴書養性無邪，
才華洋溢周師娓，藝苑清徽泉口詩。
懷詩人周植夫先生

　　　　　　　　柯幸吉
春風吹拂隊平疇，玉嚴參天同不休，
夫子勤勞為何事，漢魂一脈存千秋。
懷詩人周植夫先生

追憶恩師憶來開，竹潭詩稿零惹著，
麗醉盈在香中歌，古調循師高上彈，
一息鴻文玲謇苑，耄生素業賢疑誰，
修身樂道行仁孝，德範風儀琢肪肝。
懷詩人周植夫先生

　　　　　　　　張耀仁
風水暖暖辭文豪，七少時成筆似刀，
提寫生徒多俊士，細懷周老德恩高。
懷詩人周植夫先生

　　　　　　　　陳焙焜
五載思恩載月更，綏雲端慕波須領，
齊師亦衣情何限，研究醇思未乘，
孝道仁風傳繁港，詩才德望慷高，
周公往事成追懷，千念遺願萬世名。
懷詩人周植夫先生

　　　　　　　　林圓珠
失教孔留繁家思，每德周師雛自持，
素筆三台弘呈教，領裏臺北授騷詩，
春風餘澤道為重，首閭閣干志不移，
賴籍再暉慎慷記，暖江詩呼沙遲遲，
伴企周植人社思。

　　　　　　　　黃鈗明
締盟瀛社記當年，回首人寰幾變遷，
閣杜不禁傾滯波，見慣争憶詩箋，
風騷早著三台上，心力研傳七字連，
欲向遺編翻平璞，基塵重到怡淒然。

緬懷植夫夫子

　　　　　　　　林正三
芝儀道範隔人子，痛失南針閱幾年，
一代聲名留翰墨，千秋志業托絲弦。
荃津日見醫風振，襲都行看古樂傳，
譽滿蓬瀛原不泯，每晴遺像哭師場。
懷詩人周植夫先生

　　　　　　　　楊振福
縈港奇才仰周夫，雕龍繡虎一鴻儒，
傳經勛學文心壯，尚義宣仁德性敷，
學滿驪壇留典範，魂歸淨土悴浮翟，
遺詩篇首盒金玉，擲地嘉聲震五都，
佩周夫子　五首

　　　　　　　　林容煌
捐館遑秋思不休，悵江鳴咽令人愁，
怳無床玉招魂闔，長使門生淌泗流，
坎脝阿遊憶昔吟，提堂共藥笑聲融，
清泉山色今猶在，不見先生話舊知，
平生不斷繁驪座，孝思繫繞綰北堂，
至孝哲今何處見，招修嘆慨共心傷，
昔日歡君有後事，依稀在耳八三秋，
誰知七八歲綠了，執綿門生溯未休，
竹潭一息足心領，滿懷經綸執可勗，
最是盈懷成典範，何堪宿隕憶先生，
植人夫子逝世第五年歲賦
受業蔣夢龍

　　　　　　　　受業蔣夢龍
締約江村記菩遊，竹潭餘韻結憂思，
恩師不見江山走，暖水依然悟江流！
周夫子植人先生仙遊第五年
同學集聲於古大教譽啓遺思

　　　　　　　　巫金企
思恩夫子四星霜，醉月湖漫詠結章，
立德騷壞長不朽，竹潭詩稿永沈芳，
植人夫子逝世第五年歲賦

　　　　　　　　王前撰
恩師處世抱情眞，風範彌然入夢前，
念載從遊承教誨，塘懷此印永流新，
己印詩人節憶遵週通週夫子故文

　　　　　　　　孟秋壽賀鶴仁
白港高人岑，草廬不可違，
來途仍雨雨，趨怛晉和風，
流水三年別，浮雲萬古同，
心思江上路，明復見周公。
己印詩人節憶契上作

　　　　　　　　孟秋壽賀鶴仁
大恓吾師眞己癸　屈志分明民罠紀，
黃昏憶到八百秋，一片輝聲邁時趨。

圖23〔註23〕

圖 24〔註 24〕

圖 25〔註 25〕

〔註24〕 圖 24 書影出處：雨港儒商陳讚珍（1887～1958）與詩友於 1956 年合影留念
（前排右起張鶴年、陳讚珍、陶芸樓，二排右起應俠民、陳泰山、劉春榮、
呂漢生、陳其寅，後排右起周植夫、陳道南等）。《基隆古典文學史》，頁 242。
〔註25〕 圖 25 書影出處：1961 年 5 月，大同吟社 30 週年社慶（右起陳泰山、陳望
遠、林金標、李普同、張作梅、林耀西等）。《基隆古典文學史》，頁 242。

圖 26〔註26〕

圖 27〔註27〕

〔註26〕圖26書影出處：1962年3月，大同吟社社長陳其寅自宅「懷德樓」落成紀念，敬邀全台藝文大老蒞臨盛會（前排左起陶芸樓、李超哉、成惕軒、李漁叔、馬壽華、張魯恂、陳其寅社長、于右任院長、林番王市長等，後排左起李普同、顏山岵、周植夫、楊添火、楊女士、林耀西、詩友們等）。《基隆古典文學史》，頁257。

〔註27〕圖27書影出處：1968年夏季，大同吟社敬邀當代學者蒞基（前排右起羅慶雲理事長、陳其寅社長、考試委員成惕軒、考試院長楊亮功、監察院長張維翰、易君左教授、李漁叔教授、審計官陳德潛，後排左起第二位陳兆康、陳彥宇、陳欽財等）。《基隆古典文學史》，頁257。

圖 28〔註 28〕

圖 29〔註 29〕

〔註 28〕圖 28 照片出處：左起為周植夫、李普同、曾安田。曾安田、張玉盆提供。
〔註 29〕圖 29 照片出處：左起為謝健輝、傅啟富、周植夫、曾安田、黃金陵。曾安田
　　　　與張玉盆提供。

圖 30〔註 30〕

圖 31〔註 31〕

〔註30〕圖 30 照片出處：後排第一位（左起）依序，黃篤生、謝季芸、周植夫、廖禎祥、施展民、曾安田、傅啟富；前排第一位（左起）依序，李其昌、張順興、張玉盆、李鍊珠、蔣海苔、周絹。曾安田與張玉盆提供。

〔註31〕圖 31 照片出處：左起為謝健輝、周植夫、曾安田、吳冬惠。曾安田與張玉盆提供。

附錄五：訪談紀錄與照片

訪談日期	訪談對象	合影照
2019 年 3 月 6 日	拜訪周植夫長公子陳明仁，海東書會會長蘇心彤，林正三社長，周植夫長子明仁兄。	下圖 1
2019 年 8 月 19 日	拜訪蔣孟樑、王前、林正三討論《竹潭詩稿》（基隆詩學會，愛七路）。	下圖 2
2020 年 1 月 21 日	在南京東路與臺大陳金次教授、林正三理事長討論周植夫之上課等事項。	
2020 年 4 月 3 日	拜訪臺大西田社班長葉金全詞長（赤峰街）。2021 年葉金全仙逝。	下圖 3
2021 年 3 月 15 日	拜訪謝季芸書家在中和秀峰街玥樓書畫室。	下圖 4
2021 年 3 月 17 日	拜訪張明萊在山波書房訪談。	下圖 5
2021 年 3 月 23 日	請陳慶煌教授邀約李宏健會計師。訪談他跟周植夫學詩的心得等。	下圖 6
2021 年 3 月 30 日	拜訪丁錦泉討論相關事宜。（羅斯福路五段）。	下圖 7
2021 年 4 月 5 日	與林正三拜訪廖禎祥（光復南路）。	下圖 8
2021 年 4 月 8 日	拜訪蔣孟樑、鄭水同、余忠孟（基隆詩學會，愛七路）。	下圖 9
2021 年 4 月 9 日	拜訪曾安田書家（泰山明志路）。	下圖 10
2021 年 4 月 20 日	拜訪黃鶴仁（瀛社前理事長），三重自強路。	下圖 11
2021 年 5 月 8 日	在臺大醫院捷運站 2 號出口處，與臺大陳金次教授再次校稿。	下圖 12

圖 1〔註1〕

圖 2〔註2〕

〔註 1〕圖 1 照片出處：2019 年 3 月 6 日，拜訪海東書會會長蘇心彤（左 1）、林正三社長（左 2）、周植夫長子陳明仁（左 3），筆者（右 1）。
〔註 2〕圖 2 照片出處：2019 年 8 月 19 日，拜訪林正三（左 2）、蔣孟樑（左 3）、王前（右 1）討論《竹潭詩稿》（於基隆詩學會，愛七路），筆者（左 1）。

圖 3〔註 3〕

圖 4〔註 4〕

〔註 3〕圖 3 照片出處：2020 年 4 月 3 日，拜訪葉金全於赤峰工作室訪談。2021 年葉
　　　金全仙逝。
〔註 4〕圖 4 照片出處：2020 年 3 月 15 日，拜訪謝季芸書家在中和秀峰街玥樓書畫
　　　室。

圖 5〔註 5〕

圖 6〔註 6〕

〔註 5〕圖 5 照片出處：2020 年 3 月 17 日，拜訪張明萊在山波書房訪談。
〔註 6〕圖 6 照片出處：2021 年 3 月 23 日，請陳慶煌教授（左 1）邀約李宏健會計師
（左 2）。訪談他跟周植夫學詩的心得等。筆者（左 3）。

圖 7〔註 7〕

圖 8〔註 8〕

〔註 7〕圖 7 照片出處：2021 年 3 月 30 日。拜訪丁錦泉於羅斯福路住家。
〔註 8〕圖 8 照片出處：2021 年 4 月 5 日，與林正三拜訪廖禎祥書家（光復南路），
　　　　林正三拍攝。

圖 9〔註 9〕

圖 10〔註 10〕

〔註 9〕圖 9 照片出處：2021 年 4 月 8 日。拜訪蔣孟樑（左 2）、鄭水同（左 3）、余
　　　　忠孟（右 1），在基隆市詩學會（愛七路），討論《竹潭詩稿》及相關議題。筆
　　　　者（左 1）。
〔註 10〕圖 10 照片出處：2021 年 4 月 9 日，拜訪曾安田於泰山明志路。

圖 11〔註 11〕

圖 12〔註 12〕

〔註 11〕圖 11 照片出處：2021 年 4 月 20 日，拜訪黃鶴仁在三重自強路。
〔註 12〕圖 12 照片出處：2021 年 5 月 8 日，在臺大醫院捷運站 2 號出口處，與臺大
陳金次教授再次校稿。

附錄六：補充資料

在《竹潭詩稿》有一首〈贈葉潤青書家〉長篇七古之作：

〈贈葉潤青書家〉

蘭陽人物多俊異，溪流清泚接洙泗，

詩社鼎立時聯吟，至今文風尚昌熾，

龜島雄峙太平洋，大開決衍犀嘉穗，

千林松檜三代前，奇峰崒崒亂蒼翠，

蘭城猶傳良巽門，中有葉氏忠孝第，

百餘年來守儒商，世以誠信重闤闠，

傳家惟有聖賢書，斯文如縷維不墜，

就中潤青克家兒，才氣崢嶸富藻思，

少日櫻都躋上庠，銜華佩實稱上駟，

客中俳句偶遣懷，即席詩成壓儕輩，

尤耽書法時臨池，鍾王墨蹟縈夢寐，

矮窗燈火明殘宵，三寸羊毫手親試，

永懷老嫗磨鍼言，肯使中路成捐棄，

名家都從苦處來，絕無不勞能幸致，

滄浪謂詩有別才，豈可無才便棄置，

所嗟末學少讀書，下筆終乏書卷氣，

古來未有爭讀書，只要恆心抱一志，

自成一家古所難，入帖出帖談何易，

管子格言洵不虛，為者常成行常至，

潛研八法四十秋，落筆悠然見胸次，
中年偶臨白毫庵，墨痕濃淡自妍媚，
豈甘執法為奴書，毫端時自出新意，
興來醉墨伸長宣，識如沙漠奔渴驥，
歷代碑帖靡不窺，湛思邃蓄益精詣，
今遴百幅俱精華，特將展出揚國粹，
自言塗鴉敢鬻錢，願共同好切文字，
我聞此言長感歎，直寫巴詞致深摯，
由來文士品愈高，愈自謙沖薄榮利，
窮閻陋室心自閒，齏鹽別有淡中味，
葉君歷落嶔崎人，老戀友生重風義，
舊隱溪山如畫圖，書法一藝情所寄，
揮灑直欲追晉唐，掉鞅書壇實無愧。〔註1〕《竹潭詩稿，頁 124～
125。》

推敲此詩若是一般應酬詩，不應作如此長篇之詩。而且詩中對葉老家世、為人甚為瞭解，應是平常有所交情，或受人重託，筆者想要一探究竟。但在圖書館皆找不出資料，在網路上有書影，但沒書，於是拜託各詩家、書家，查詢資料。陳慶煌教授有文回應：

〈蘭陽書法家葉潤青先生簡介〉

葉潤青字甘霖，宜蘭人。世為儒商，以誠信聞，嘗居邑中艮門孝廉里。少之時，赴日本東京就讀大學，能作俳句，尤耽書法，取徑鍾、王，轉益多師，數十載如一日。中年偶仿明末白毫庵張瑞圖所創不循常規，天真直率之書風，最後仍以晉唐為依歸。其《葉潤青書法展作品集》一、二兩輯，分別由名家曹容、傅狷夫題簽，觀其內容，各體兼工，剛柔並濟，銀鉤鐵畫，氣勢非凡，自有獨到之處。〔註2〕

繼而張明萊傳來資料，葉潤青〈自題近照〉詩：

年將耳順敢偷閒，朝暮臨池漢晉間。
探奧求真追古道，書壇回首鬢毛斑。〔註3〕

〔註1〕葉潤青：《葉潤清書法展作品集》（台北：天母別齋，1983年），頁6～7。
〔註2〕引文出自：陳慶煌臉書（facebook），2021年5月2日。
〔註3〕葉潤青：《葉潤清書法展作品集》，頁9。

　　葉老書法展於民國 72 年 2 月 22 日至 2 月 28 日，展場省立博物館教室，作品集葉老師自己印製出版於民國 72 年，從葉老其自題辛酉詩作，辛酉時為民國 70 年，71 年壬戌為葉老還曆周甲之歲，推算葉老師應 1922 年出生，時當民國十一年，也是民國第一壬戌。

　　將此資料給陳慶煌教授過目，他馬上回應：

〈拜觀葉潤青鄉賢辛酉自題元玉及書跡有感〉

賦詩還曆態安閒，八法純青筆硯間。

屈指爾今當滿百，墨痕猶潤石文斑。〔註4〕

陳慶煌教授 2021 年 5 月 20 日，再傳來資料，葉潤清對聯：

古本書當十世守

青天月與九州同〔註5〕

所以說葉潤清書家，於不同的年代，可能是用不一樣字號落款。

　　在《竹潭詩稿》有首〈贈王坤全醫師〉詩作：

〈贈王坤全醫師〉

研精妙術華佗同，醫界名聲橋海東，

悲願慈心原佛性，按筋換骨見神工，

體天長白痛瘰抱，濟世猶欽品學崇。

直為萬家除病苦，活人無數德聲隆。《竹潭詩稿，卷二，頁 83。》

　　對此醫師推崇如同華佗再世，一直找不到資料，後經好友陳志宏基隆長庚醫院新陳代謝科醫師，引介下，電話與王坤全醫師聯絡，原來是陳其寅先生在基隆長庚醫院的骨科主治醫師，周植夫感謝其對好友細心照顧，所作之詩。「王坤全（1952 年生），1987 年到基隆服務迄今，現為基隆長庚醫院顧問醫師，週一、週五仍有門診。〔註6〕」在基隆服務近 35 年，救人無數。可說功在基隆，特此說之。在研究《竹潭詩稿》中，筆者用近兩年多時間，尋找、探訪，以求能推敲完整，周植夫的蹤跡，若有不完整之處，在往後的求學問之路上，必會再繼續努力下去。

〔註4〕陳慶煌冠甫 2021 年 5 月 18 日，協助找尋葉潤青書家，所作七言絕句一首。

〔註5〕葉潤青字奇雲，於 1968 年 47 歲時所留之墨跡。

〔註6〕2021 年 5 月 21 日，經陳志宏醫師引介，與王坤全醫師，電話訪談。

附錄七：增　修

周植夫與當時人物交遊　再補一人

醉佛詩稿主人蔡秋金

　　蔡秋金（1933～2004），號醉佛，祖籍福建晉江之東石，其先康熙間渡臺，曾祖德裕，有船十九艘，貿易泉鹿間，號稱鹿港大戶。祖世隆，改營「蔡永昌布行」。父玉成繼業，能書，有名於鄉，日人以保正要之，不受，太平洋戰起，遂徵之南洋，卒於軍，從祀靖國神社。秋金昭和八年（1933）古曆九月十一日生於鹿港，稍長，師事泉州旅臺歐陽日新。其祖復課以經史，旁及歧黃。餘暇獨好戲曲，嘗為「鳳凰儀」臺柱。年二十，入〈洛江吟社〉，月課則由許志呈評點。後三年，乃北上，鬻衣布於圓環。婚後設「裕昌布行」，至民國七十六年（1987）結束。營生酒為交際，杯觥不辭，因自號曰「醉佛」。以能事應邀入〈瀛社〉、〈高山文社〉、〈大觀詩社〉、〈天籟吟社〉、〈澹社〉、〈松社〉、〈天聲詩社〉、〈半閒吟社〉為社員。嘗任〈中華民國傳統詩學會〉理事、〈中華學術院詩學研究所〉研究委員，為〈臺北市八大詩社聯吟會〉永久會長、紐約〈四海詩社〉名譽社長、長沙〈岳麓詩社〉顧問。其間獨任〈臺北市詩人聯吟會〉會長達三十載。與日本服部承風、松浦八郎、寺門吟狂、金子晃、天野岳秀；琉球金城琉風、韓國李家源、東南亞鄭鴻善、莊無我仉儷、香江潘新安、李鴻烈交契。屢組團與東南亞僑團、詩社互訪。兩岸開放，嘗於福

州、長沙舉吟會。

其後移居新莊，晚年以帕金森氏症，行止稍不便，九十年新莊市舉為模範父親。九十三年六月廿九日卒，年七十有二，有詩稿三千，付梓八百，曰《醉佛詩稿》。〔註1〕

偶翻李宏健會計師，所提供之《醉佛詩稿》中，有詩：

〈壽植夫六十〉

幽情獨愛寄江村，娛老何如伴鶴猿。

翰墨關心蘇子佛，炎涼鄙世阮郎禪。

中年事業詩安誤？上壽樽罍海並吞。

冷眼看他身外物，養生至理悟空門。

註：上讀上聲，祝也！〔註2〕

〈哭周植夫詞兄〉

罡風橫掃鬱江城，靈耗驚傳墜巨星。

不出怨言甘認命，已無業障算超生。

荒雞叫破三更夢，化鶴猶存萬古情。

魔蠍命宮困韓愈，只今果付蓋棺評。

註：韓愈生時，月宿南斗，乃知以魔蠍為命宮，平生多得謗譽。〔註3〕

在《竹潭詩稿》中，有首詩：

〈新秋同松谷文新幼岳秋金飲湘老天母別墅〉

騷人小隱愛林坵，攜客同登祈福樓。

屯嶺浮青含秀氣，淡江如畫入新秋。

疏簾晝靜寒香溢，短榻風輕午夢幽。

好待涪翁試詩筆，一花一木記從頭。〔註4〕

詩題中的「秋金」即是醉佛詩稿主人，周植夫與眾友人，同遊黃成春（1910~1983），字湘屏，的天母別墅。兩人同是瀛社社友，從〈壽植夫六十〉、〈哭周植夫詞兄〉兩首詩，可看出蔡秋金與周植夫生前的交往是非常的親密，同喜同樂的朋友之情誼，在得知周植夫仙逝的消息時，是何等的悲痛。

〔註1〕黃鶴仁筆名南山子，發表於臉書，陳慶煌教授所提供之資料。
〔註2〕蔡秋金：《醉佛詩稿》（新莊：蔡秋金，2000年秋），頁1。
〔註3〕蔡秋金：《醉佛詩稿》，頁193。
〔註4〕周植夫：《竹潭詩稿》，頁69。

另筆者翻閱《基隆市志》其中有記載何崇嶽生平及作品中：

何崇嶽，字崧甫，祖籍漳州平和，世居基市愛三路，日據時代，進保粹書房習漢文，為大同吟社中堅，後為日人徵赴廣東任通譯，光復後返台定居暖暖，樂志工詩，不慕名利，為世所重，民國七十九年謝世，年八十有五。

〈暖江橋晚眺〉

小立霜風裡，橋頭極望賒。龜潭銜落日，牛竈絢流霞。

此景欣無際，吾牛嘆有涯。合當長息影，捆載就漁家。〔註5〕

而《竹潭詩稿》中有

〈暖江晚眺〉

小立溪橋上，凝眸野趣賒。龜潭銜落日，牛灶絢流霞。

此景欣無際，吾生嘆有涯。合當長息影，捆載就漁家。〔註6〕

由於後四句，完全一樣，且前四句的後兩句，也是一樣，到底景致之美，英雄所見略同，有感而書。或是另有原因。在此提出。

此附錄所寫是在論文通過後，再補之。

〔註5〕許財利總纂陶一經編纂《基隆市志卷六文教志・藝文篇》（基隆：基隆市政府2003年4月），頁37。

〔註6〕周植夫：《竹潭詩稿》頁111。